本书系北京市教育科学"十三五"规划课题（
"基于阅读活动的幼儿问题意识培养的实践研究

U0686559

呵护"好奇"的童年

——在阅读中培养幼儿的问题意识

HEHU "HAOQI" DE TONGNIAN

ZAI YUEDUZHONG PEIYANG YOUER DE WENTI YISHI

石利颖 ◎ 主编

中国农业出版社
农村读物出版社
北 京

图书在版编目（CIP）数据

呵护"好奇"的童年：在阅读中培养幼儿的问题意
识 / 石利颖主编. -- 北京：中国农业出版社，2025.
9. -- ISBN 978-7-109-33548-6

Ⅰ. G613.2

中国国家版本馆CIP数据核字第2025WP5396号

呵护"好奇"的童年：在阅读中培养幼儿的问题意识
HEHU "HAOQI" DE TONGNIAN: ZAI YUEDU
ZHONG PEIYANG YOUER DE WENTI YISHI

中国农业出版社出版

地址：北京市朝阳区麦子店街18号楼

邮编：100125

责任编辑：马英连

版式设计：创艺涵　　　责任校对：周丽芳　　　责任印制：王　宏

印刷：北京印刷集团有限责任公司

版次：2025年9月第1版

印次：2025年9月北京第1次印刷

发行：新华书店北京发行所

开本：700mm×1000mm　1/16

印张：14.25

字数：280千字

定价：68.00元

编写人员名单

主　　编：石利颖

副 主 编：黄　瑞　　周彦红

编　　委：张丽亚　　杨丽丽　　金童童　　孙　雯
　　　　　祁丽丽　　李汝紫　　厉　双　　林育华

编写人员：石利颖　　黄　瑞　　周彦红　　张丽亚
　　　　　杨丽丽　　金童童　　孙　雯　　祁丽丽
　　　　　李汝紫　　厉　双　　林育华　　李秋月
　　　　　殷　琪　　张　茜　　郭　佳　　佟　彤
　　　　　要　斌　　王　娜　　付　茜　　曹海萌
　　　　　冯　旭　　尤　爽　　丁一龙　　高　雅
　　　　　曹雨馨　　谢雨彬　　杨静溪　　董　蕊
　　　　　高子娇　　田　毅　　石建兴　　于　悦
　　　　　何文君　　刘　洋　　吴　凡　　贾梦宇
　　　　　孙　岩　　王　冰　　李　超　　卜双宇
　　　　　常馨予　　刘梦平　　于　洋　　郑　硕
　　　　　张　鑫　　李晓芳　　刘　茜　　石菲凡
　　　　　宋梦欣　　张海青　　任熠鑫　　宋晓莹
　　　　　钱　红

让童年的每一次追问都掷地有声（代序）

在3～6岁幼儿的认知发展过程中，好奇心与提问行为展现出鲜明的阶段性特征。3～4岁的孩子正处于具象感知阶段，常提出"存在性问题"（如"这是什么？""太阳去哪了？"），并通过触摸、嗅闻等感官探索世界。此阶段的教育应以实物操作和绘本阅读为主。4～5岁，幼儿进入因果关联期，"为什么"类的问题显著增加，开始尝试理解因果关系（如"树叶为什么掉下来？"），但他们的解释常带有泛灵论色彩（如"云哭了，所以下雨"）。此时，教育者应通过认知冲突策略，引导其逻辑思维发展。5～6岁的孩子则迈入抽象思维阶段，提问变得更具批判性和抽象性，涉及比较（如"恐龙和鲸鱼谁更厉害？"）、假设（如"如果没有太阳会怎样？"）甚至元认知（如"怎么找到答案？"）等复杂层面的问题，部分孩子也开始质疑成人的解释。此阶段，哲学性思辨活动成为推动思维深化的重要方式。

教育者的职责，是为孩子构建支持性的环境与策略，使"问题的消解"转化为"思维的成长"，让每一个年龄段的提问都成为通向深度学习的阶梯。"为什么月亮总跟着我走？""云朵是天空的棉花糖吗？""小蚂蚁的触角会说话吗？"——这些诗意而真挚的童年追问，过去常被标准化评估排除于教育目标之外。但实践团队深刻反思：当教育将童真的提问视为需要修剪的枝节，是否也在无意中扼杀了最珍贵的创新种子？

在人工智能不断拓展人类认知边界的今天，我们比以往任何时候都更需要有能力提出"真问题"的头脑。正如联合国教科文组织《教育的未来》报告所言：在机器能够轻易完成知识复制的时代，人类的核心优势，将回归于提出深刻问题的能力。

正是在这样的背景下，石利颖园长与她所带领的幼儿园教师团队，展开了一场深刻的教育实践探索——聚焦"幼儿的问题意识"。这不是出于学术研究的惯性，而是源自对教育本质的深切关怀：当园所环境愈发精致、教学流程日益规范，为何孩子眼中的好奇光芒却逐渐暗淡？这本书，是七年来教师团队与幼儿真实互动的结晶，凝聚着一线教师的教育智慧。她们惊喜地发现：每一个孩子都是天生的哲学家。这一发现推动她们尝试建构一个"问题意识的培养

生态",将散落的提问串联成有机的教育链条。在理论与实践的融合中,教师们逐步触摸到幼儿思维成长的脉络:当建构主义遇上童真的提问,当认知冲突成为学习驱动力,教育呈现出令人振奋的图景。全书构建了完整的教育闭环:从理论根基、环境创设,到阅读教学、主题探究,再到动态评价与实践转化,搭建起一座连接"儿童提问"与"深度学习"的桥梁。特别是第四章提出的"三阶支持策略"中,教师不再是知识的传递者,而成为"问题的催化师"。他们捕捉幼儿的"为什么"时刻,将其发展为可持续的探究项目,让教育回归本真——不再以标准答案填满童年,而是用智慧回应点燃思考。

让我尤为动容的,是田野研究中教师群体展现出的专业觉醒。实践再次证明:当教师愿意放下"全知"的执念,教育便能生长出无限可能。如书中提出的"四维评价体系",不再以单一标准衡量思维成长,而是通过追踪提问的复杂性、关联性、批判性与创造性,见证思维品质的跃升。

站在人类文明与人工智能共生的时代转折点,教育者更应深刻认识到:我们所培养的,不应是与机器竞赛的"知识容器",而应是勇于发问的"思想者"。这本书不仅提供了一套实践路径,更开启了一场教育哲学的转向:将"问题意识"植入儿童核心素养的基因工程,让每一个孩子都能保有对世界的恒久惊奇。

当你翻开这本书,或许会看到熟悉的困惑、共鸣的思考,甚至被激发出属于自己的教育火花。因为教育最美的姿态,是蹲下身来倾听童声,让每一个"为什么"都能在土壤中扎根、破土而出。

让我们想象这样一个画面:案头摆放着孩子当年写下的提问记录,旁边是一张她十年后寄来的明信片——"老师,我获得了青少年科技创新奖,我的研究起源,是幼儿园时那个关于蚂蚁触角的问题。"这或许正是教育最动人的模样:当我们悉心守护童年的每一次追问,也就为未来播下了创新的种子。

愿本书如星火般,照亮教育者的前行之路。在守护童真与好奇的旅程中,我们始终相信——每一个问题,都值得被温柔以待;每一分好奇,都应拥有破土而出的力量。

北京教育科学研究院早期教育研究所所长、研究员 苏婧

2025 年 5 月

　　在一个充满奇幻色彩的森林里，住着一只聪明伶俐的小狐狸，名叫灵灵。灵灵每天都喜欢在森林的各个角落探险，寻找新奇的事物。

　　有一天，它在一片茂密的草丛中发现了一本破旧的、布满灰尘的书。尽管这本书的封面已经模糊不清，但灵灵的好奇心被彻底激发了。它小心翼翼地翻开书页，书中是一个个关于勇敢探险、智慧解谜的故事。每读完一个故事，小狐狸灵灵的脑海里就会冒出许许多多的问题："为什么小勇士能够战胜巨龙？智慧老人是如何用巧妙的方法解决难题的？如果是我，我会怎么做呢？"

　　灵灵的问题越来越多，它的好奇心也越来越旺盛。它开始尝试用自己的方式去探索、解答这些问题。在这个过程中，灵灵不仅学到了许多新知识，而且变得更加勇敢、更加聪明了。

　　　　　　　　　　　——借由上述故事反映撰写本书的初衷

　　正如故事里的灵灵，每个孩子心中都埋藏着一颗探索世界的种子。"问题"对孩子们来讲有着特殊的意义，世界万物对他们而言是神奇、有趣、不可思议的，他们满怀好奇地去探索、去了解，缠着成人喋喋不休地问"十万个为什么"，即使是咿呀学语的宝宝们，也会运用肢体动作来提出自己的疑问。由此可见，"问题"对于每一个独立的个体来说，如同他们认识世界的"养料"，"问题意识"则是孩童与生俱来的"本能"。然而，引人深思的是，多项研究数据表明，随着个体年龄的递增，"问题"和"提问"的数量却呈现衰减的趋势。为什么儿童的问题少了、质疑没了，那份对事物的敏感、追问、探寻也越来越成为"稀缺之物"？这无疑对其未来创新能力的发展构成了威胁。

　　问题是实践的起点，也是创新的根源。特别是随着当今世界科技快速发展的巨大洪流，信息技术不断突破原有的边界，以前所未有的速度影响、改变、更新着人们的生活、工作和思维方式。在这场前所未有的认知革命中，人工智能正在重构人类的知识获取方式。当海量信息如星河倾泻，当标准答案触手可及，我们比任何时候都更需要教会孩子如何在知识的海洋里捕捞智慧，如何穿透信息迷雾捕捉思维闪电，怎样将零散认知编织成思想网络，如何让疑问的星火点燃创新的原野。这些看似童真的追问，实则是破译未来世界的密码。

回归学前视角，幼儿期是大脑发育和认知能力提升的黄金时期。问题意识的养成，需要孩子们主动思考、积极探索，此过程正是对大脑的最佳锻炼，帮助促进神经网络的发育，提升认知能力。从心理学的视角来看，问题意识是思维的起点，是激发好奇心的关键。当幼儿具备了敏锐的问题意识，才能驱动并采取积极的行动去寻求、探索答案。同时，问题意识还能帮助幼儿形成批判性思维和独立见解，让他们在纷繁复杂的信息中保持独立思考，不轻易被外界影响。因此，我们可以说：培养幼儿的问题意识，关乎幼儿的全面发展，关乎国家的未来和希望；是植根于儿童成长的需要，是对未来人才培育的期许，也是未来教育发展的必然要求。

"培养什么人？怎样培养人？"作为新时代的学前教育人，我们深知革除传统灌输式教育，转向注重幼儿问题意识和创新能力的培养，已成为中国教育改革的重要方向，同时也是社会和科技发展对学前教育的必然要求。带着对培养未来人才的责任与思考，出于对未来创新人才发展的长远考虑，自 2018 年起，我们的研究团队，便以破局者的姿态叩响教育革新之门——毅然打破填鸭式教育的桎梏，将阅读活动与问题意识培养相结合，积极探索阅读视域下幼儿问题意识培养的教育途径和方法，借助阅读文本中丰富的阅读元素为幼儿提供的广袤思考空间来培养幼儿的问题意识，引导他们学会发现、提出并解决问题，逐步养成自主学习的良好习惯。以此，从根本上提升未来人才的综合素质与创新能力，让创新思维在童年的沃土中破土而出，茁壮成长。

为了更好地发挥阅读活动在培养幼儿问题意识中的作用，研究团队展开了一系列的探索。例如，营造奇趣氛围，让幼儿在自由、愉快的环境中享受阅读的乐趣；精心甄别阅读材料，选择既符合幼儿年龄特点又能够激发问题意识的图书；创设问题情境，引导幼儿在阅读过程中深入思考、主动提问；鼓励观点分享，使幼儿在阅读过程中不断交流想法，共同成长；注重问题碰撞，通过教师的支持和引导，培养幼儿的质疑、批判和思考能力；探索评价体系，让观察、评价融入日常教育教学的全过程。

伴随着研究的不断深入，八年来，研究者和实践教师们更是亲眼见证了问题意识对幼儿成长的巨大推动力。那些善于发现问题、提出问题的孩子们，总是充满着对知识的渴望和对未知的探索欲。他们的学习态度积极主动，学习成果显著，更在未来的发展中展现出了无限的潜力。同时，研究团队在不断深挖、提炼、反思、总结的研究路径中，逐渐构建出系统、科学的幼儿问题意识培养策略，形成了大量的教育实践案例，生动阐述了教师如何通过对幼儿问题意识的培养，实现"培养成功的学习者"的目标，进而推动幼儿教育质量的提

升。在不断地积蓄下，本书应运而生。

全书分为理论篇和实践篇共九章，每一章都围绕着幼儿问题意识的培养这一核心议题展开讨论。首章立足学理根基，基于建构主义理论与认知发展心理学，深入阐释问题意识的内涵特质、发展机制及教育价值。第二章至第五章逐步深入到问题意识的培养策略、评价体系。第六章至第八章呈现了理论指导下培养幼儿问题意识的实践案例。在第九章，我们分享了在研究和实践过程中的一些心得和体会，希望能为更多的学前教育工作者提供兼具理论深度与实践温度的参考和启示。

在撰写本书的过程中，我们得到了多位专家、学者、幼教同仁的指导和帮助。没有各位老师的倾囊相助与智慧贡献，本书难以成稿。在此，一并表示感谢并致以崇高的敬意。

亲爱的读者朋友，每一个孩子都是一颗深埋于土壤中的种子，问题意识正是其破土而出的第一缕勇气。就像小狐狸灵灵在森林中发现那本神秘的书，用好奇心叩响知识之门一样，孩子们的每一次提问、每一次追问，都是在泥土中奋力伸展的根系，是在黑暗中追寻光明的生长。我们诚挚地邀请您与我们一起，以阅读活动为阳光，温暖这些幼小的种子，让他们的思维如藤蔓般自由攀缘，让他们的想象力如枝叶般恣意舒展。终有一天，这些种子会成长为森林中新的探索者——像灵灵一样勇敢，像巨树一样坚韧，在未来的天地间走得更远、扎得更深、活得更加精彩！

编　者
2025 年 5 月

目　录

让童年的每一次追问都掷地有声（代序）

前言

理 论 篇
幼儿问题意识培养的意义、策略与评价体系

实践篇
在阅读活动中培养幼儿问题意识的实践案例

理论篇

幼儿问题意识培养的意义、策略与评价体系

一、培养幼儿问题意识的理论依据

（一）皮亚杰认知发展理论

在皮亚杰认知发展理论中，心理成长始终是主体与客体相互作用的动态过程。幼儿的问题意识恰恰是连接主客体的关键纽带——它既源自幼儿的主观认知结构（如2岁的孩子发现玩具被藏时的困惑），又推动着他们通过行动探索客观世界（如掀开遮挡物寻找玩具）。其独特的双重属性，使得问题不仅成为知识建构的起点，更在本质上实现了内在思维与外在经验的辩证统一。美国著名教育学家埃德·拉宾诺威克兹，在著作《皮亚杰学说入门"思维·学习·教学"》一书中列举了许多研究案例，来说明儿童思维发展过程中"问题意识"的表征。例如，8～12个月的婴儿，当看到有趣的物体被部分遮挡时，会主动推开遮挡物以便抓握该物体，从而达到自己的目的。看似简单的动作背后，实则是"目标—障碍—解决"的原始问题逻辑在驱动，而以行动解决问题的模式，正是人类高级思维能力的雏形。

随着认知阶段的演进，幼儿提问的性质发生深刻转变。在前运算阶段（2～7岁），他们的物理因果问题往往掺杂着泛灵论想象，如追问"我的玩具车坏了，它会不会疼？"此时幼儿的动机、意图与客观原因在认知结构中尚未分化，提问既是探索客观规律的工具，也是表达主观感受的载体。这种混合性特征在具体运算阶段（7～11岁）逐渐分离：当儿童开始区分物理原因与心理原因，他们的提问会显现出更强的逻辑指向性，例如从"为什么月亮跟着我走"转向"为什么月亮看起来比星星大"。值得注意的是，皮亚杰指出，随着认知结构的成熟，纯粹物理类问题的减少并不意味着问题意识的弱化，反而标志着思维通过"提问内在化"实现了质的飞跃——儿童开始将显性问题转化为内部心理运算，通过假设推理、探索行动、团队讨论来解决问题。

皮亚杰的理论中关于幼儿认知动态发展的过程深刻揭示了提问的独特价值。第一，每个问题的提出都在扩展个体的经验图式，就像幼儿反复试验积木搭建时，"为什么总是倒"的疑问推动着他们逐步理解重心与平衡的关系；第二，持续的问题链创造着认知冲突的阶梯，如5岁的乐乐发现，上午用湿沙搭建的城堡下午变得干裂坍塌，这直接冲击了他刚建立的认知图式——沙子加水就能堆城堡。面对此时产生的认知冲突（为何现在加水却无法固定沙粒？），他们不得不通过顺应机制重建心理结构，从而形成更复杂的提问策略。又如，5 岁儿童从最初询问"冰去哪儿了？"到进阶追问"热水是不是让冰消失得更快？"，正是认知结构在问题驱动下迭代升级的典型例证。

（二）建构主义与相关知识观

在建构主义的视野中，知识并非静态固定的，而是处于不断演进之中，它植根于个体的内在构建过程，并在广泛的社会文化土壤中生根发芽。这一理论深刻指出：知识的生命力源于双重根基，既来自个体与经验的持续对话（如幼儿发现斜坡越陡小车滑得越快），又植根于社会文化的集体智慧（如通过同伴讨论理解"摩擦力"的概念）。

1. 知识的动态性：从"白纸"到"织网者"

传统教育常将幼儿视为"白纸"，建构主义却揭示了一个颠覆性的真相：每个踏入教室的孩子，都是携带着经验星图的探索者。5 岁的朵朵相信"月亮晚上出来找朋友"，这个看似幼稚的观点，实则整合了她对人际交往的体验（朋友要互相陪伴）和天文观察的经验（白天看不到月亮）。激进建构主义者将这种认知建构比作"认知编织"——儿童不断拆解旧经验（拆开毛线），用新线索（彩色毛线）重新编织理解之网。例如：

旧经验："重的东西会沉。"（看到石头入水）

新冲突："轮船那么重，为什么能浮起来？"（参观码头后产生困惑）

新编织：通过实验发现"空心结构"的影响，形成更复杂的沉浮认知。

这种动态过程解释了为何幼儿的问题总在迭代：当原有认知无法解释新现象时，提问便成为重新织网的针脚。

2. 社会协商：在对话中校准认知

维果茨基的社会文化理论为建构主义补全了关键维度：幼儿的问题意识需要社会镜子的映照。就像两个争论影子颜色的孩子：

A 坚持："影子是黑的。"（基于日常观察）

B 反驳："我的彩虹伞下有彩色影子！"（提供反例）

教师介入："用什么工具能证明你们的猜想？"（引入科学验证）

在这个过程中，个体的主观建构（A 的观点）通过与客观世界（实验证据）及他者视角（教师的观察）的三方对话，逐步逼近共识性认知。布鲁纳的发现学习理论为此提供了方法论支持：当教师创设"为什么油浮在水上"的问题情境时，实则是引导幼儿像科学家一样经历"假设—验证—修正"的完整循环，而非直接告知"密度"的概念。

（三）马斯洛需求层次理论

马斯洛将人的需求分为五个层次，从低到高依次是生理需求、安全需求、归属与爱的需求、尊重需求和自我实现需求。后来还扩展了认知需求和审美需求。马斯洛需求层次理论虽未直接探讨"问题意识"，但其对人类基本需求的系统分析为我们理解幼儿的提问动机、创设支持性教育环境提供了重要启示。

1. 基础需求：问题意识生长的"土壤"

（1）生理与安全需求（底层需求）

当幼儿的生理需求（饥饿、疲倦）或安全需求（环境混乱、情绪焦虑）未满足时，其认知资源将优先用于应对生存压力，难以激活探索性思维。

（2）归属与爱的需求（社交需求）

幼儿在充满接纳、关爱的群体中，更敢于提出问题（如看似荒谬的猜想）。

2. 发展性需求：问题意识的"催化剂"

（1）尊重需求（自尊与他尊）

当幼儿感到自己的提问被重视（如教师蹲下倾听、将问题纳入课程），其自我效能感不断提升，这也会驱动幼儿进行更深入的思考。

（2）认知需求（求知本能）

这是马斯洛后期补充的需求，直接对应问题意识的发展动力——幼儿通过提问理解世界运作的规律。

（3）审美需求（超越性动力）

对美的惊奇感驱动哲学性提问，如"彩虹为什么这么漂亮？""蝴蝶翅膀的图案是怎么形成的？"

3. 自我实现需求：问题意识的"升华"

自我实现需求（顶峰需求）。幼儿展现出持续的、自发的探究精神，问题意识升华为创造性的问题解决能力。这时，幼儿能够提出跨领域问题（如"能不能造出既防火又透气的帐篷？"），同时具备反思性提问能力（如"我之前的方法哪里出错了？"）

从马斯洛需求层次理论中，我们可以发现：问题意识不是孤立的认知能力，而是植根于完整生命需求系统的综合素养。只有当幼儿的基础需求得到满足，认知本能才能充分释放；只有当他们体验过探索的愉悦（审美），收获过追问的尊严（尊重），才能最终走向通过提问实现自我的高阶境界。这正是教育的终极追求：让每个孩子成为自己认知世界的勇敢拓荒者。

（四）学前儿童发展理论

中国近现代著名的幼儿教育专家张雪门先生曾比喻：幼儿如同幼苗，其问题意识的萌发既需先天基因的孕育，更离不开阳光雨露的滋养，即"幼儿身心的发展与环境密不可分"。他认为幼儿的发展不仅受到遗传因素的影响，还受到自然环境和社会环境的共同影响。因此，他指出幼儿教育应充分关注儿童所处的环境，为儿童提供一个有利于其身心发展的教育环境。他提出的行为课程理论强调课程应来源于幼儿直接的活动，让幼儿在亲身的行动和活动中获得直接经验。

陈鹤琴先生的"活教育"思想揭示：幼儿的问题意识在指尖跃现。当4岁幼儿在种植角争论"哪棵豆苗长得高"时，教师不是直接告知其测量方法，而是提供吸管、毛线等材料，引导他们"试试用不同工具量高度"，思考"为什么结果不一样？"，讨论"什么样的测量方式最准确？""动手—生惑—求解"的循环完美诠释了"做中学"的精髓，实现了充分提供实践机会、解放幼儿创造力的目标，从而培养具有实践能力和创新精神的人才。

《3～6岁儿童学习与发展指南》为问题意识培养提供了政策锚点，从儿童权利保障、环境创设、物理空间、心理氛围、质量奠基、符合认知规律的活动设计等方面均进行了说明。例如，学习是每一个幼儿的权利，保障每一个幼儿的学习权利是政府、社会以及每一个家庭不可推卸的责任。早期的学习是奠基性的，其质量优劣对人一生的学习和发展都有重要影响；渴望学习是人与生俱来的倾向，激发、保持并发展幼儿的学习兴趣与动力是早期教育最重要的任务之一；幼儿的学习是有其规律与特点的，尊重幼儿的学习方式，创造一个充满爱和尊重、富于理解和刺激、宽松而安全、积极互动的环境，引导幼儿在生活和游戏中快乐地动手动脑、感知体验、交往合作、探索创造是保证幼儿学习的最好条件。

二、国内外有关幼儿问题意识培养的研究成果

（一）问题意识在教育领域的重要意义

从教育史的维度审视，问题意识的培养植根于中华文明的深层智慧。追溯至春秋战国时期，孔子便以"每事问"的治学态度启迪弟子，提出"疑是思之始、学之端"的经典论断。这一思想脉络在宋明理学中得到延续：陆九渊揭示"为学患无疑，疑则有进"的认知规律，张载倡导"于不疑处有疑，方是进矣"的思辨精神，朱熹更将质疑能力纳入教学体系，强调"读书无疑者，须教有疑"。古代教育智慧虽未直接使用"问题意识"的现代术语，却通过"学贵有疑"的千年传诵，建构起东方教育哲学中质疑精神的基因图谱，为后世揭示了问题意识与认知发展的本质关联。

随着人类认知疆域的拓展，问题意识的价值在近现代得到跨学科印证。在科学哲学领域，英国哲学家波普尔将问题视作科学发展的引擎，揭示"知识

的增长始于问题、终于问题——越来越深化的问题，越来越能触发新问题"的螺旋规律；爱因斯坦以"提出问题比解决问题更重要"的论断，确立质疑精神在创新中的核心地位。在教育学层面，杜威创造性地将问题意识与反思性思维相联结；诺丁斯则警示机械解题对主体性的消解，强调"问题形成过程即个性表达与创造力迸发的场域"；我国著名教育家陶行知先生"发明千千万，起点是一问"的箴言，更将质疑精神提升至民族创造力的战略高度，形成贯通中西的问题意识理论体系。

当代教育研究正将问题意识转化为具体的育人范式。袁崇金从儿童发展的视角揭示，幼儿通过提问实现"认知世界—质疑世界—创造世界"的认知跃迁，强调"问"是幼儿主体性觉醒的标识。华东师范大学学前教育系张明红教授在此基础上提出系统性建构：即要让问题成为串联知识的逻辑纽带，更需通过环境创设保护幼儿的提问本能。其"问题导向式"教育理论推动学前教育从知识传授向思维培育的范式转变。这些理论突破与《教育强国建设规划纲要》强调的创新素养培育形成时代共振，标志着问题意识已从学术理念转化为落实立德树人根本任务的有效路径。

（二）国内学者针对幼儿问题开展的广泛研究

在众多的研究内容中，基本涵盖了幼儿提问的类型、提问解析、提问行为的影响因素等内容。

1. 幼儿提问的类型与认知发展表征

学术界对幼儿提问行为的类型学研究揭示了认知发展的阶段性特征。张明红教授基于问题功能提出"三维分类模型"。巩固型问题即"是什么"的问题，幼儿通过提问来巩固新学到的知识，加深对概念的理解。这类问题数量多，涉及范围广，较为浅显，常常一个接一个，令人应接不暇，一般5岁以下的幼儿提得比较多。探究型问题即"为什么"的问题，幼儿试图以此扩展所学的知识。这类问题在中班幼儿中明显增多，表明幼儿的思维水平有所提高，他们不满足于了解事物的表面现象，开始探求因果关系和内在结构。这类问题往往是幼儿开展探究活动的原始动力。复合型问题即"怎么样"的问题，幼儿试图检验所学知识，解决概念冲突，探索新观念及其后果。这类问题的产生标志着幼儿认知水平的进一步提高，它建立在前两类问题的基础之上。

2. 多维视角下的提问行为解析

跨学科研究进一步丰富了问题类型的阐释维度。其一，信息获取型问题，即幼儿通过提问来了解世界和解决自己的问题，如"为什么天空是蓝色的？"其二，交际型问题，即幼儿通过提问来与他人交流和互动，如"这是什么玩具？"其三，思考型问题，即幼儿通过提问来思考事物的本质，如"为什么人会死？"其四，探究型问题，即幼儿通过探究发现事物背后的逻辑问题，如

"为什么水会从高处流向低处?"其五,复合型问题,反映了儿童对事物之间关系和过程的兴趣和探索,如"如果我种下一颗种子,它会长成什么?"这种多维度视角下的问题分类完善了理论框架,也为观察评估提供了操作性指标。

3. 社会文化生态对提问行为的影响

幼儿提问的特征还与他们的社会环境和文化背景密切相关。家庭、学校和社会环境为幼儿提供了提问的语境和资源。一个经常被鼓励提问和探索的家庭环境,会促使幼儿提出更多、更深入的问题。而一个注重知识传授和记忆的教育环境,则可能限制幼儿提问的广度和深度。因此,了解幼儿提问的类型(特征),不仅有助于我们认识幼儿的认知发展水平,而且有助于我们为幼儿创造一个更加有利于提问和探索的学习环境。

(三)针对幼儿问题意识培养提出的策略方法

1. 重塑师幼关系:从"知识权威"到"探索伙伴"

教育观念的转变是问题意识培养的起点。姜新生指出,教师应摒弃"教师是唯一提问主体"的观念,认识到幼儿同样享有提问的权利,并转变评价观念,重视幼儿的提问过程和探索精神。如在一次绘本阅读中,当孩子指着《好饿的毛毛虫》坚持说"毛毛虫吃月亮才会变胖"时,教师并未急于否定,而是顺势生成探究主题"月亮能吃吗?毛毛虫究竟爱吃什么?"孩子们在周末到自然馆进行观察时,亲眼看见毛毛虫啃食树叶,自发修正了原有认知。"容错—引导—验证"的互动模式,让提问不再是单向的知识索取,而成为师幼共同建构有意义的对话的过程。

2. 构建问题生态:让环境成为"第三教师"

幼儿园应为幼儿提供一个宽松、自由、充满探索氛围的学习环境,通过设置问题墙、探索角等区域,鼓励幼儿自由提问、记录问题和探索结果。同时,教师应注重丰富幼儿的知识经验,拓宽他们的视野,通过日常教学、活动设计等方式,引导幼儿接触和了解不同领域的知识。例如,设置"为什么长廊",在墙面上挂满幼儿的问题卡片,如"古代没有吊车怎么建长城?""为什么有的石头会沉下去,有的会浮起来?"每个问题旁附有探索记录,有的贴着参观建筑工地的照片,有的展示不同石材的密度的实验数据。环境创设不光提供认知冲突的"导火索",更通过模拟超市、餐厅、快递站、洗车房等微型社会,让幼儿在角色扮演中生成真实问题:"快递员怎么能记住那么多地址?""硬币的花纹有什么秘密?""怎样招揽顾客?"这些植根于生活场景的探究问题,既承载着具象化的认知需求,又蕴含着抽象思维萌芽的宝贵契机。

3. 思维工具赋能:培养"会思考的提问者"

培养提问能力需要方法的指导。借鉴徐永红的深度探究理论,教师可搭建三级提问支架：基础层引导观察现象（"蚂蚁是怎么发现西瓜的？"），分析层促进因果推理（"如果西瓜在斜坡上会滚走吗？"），创造层激发解决方案（"怎样帮蚂蚁设计西瓜仓库？"）。此外，教师还应教会幼儿如何提问、如何质疑、如何从多个角度思考问题，培养幼儿的批判性思维和创新能力。

4. 家园思维共振：让家庭成为幼儿问题意识培养的延伸课堂

家长应积极参与幼儿问题意识的培养，关注幼儿的提问，并给予积极的反馈和引导。幼儿园应与家长建立紧密的合作关系，通过家长会、亲子活动等形式，共同促进幼儿问题意识的提升，让幼儿在探索和学习中不断成长和发展。如在幼儿园定期举办的"亲子辩论夜——机器人能否成为朋友"的议题中，5岁的乐乐为佐证观点，自主查阅《机器人的心脏是芯片吗》一书，甚至采访工程师家长。这种基于真实问题的深度学习，打破了学校与家庭的界限，构建起全方位的探究网络。

5. 留白哲学：静待思维的自然生长

张莉琴、薛鑫霞团队提出的"三度空间理论"强调：教育需要给予幼儿喘息与顿悟的间隙。如在固定的"自由发呆时间"里，中班的孩子在仰望天空时突然惊觉："昨天的云像棉花糖，今天怎么变成羽毛了？"由此生发的"云朵日记"项目持续了整个学期。在"先有鸡还是蛋"的辩论中，教师仅提供恐龙蛋化石图片，孩子们自发组成"进化派"与"创造派"，通过查阅资料、采访专家完成研究报告。在实践中印证了：留白不是放任，而是对思维节奏的深层尊重。

（四）在阅读活动中培养幼儿问题意识的价值

1. 认知发展的深层唤醒

阅读活动为幼儿的思维发展提供了天然的"矛盾场域"。当4岁的童童读到《蚯蚓的日记》中"蚯蚓没有脚却能钻土"的描述时，原有的"运动需要四肢"的认知图式遭遇挑战，由此产生的疑问（"它怎么动起来的？"）推动其进入"认知冲突"状态。教师可借此契机引导童童观察真实蚯蚓的蠕动，将书本描述与现实经验对接，完成从"动作思维"到"逻辑推理"的跨越。可见，阅读不但是幼儿的学习行为，更是他们探索世界、理解周围环境的重要工具，能极大促进幼儿对世界的全面理解和认知构建。

2. 语言与思维的共生共长

列夫·维果茨基的"语言中介理论"着重强调了语言在儿童认知发展中的关键作用。他认为，通过积极的社会互动与丰富的语言交流，幼儿能够逐步内化各种知识和技能。如幼儿在共读《彩虹色的花》时，通过"花瓣为什么越来越少"的追问，习得"分享""奉献"等抽象词汇，在教师引导下建立"付出—减少—快乐"的语义网络。彭聃龄主编的《语言心理学》一书中提出幼儿语言发展对于认知发展的作用主要表现在三方面。第一，语言加深和巩固幼儿初步形成的概念。第二，语言指导并参与认知加工过程。第三，语言促进幼儿创造性思维的发展。在这一理论框架下，阅读作为语言活动的重要媒介之一，自然而然地成了推动幼儿认知发展的重要途径。

3. 社会性认知的镜像建构

阅读活动创造了特殊的社会化学习空间。在《鳄鱼怕怕牙医怕怕》的共读中，幼儿通过观察鳄鱼与牙医的微表情，提出"他们为什么都害怕"的深层问题。这种对情感动机的探究，促使幼儿跳出自我中心思维，发展心理理论能力。教师可顺势开展角色扮演：让儿童轮流扮演逃避治疗的鳄鱼与紧张的牙医，在对话中体会"恐惧的双向性"。此类活动不仅能够培养幼儿的共情能力，而且通过社会性提问（"如果是你会怎么做？"）引导幼儿建构道德判断标准，实现从"文本理解"到"社会认知"的转化。

4. 终身学习能力的奠基工程

当5岁的悠悠在阅读《地下100层的房子》后，自发提出"地下真的有这么多动物吗？"并持续追问"它们怎么呼吸？""食物从哪里来？"，这标志着问题意识已升华为持续探究的思维习惯。这种源自阅读的好奇心驱动，与布鲁纳发现学习理论高度契合：幼儿通过自主查阅科普图书、制作"地下生态系统"模型，经历"假设—验证—修正"的完整研究流程。在此过程中，他们的信息筛选（区分文学想象与科学事实）、知识迁移（将蚯蚓松土的经验类推到其他生物）、批判性思维（质疑绘本中蚂蚁搬运西瓜的夸张描写）等深度学习能力得到全方位提高。

5. 文化认同的隐性滋养

在对多元文化绘本共读的过程中，问题意识成为文化启蒙的钥匙。《团圆》中"爸爸为什么要离家工作？"的提问，引发幼儿对中国城乡发展的讨论；《小年兽》里"为什么过年要赶走怪兽？"的疑惑，开启对传统习俗象征意义的探索。基于问题的文化解码，幼儿在追问中建立文化认知框架：通过《嫦娥奔月》与《月亮晚安》对月亮的差异化呈现，他们既能理解"玉兔捣药"的东方浪漫，又能认知月球环形山的科学真相，在古今中外的对话中培育对文化的包容力。

（五）当前幼儿问题意识培养亟待解决的问题

综上所述，国内外的研究者们在问题意识领域已经进行了广泛而深入的探索，积累了大量宝贵的研究成果，为后续研究提供了丰富的参考和借鉴。这些研究不仅涵盖了幼儿问题意识培养的多个方面，而且运用了多种方法和技术进行实证分析，为实践教学的客观性、操作性及可验证性奠定了坚实的基础。然而，尽管取得了这些显著成就，当前幼儿问题意识的培养仍存在以下困境。

1. 研究碎片化：缺失系统整合的认知拼图

当前研究多聚焦单一维度，形成"盲人摸象"式认知局限。多数研究仅从某一特定角度或层面探讨儿童问题意识的培养，如提问的形式、类别、性别差异、特定年龄段等，导致整个领域的研究显得零散、片段化，难以形成完整、系统的知识体系。

2. 理论浅表化：止步现象描述的机制盲区

尽管研究团队收集了大量关于问题意识的实证材料，但对问题意识行为产生与发展的内在规律及影响因素等方面的探讨仍显不足。多数研究仅停留在行为表面的描述和分析上，未能深入挖掘其本质和内在联系，导致研究的理论深度和广度有限。

3. 方法论滞后：困于传统范式的创新瓶颈

历经多年的发展，关于幼儿问题意识的研究仍主要依赖于传统的观察法、调查法等手段进行表面现象的分析和描述。而量表法、实验法、问卷法、访谈法等更为科学、严谨的研究方法则应用较少，且缺乏创新性的研究设计和思路。此外，在研究过程中，多数为学者的分析，而在实践中从教师、幼儿的真实表现中提炼出的经验较少。研究之间缺乏联系与相互借鉴，方法上多重复运用，缺乏新颖性和多样性，影响了研究的实操性和深入性。

4. 实践脱节：悬浮于理论的操作指南

当前，从创造性学习角度深入挖掘培养幼儿问题意识的策略和方法的研究仍相对匮乏。在如何帮助幼儿在阅读活动中形成良好的问题意识、引导儿童发挥自己的主观能动性和潜力方面，尚缺乏系统的、操作性强的教育方法和模式。这一现状导致儿童在阅读活动中难以持续形成良好的问题意识，也限制了他们在独立思考和创新能力方面的长远发展与动力激发。

三、阅读活动中幼儿问题意识的现状

低龄幼儿在问题意识表征上有着明显的内隐性，我们走进幼儿真实的活动场域，通过持续、科学的观察分析，准确记录并判断幼儿问题意识的现状。同时，还需要通过与其密切的看护者、直接的教育者进行沟通，搜集大量的信息进行多途径分析。

（一）现场观察，记录幼儿在阅读活动中问题意识的现状

幼儿的提问是对现实产生怀疑、思维工作的最直接的表现方式。"这是什么""为什么""怎么办"，伴随着问题的提出，教育者与陪伴者也能以此作为分析幼儿认知程度、思考深度、学习效度以及判断幼儿是否具有问题意识的直接途径。提问与问题意识之间有着显性、激发与延展的关系，为此，我们首先从

幼儿在活动中的提问情况入手，获取相关数据。为了更加准确地分析幼儿问题意识的现状，我们对集体阅读活动和自主阅读活动两个场域进行观察分析，并通过对比得出基础性结论。

1. 集体阅读活动中幼儿问题意识的现状

通过对集体阅读活动中教师与幼儿的提问情况进行观察记录（表1-1）可以发现：在10次集体阅读活动中，教师提问总计213次，幼儿总提问次数30次，平均每次活动提问3次，教师提问的总次数是幼儿的7倍多；10次活动共有250名幼儿参加，提出问题的幼儿数为35名，占比仅为14%。

2. 活动区阅读活动中幼儿问题意识的现状

通过对活动区游戏环节中幼儿的提问情况进行观察记录（表1-2）可以发现：在24次活动区阅读活动中，幼儿独立阅读4次，师生共读6次，同伴共读14次；幼儿总提问次数73次，每次活动的平均提问次数约为3次，其中幼儿在三种不同类型的阅读方式中平均提问次数分别为——独立阅读2.25次，师生共读3.33次，同伴共读3.14次；教师总提问次数为14次，约为幼儿提问总次数的五分之一。

通过对两种阅读活动中的提问内容进行分析，我们发现：

第一，教师记录的幼儿问题多为语言上提出的，而幼儿想提问题的行为表征却没有引发教师的关注。在集体阅读《城里来了大恐龙》时，教师记录的幼儿问题次数为零。但在回放录像时，研究者发现了许多细节，如伴随着老师说到"大恐龙很难过"时，睿睿向前翻了几页，找到大恐龙开心的图片，又翻回到难过的这一页。随着教师继续讲述，睿睿并没有把心中的疑问提出来。类似的镜头在不同的环节中都有出现，然而因为幼儿没有直接提问，而被教师忽略。

第二，幼儿及教师的问题均为单一直指性的，教师的提问尚没有激发儿童的深度思考。如指着图片上熟悉的小动物问"这是谁"，指着小猫穿衣服的画面问"它在做什么"，浅显的提问直接忽略了让幼儿观察场景的混乱、小猫纽扣的七扭八歪，而引导幼儿观察与质疑的高质量问题却没能适时提出。再有，我们经常会听到老师启发幼儿向同伴提问题，然而能够提出有质量的问题的幼儿很少，即使问了也是在模仿老师曾经提过的问题。可见，教师的行为与提问方式不仅影响儿童的思考能力，也会影响儿童提问的方式。

第三，在活动区与集体阅读活动中，师幼提问次数比分别为1：5和7：1，可以看出，在没有教师主导的氛围中，幼儿更易提出问题。集体阅读中被记录提问次数为零的润润，在阅读区中拿着《昆虫世界》不断地与身边的小朋友互动，"你知道这是什么动物吗？""蜻蜓为什么长着大眼睛？""咱们再看一遍行吗？"……短短的十分钟，润润与同伴互动了17个问题，而这些问题又可以根据提问的类型分为引发型问题、自问自答型问题、询问型问题以及思考型问题。

表 1-1 集体阅读活动中教师与幼儿提问情况的观察记录表

序号	活动内容	幼儿年龄	幼儿数	教师提问次数	教师问题记录	幼儿提问次数	幼儿问题记录
1	《城里来了大恐龙》（第一次活动）	大班（5～6岁）	30人（4名幼儿提问）	22次	1.这是谁呀？ 2.你们知道恐龙生活在什么时候吗？ 3.谁有不同意见吗？	5次	幼儿自主阅读时提问： 1.你说是一样的吗？ 2.真的有恐龙吗？
2	《好看的毛裤》	小班（3～3.5岁）	16人（5名幼儿提问）	28次	1.你们觉得今天冷不冷？有多冷？ 2.那么冷的天气，你有什么办法可以保暖？ 3.这是谁的帽子啊？	6次	1.它是要抓老鼠吗？ 2.这有一只兔子你发现了吗？ 3.这是谁啊？（指着作者的照片问）
3	《我爱妈妈》	中班（4～5岁）	14人	13次	1.这是谁呀？ 2.每个人都有妈妈，你妈妈的工作是什么？ 3.在家里，你妈妈还有些什么本领呢？	0次	
4	《金色的房子》	中班（4～5岁）	34人	7次	1.看完之后你们有什么问题吗？ 2.他们除了表情不一样，还有其他地方不一样？ 3.他们的表情是什么样的？	4次	1.为什么小姑娘和小狗前边是笑着的后边就不笑了？ 2.他们的花儿去哪了？
5	《城里来了大恐龙》（第二次活动）	大班（5～6岁）	32人	29次	1.谁还记得这本书里讲的是什么？ 2.书里还发生了什么你没有看出来的？ 3.你有没有发现什么不一样的地方呢？	0次	
6	《我家是动物园》	大班（5～6岁）	30人（4名幼儿提问）	43次	1.你们开不开心啊？ 2.你们看着这是谁啊？ 3.奇怪吗？	1次	幼儿讨论时提问： 你是什么（动物）？ （4人问过这个问题）

表1-2 活动区游戏中教师与幼儿提问情况的观察记录表

序号	幼儿姓名	幼儿年龄	阅读内容	阅读方式	提问次数	幼儿问题记录	教师/同伴问题记录
1	安安、阳阳	3岁半	《我会认颜色》	同伴共读	2次	安安：你看这不是一个苹果怪？ 安安：这个是轻红吗？	师：你是觉得它浅一点？
2	阳阳、冰冰、琪琪、菲菲	3~3.5岁	《谁下车了》之前教师在图书区给这些孩子讲过这本书，老师曾问过这样的问题	师生共读	7次	冰冰：有人开车吗？ 琪琪：你猜谁先下车？（问老师） 阳阳：这次是谁下车吗？（同样的问题问了4次） 琪琪：你知道为什么是它下车吗？（问冰冰）	
3	安安、阳阳	3~3.5岁	《雨天的动物园》	同伴共读	7次	阳阳：这是什么？ 安安：这是狮子吧？ 阳阳：这个呢？ 安安：这个是猴子？ 安安：你知道这个是什么吗？（3次）	
4	葫芦、润润、蕊蕊	4~5岁	《昆虫世界》	同伴共读	6次	润润：这是什么？ 润润：这不是七星瓢虫吗？ 润润：为什么这个是甲虫啊？ 润润：这只蜻蜓的眼睛为什么这么大啊？ 葫芦：我们能再看一遍吗？ 润润：它们俩都是坏人吗？	

（续）

序号	幼儿姓名	幼儿年龄	阅读内容	阅读方式	提问次数	幼儿问题记录	教师/同伴问题记录
5	五月、马来、星星	4~5岁	《奥菲利亚》	同伴共读	3次	马来：这个是恐龙吗？ 马来：这个是什么？ 马来：这个是枪吗？	
6	中中、辰辰	4~5岁	《恐龙有多大？》	同伴共读	2次	辰辰：这是什么龙？ 辰辰：这是长龙吧？	
7	若涵	4岁半	《爱无处不在》	独立阅读	2次	若涵：武敏熙，这是什么啊？ 若涵：这些字是什么啊？	
8	中中、丁伯扬、马来	4~5岁	《恐龙有多大？》	同伴共读	4次	马来：怎么把这个连接起来啊？ 丁伯扬：你知道这是什么吗？ 马来：胶条就行了吧？ 中中：它们是一只恐龙吗？	
9	嘟嘟	4岁半	《一座房子和一块砖》	师生共读	2次	嘟嘟：你最喜欢哪一页？ 嘟嘟：你为什么喜欢？	师：这是你最喜欢的一页吗？

（二）从行为表征分析幼儿问题意识的典型特征

幼儿的提问方式并非单一地依赖于明确的语言表述，很多时候，他们通过眼神的交流、动作的展现等非言语行为特征来表达内心的疑惑和好奇。当幼儿遭遇新奇或不解的事物时，他们的眼神中会闪烁出探寻的光芒，那是一种对未知世界的渴望与询问。有时，幼儿的小手也会不自觉地行动起来，或指点或摸索，这些动作成为他们与世界对话的另一种"语言"，无声地诉说着他们的疑惑和探索的意愿。这些非言语的行为正是幼儿问题意识的外在表现。作为教育者，我们需要具备敏锐的观察力，深入解读幼儿的这些非言语信号，以便更好地回应他们的疑问。结合幼儿在阅读活动中的行为表现，我们发现幼儿的问题意识具有四个典型特点。

1. 连续性

诸多记录表明，幼儿提出的问题，要么是一大堆问题鱼贯而出，要么是一个问题获得解答后，下一个问题就接踵而至，前一个问题往往是后一个问题的基础。

> **案例**
>
> 伊伊翻看着《洞里有什么》，看到彤彤向自己走来，马上把封面上的洞用手盖住，问道："彤彤，你猜这个洞洞里面有什么？"彤彤说："有好多的眼睛吧。"伊伊追问道："那是谁的眼睛？"伊伊继续翻书，接着问："下面的洞洞里面有什么？""你摸摸这个洞洞，一圈一圈的，怎么变小了？"……他突然低头看到彤彤的鞋子："呀，你鞋子上也有洞洞，洞洞里有什么？""哈哈哈！"两人笑了起来。彤彤扭过头看看四周："快找找哪里还有洞洞。""猜猜里面有什么？""会不会有一只大虫子？""不对不对，应该藏着糖果！"……

2. 整体性

幼儿的学习与发展是一个整体，幼儿的问题意识与幼儿的全面发展相联系，一个外界刺激往往可以引发幼儿的思维向各个领域扩展，形成问题表征。

> **案例**
>
> 大班的蓉蓉在第一次自主阅读《三个和尚》时和身边的牛角说道："你一个人能拿起一桶水吗？"牛角答道："拿不动的时候我可以找别人帮忙。"蓉蓉又问道："如果没有人帮忙呢？三个和尚就不会互相帮忙。"牛角说："我妈妈说人多力量大。"蓉蓉马上反驳道："三个人，都不会打水，人多也没用。"

随着活动的深入与推进，当时的学习内容会调动起幼儿已有的生活经验，经验越丰富，问题会越多元。"三个和尚没水吃"引发了孩子对"人多力量大"的质疑；"爱心树无私地将果子给了小男孩"引发了孩子们对不劳而获的讨论。

3. 程序性

从信息加工理论的角度看，幼儿的问题表征从信息输入（外界刺激）、信息加工（内部思维）到信息输出（提出问题）是一个程序性的过程。这个过程与幼儿的年龄特点、认知规律是密不可分的。儿童的生理年龄特征随着年龄的增长逐渐显现，发育具有一定的规律性（除疾病外）；而心理年龄特征并不是随着年龄的增长自发出现的，而是在一定的社会和教育条件下形成的，具有一定的稳定性。3～6岁幼儿好玩好动，对世界万物的认识充满好奇并开始探索，具体化动作要先于语言出现，常常是先做后想、先做后说。

> **案例**
>
> 小班的幼儿在自主阅读时，常常会出现这样的情景：他们翻看着书本，不一会儿便将书递给了身边的成人。当成人询问他们的意图时，孩子们可能会简单地回应"你来说"，或者干脆放弃阅读。这种情况可能是在告诉我们，他们遇到了阅读上的困难，或许是因为内容超出了他们的理解范围，而他们又无法准确地判断出问题所在，更难以用恰当的语言来表达自己的困惑。
>
> 相比之下，年龄稍大一些的中班或大班幼儿，在阅读时则展现出更加成熟的行为模式。他们可能会反复地翻阅某一页，或者在阅读过程中来回查看前后页，显示出他们在努力理解和整合书中的信息。同时，这些孩子也更能够直接用语言提出自己的问题，表达出他们在阅读过程中的思考和疑惑。
>
> 为此，探寻幼儿的问题意识，不能仅凭儿童用语言提出的问题，更要留意那些不经意间流露出来的行为表征，这样才能更全面地了解幼儿内心的疑惑和探索过程。

4. 发展性

问题意识是儿童主动认知进而深度学习的表现，有问题、能够发现问题、乐于提出问题，说明儿童的思维在运转、被激活，更说明正在形成解决问题的能力。

> **案例**
>
> 在一次亲子阅读中，多多妈妈讲述了《剪刀石头布》的故事。多多听得入迷，眼睛里闪烁着好奇的光芒。他忍不住开始提问："妈妈，叽叽

怎么知道喳喳会出什么呢?""为什么大跑车也没赢过小自行车?这不科学呀?""为什么叽叽一直赢?"妈妈微笑着,一一做出解答。多多的问题一个接一个:"那如果我也像喳喳一样,我一定能出一个叽叽猜不到的答案!"妈妈问道:"你会出什么?"多多说:"妈妈你先出,我再想想什么能赢你。"于是,多多和妈妈模仿起故事里的角色,开始了"石头剪刀布"的游戏。妈妈说:"我出一个冰激凌。"多多马上说:"那我出一个太阳。太阳能让你的冰激凌融化。"多多的思维在不断地运转,他的想象力和创造欲被彻底激发了。

经过研究团队的深度挖掘,我们从情绪状态、提问方式及问题特征这三个关键维度出发,对幼儿提出的问题进行了全面解析,提炼出十项幼儿问题意识的核心指征,通过一系列细致分析,成功梳理出了大、中、小三个年龄段幼儿共计 30 项典型的行为特点(表 1-3)。这些行为特点不仅反映了幼儿在不同成长阶段问题意识发展的状态,而且为我们深入理解幼儿的认知和心理发展水平提供了宝贵的实证依据。

表 1-3　幼儿问题意识核心指征与典型行为特点

维度	项目	核心指征	典型行为特点
情绪状态	专注	持久活动、精神集中	小班:通过反复阅读,指着画面说出自己喜欢的内容;尝试模仿图画书中人物的神态动作;短时关注,易转移注意力。
			中班:能够自主阅读,眼神会停留聚焦在感兴趣的内容上,马上表达见解与质疑;会因故事情节的变化产生情绪、动作的变化;活动结束仍意犹未尽。
			大班:眼神跟随、聚精会神,对不解的地方会冥想思考;能专注倾听,迅速回应;能长时间将精力集中在一个话题上。
	兴趣	主动参与、积极投入	小班:认真聆听教师的讲述,对感兴趣的画面积极反应;伴随动作、期待关注、努力倾听,有表达自己兴趣和喜爱的愿望。
			中班:能积极表达自己的乐趣与发现;拒绝他人打扰;乐于表达自己对图画书的看法。
			大班:期待表达自己的发现与见解;能围绕主题阐述观点与疑问;自然地运用故事中的语言进行交流。

（续）

维度	项目	核心指征	典型行为特点
情绪状态	愉悦	轻松愉快、互动性强	小班：看到高兴时相视而笑、手舞足蹈；沉浸于自言自语，不在乎别人是否回答自己的问题。
			中班：表情会随着故事情节的起伏变化而变化；能用感叹词、语气词、叠词表达自己的心情；乐于模仿故事书中的情节，乐于互动阅读。
			大班：看到触动自己的情节，会大胆表达，会和身边好友畅所欲言；不同的感受会呈现不同的情绪变化。
提问方式	语言	说出问题、表达疑问	小班：高兴时会抢话、接话；有疑问时会自言自语或者追着别人问；会反复提出相同的问题。
			中班：能用"为什么……"句式进行提问；会用否定词，尝试使用反义词来表达自己的猜想和质疑；在倾听中会打断他人的回答，发表自己的不同看法。
			大班：能使用完整的句式提出问题；尝试使用形容词、感叹词表达自己的猜测和疑问；乐于通过倾听回答同伴问题。
	表情	专注思考、表情严肃	小班：幼儿在思考过程中紧盯画面，会将视线短时聚焦在产生问题的页面；对不感兴趣的话题不回应。
			中班：思考时眉头紧锁，眼神聚焦在感兴趣的页面；随着问题的解决，会调整情绪关注下一个问题。
			大班：独立思考、若有所思；情节变化时嘴巴微张、转动眼睛、表情丰富；发现问题和解决问题会有不同的情绪情感外显特点。
	动作	不离绘本、动作配合	小班：会用手指点戳不明白的地方，期望成人解答；翻页动作大，并先于语言；随着前后翻页，头部左右转动，眼睛始终不离画面。
			中班：前后翻页速度快；有问题时身体会扭来扭去或者头转来转去，希望他人的关注与解答；能带着问题在图画书中寻找答案，用前后翻页的方式来对照问题与答案。
			大班：感兴趣时会在同伴的书上进行交流；会提出疑问，并用手势要求对方回答；对有争议的问题会点戳重点，发表意见。

（续）

维度	项目	核心指征	典型行为特点
问题特征	连续性	鱼贯而出、接踵而至	小班：对同伴的问题进行重复模仿；喜欢群体表达；需要满足表达的欲望。
			中班：对同一内容会有不同的见解，进行不同角度的问答；尝试连续发问，感受快乐。
			大班：面对疑问，同伴间会补充挖掘问题，表达"我也想知道"；会通过追击反问，表达不同见解；乐于出难题，骄傲于问出了别人回答不出来的问题。
	整体性	举一反三、经验链接	小班：结合已有生活经验进行猜测，对教师及同伴的提问进行主要词语替换，进行模仿表达。
			中班：模仿故事书中的问题和句式，结合生活经验围绕故事内容精心提问。
			大班：能利用其他学科的知识解答并尝试提出新的疑问；能迁移生活经验解决当前问题；问题会超越图画书内容，涉及感兴趣的其他领域。
	程序性	先做后想、先做后说	小班：有不解的地方，动作会先于语言表达；会从直接看到的内容中寻找答案。
			中班：有疑问时，会先停顿片刻，尝试自己解答；不解时会环顾四周寻求帮助；先动作后语言，先倾听后模仿，先分散后聚焦，先猜测表达后阅读验证。
			大班：先自我解释再提出疑问，先找寻答案再质疑同伴，先体验验证再梳理答案。
	发展性	主动发展、深度学习	小班：需要通过教师追问的方式引发对绘本内容的思考；将注意力聚焦在故事要素中；能初步用生活经验尝试回应别人的问题，解答自己的疑问。
			中班：主动提出疑问，能够将故事中蕴含的问题元素迁移到生活和游戏中。
			大班：将问题与已有经验相结合，能够建立生活经验与故事内容的联系，深度感悟故事寓意。

四、影响幼儿问题意识的因素

问题意识不是与生俱来的，而是在生活、游戏中不断习得且强化形成的。

幼儿年龄小，需要成人的陪伴，而问题意识的形成更易受到陪伴者的影响与激发。为此，研究者依据教学经验编制了两份调查问卷，以与幼儿有着亲密陪伴关系的家长和教师作为调查对象，力图通过对问卷数据的客观分析，梳理出儿童问题意识的成因及其背后的多元影响因素。

（一）家庭因素——基于对家长的调查分析

家长调查问卷精心设计了 22 道选择题和 2 道开放式的问答咨询题，内容涵盖了家长的学历背景、亲子阅读的参与情况、对儿童问题意识培养的认知与实践做法，以及家庭在培养孩子提问能力过程中遇到的困惑与实际需求。通过对 191 份有效问卷的细致整理与全面汇总，我们得出了以下结论：

结论一：大部分家长在理念上能够认同阅读、亲子陪伴、儿童问题意识培养的重要性。其中，有 77.48% 的家长保持着良好的读书习惯，高达 99.47% 的家长认为幼儿期的阅读对孩子的成长至关重要，而 98.95% 的家长则坚信培养孩子的问题意识对孩子的未来发展有着不可估量的价值，70.69% 的家长认为孩子提出的问题富有意义，这充分彰显了大部分家长不仅学识丰富，而且教育理念先进，走在时代的前列。

结论二：家长的认知与实际行动之间存在明显差距。统计数据显示，在陪伴孩子阅读这一行为上，仅有 15% 的家长能够持之以恒地陪伴孩子，而这部分家长自身都拥有良好的阅读习惯。78% 的家长则选择在孩子需要时短暂陪伴阅读，他们认为孩子应该逐渐养成自主阅读的习惯，不必时刻依赖家长的陪伴。然而，还有 7% 的家长因工作繁忙或未亲自照顾孩子，从未陪伴过孩子阅读，这反映出在实际操作中，部分家长的理念与行为并未完全统一。

结论三：家长普遍将培养孩子问题意识的期望寄托于幼儿园。面对孩子提出的种种问题，35% 的家长能够积极应对，采取具体有效的方法支持孩子深入探索，比如与孩子一同寻找答案；50% 的家长则选择直接给出答案，或是给出较为空洞的引导，诸如"你再去试一试吧"或"去问问老师（或者他人）"；而另外 15% 的家长则直接将培养孩子问题意识的责任寄托于幼儿园，希望幼儿园能够承担起这一重要任务。

家长作为幼儿最为亲密的陪伴者，一言一行都受到幼儿的关注。幼儿期的孩子模仿性极强，他会效仿成人看书的样子、提问方式、质疑推理的方法。因此，成人们需要格外用心，帮助孩子将提问题这一宝贵习惯持续性地保持下去。如果父母总以忙碌为借口，对孩子的问题敷衍了事，久而久之，孩子的问题意识就会淡薄，学习动机也会逐渐减弱。

实际上，提出问题比仅仅发现问题更为可贵。它不仅需要思维进行整合，更需要勇气去质疑、去探索。家长面对幼儿提问时的态度、提供的支持程度以及引导的力度，都直接关乎幼儿学习的质量和深度。因此，作为家长，我们应当珍视孩子的每一个问题，用心倾听，耐心引导，为孩子的成长之路铺设坚实的基石。

（二）教师因素——基于对教师的调查分析

教师调查问卷精心设计了 27 道选择题和 2 道开放式的问答咨询题，全面涵盖了教师的学历背景、对阅读的认同程度、对儿童阅读的关注深度、对儿童阅读过程中提问现象的重视程度以及应对儿童提问的具体方法。参与调查的教师教龄结构分布均衡：1～5 年教龄的教师占比 53.52%，6～10 年教龄的教师占比 28.17%，11～20 年教龄的教师占比 8.45%，20 年以上教龄的教师占比 9.86%。学历方面，本科学历的教师占据主导地位，占比高达 77.46%，大专学历的教师占比 22.54%。

可以看出，年轻教师与本科学历教师在本次调查中的占比较大，这与幼儿园整体教师的综合比例指标高度吻合。因此，本次调查所得结论基本能够反映园所的整体情况，为幼儿园的教育教学工作提供有力的数据支持。

结论一：调查数据显示，全体教师（100%）均深刻认识到幼儿期培养问题意识的重要性，并且高达 94% 的教师能够积极鼓励幼儿提问，表示愿意与孩子们一同探索答案。这一积极态度与学前专业的理论基础、教学实践中的不断强化和丰富经验紧密相连，充分展现了新时代幼儿教师专业化发展的可喜成果。

结论二：深入挖掘教师的思想根源及其实践理念的落实能力后，我们发现，教师在对儿童的理解以及对儿童问题意识的重视程度方面仍存在不足。具体表现为：一方面，大多数教师仅认为儿童提出的有明确答案的问题才有价值，而极少有教师能认识到孩子天马行空的想法或提出成人难以回答的问题同样具有价值，这反映出教师对儿童的认识存在偏颇和局限性；另一方面，在幼儿园的实际教学中，绝大部分问题仍由教师提出，而孩子提出的问题仅占 8%，这凸显了教师在活动中的主导地位和高控倾向。

结论三：从问卷中可以看出，在面对儿童提问这一问题上，教师认为的好方法多为普遍适用的方法，而缺乏针对具体情境的引导策略。因此，教师捕捉儿童问题的能力和回应儿童问题的具体策略有待提升，以便更好地应对现场教学中的各种情况。

幼儿的问题意识，从显性角度来看，主要通过行为、语言等外在表现得以展现；而从隐性角度深入探究，则关乎幼儿内心的心理活动。因此，幼儿的问题意识作为思维和语言的直接反映，构成了普通心理学研究的重要领域之一。

作为专业教师，我们不能仅仅在思想上重视儿童的问题意识，也不能仅依赖于外显的行为表现（如动作、表情、语言等）来评判儿童的发展水平。更重要的是，我们需要具备从内隐的问题意识（如思考、揣摩、疑虑等心理活动）中进行猜想、假设、评估以及推断的专业化能力。为此，教师的观察能力、判断能力以及与幼儿的互动分析能力显得尤为重要。而教师对幼儿问题的重视程度和支持态度，也深深地影响着幼儿问题意识的形成与发展。

为了更加精准地了解教师激发幼儿问题意识能力的现状，我们采用教学现场观摩记录的方式进行了深入的分析与研究。

1. 集体阅读活动中教师激发幼儿问题意识能力的现状

在阅读活动中，教师能根据故事线索以及情节中的冲突点进行提问，为幼儿提供发表自己想法的机会，但仍缺乏进一步支持幼儿结合画面分析想法的合理性，常用"谁再来说说""谁还有不同想法"转向引导其他幼儿平行发言，有时也能觉察到在阅读过程中有困难的幼儿并给予关注和支持，帮助拓展幼儿的思维，但是持续性不强。例如，在阅读故事类图画书《独角兽妹妹》时，当有几名幼儿质疑独角兽妹妹会不会戴小猪制作的小头套时，教师只是简单回应幼儿："哦，你们有不同的想法。"但没有鼓励幼儿表达他们的质疑，比如"为什么觉得它不会戴？小猪可以怎么说？独角兽妹妹要是戴起来呢？"

2. 阅读活动区中教师激发幼儿问题意识能力的现状

幼儿在语言区进行自主阅读时，教师激发幼儿问题意识的现状表现为：能够关注幼儿的阅读进程，但较少提出开放性问题引导幼儿深入思考和表达自己的想法。同时，教师在问题提出后，给予幼儿的反馈和引导不够充分，未能有效促进幼儿思维和语言能力的发展。

（三）幼儿因素——基于对幼儿的观察分析

问题意识的建立、形成乃至影响与儿童的生理、心理、生活经验、学习经历、周围环境等诸多因素密不可分。为此，研究者在分析家长及教师对儿童问题意识形成影响因素的同时，纵观儿童内因、外因两大影响维度，通过对十个项目的解析，探寻梳理出影响儿童问题意识形成的诸多因素。

1. 内因（幼儿自身的发展、特点等主观影响因素）

（1）幼儿的年龄特点

儿童的生理年龄特征会随着年龄的增长逐渐显现，其发育过程遵循一定的规律性。相比之下，心理年龄特征的形成并非单纯依赖于年龄的增长，而是在特定的社会环境和教育条件的共同作用下逐渐塑造而成的，展现出一定的稳定性。具体而言，3～6岁的幼儿天性活泼好动，对周围世界充满了无尽的好奇与探索欲望。在这个阶段，他们的动作往往先于语言出现，倾向于通过实际行动来感知和理解事物，呈现出"先做后想、先做后说"的特点。

案例

在一次幼儿自主阅读的活动中，格仔与涵涵不约而同地选中了同一本书，这一巧合随即引发了一场小小的争抢风波。两人都紧紧抓着那本书，互不相让，气氛一时变得紧张起来。格仔向涵涵发问道："你为什么不让我看这本书？"涵涵说道："因为这是我先拿到的。"随后，涵涵便开始阅读。在涵涵阅读这本书的时候，格仔一直在她面前走来走去，偶尔蹲下来看着她。（我认为他可能很想问问涵涵"你什么时候看完？"）

因此，在探究幼儿的问题意识时，我们不能仅仅从儿童口头表达的言语或他们直接提出的问题来简单地断定儿童是否具有提问的意愿或行为。相反，我们应当更加深入地分析儿童的心理因素及其内在的心理活动，通过观察这些心理因素所导致的外在表现或行为特征，来全面而准确地评估幼儿的问题意识。

（2）幼儿的学习方式

在幼儿阶段，具体形象思维占据主导地位，孩子们倾向于通过一种"感知—探索—表征—设问—再感知"的循环式学习模式来探索周围世界的奥秘。我们常常观察到孩子们对一个玩具乐此不疲，反复摆弄，口中念念有词，或者某个小朋友会在某段时间内持续选择建构区活动，即便老师尝试用各种引导方法也难以改变其选择。这些看似重复性的行为，实则蕴含着儿童独特的学习方式和思维发展进程。

儿童的这种重复性工作对他们的思维与认知发展具有不可估量的价值。在不断尝试、不断修正、不断调整的循环过程中，孩子们逐渐发现问题、勇于提问、积极寻求解决方案。正是在这样循环往复探索中，问题意识得以萌芽并持续流动，推动着他们向更深层次的认知领域迈进。

案例

可可已经第三次翻开《我只要一个拥抱》这本温馨的绘本了，而这一次，笑笑也加入了她的阅读之旅。可可满怀好奇地问笑笑："你觉得这是什么呢？是一只狐狸，还是一只狗？"笑笑回应道："肯定是狗！因为它的尾巴是这样的。"笑笑又问："老师，你能帮我查查狐狸的尾巴是什么样子的吗？"可可也向旁边的老师求助。"你知道它的名字吗？"可可指着蓝色的狗问道。"那这个呢？"又指着绿色条纹的狗问道。"你知道这是谁写的信吗？""你知道小狗的妈妈在做什么吗？""它们头上这些爱心就是说它们很高兴，对吧？"可可不断地向笑笑提出问题。

可可的问题如同打开了一扇通往知识宝库的大门，激发了笑笑的好奇心，她也开始模仿可可，向可可提出一个又一个问题。直到活动区的时光悄然流逝，两人依旧沉浸在这个充满疑问与探索的世界里，仿佛时间在这一刻静止了。

由此可见，儿童的学习过程显著地展现出"持续且重复、模仿并伴随探索"的特性。当孩子们对某一事物（如图画书）积累了一定的经验时，他们的问题意识往往会被有效激发。此时，问题意识的涌现与增强成为衡量其思维发展水平的一个重要标志。

（3）幼儿的兴趣倾向

好问好学是幼儿期的重要特点。在此阶段，他们有了明确的学习兴趣与探究愿望，对感兴趣的事情喜欢探个究竟、问个清楚，刨根问底的问题也逐渐带有深度。兴趣与幼儿学习习惯的养成有着必然的关系，对幼儿问题意识的形成自然有着重要的影响。

"小鱼睡觉闭眼睛吗？"

"树叶为什么会掉下来？"

"狮子真的会变大又变小吗？"

"鸭子有翅膀怎么不会飞？"

"自行车上能安装螺旋桨吗？"……

幼儿对其感兴趣的内容会不断探索并寻求结果。

案例

近期，伊伊对图书区的"手电筒"系列图书情有独钟。今天，她再次选择了《手电筒系列之博物馆探秘》这本书。当彤彤走近她时，伊伊迅速从书中抽出手电筒，兴致勃勃地问道："你猜猜看，这博物馆里藏着什么呢？"彤彤想了想，回答："有动物，还有木乃伊吧。"伊伊好奇地追问："那是什么动物呢？"说着，她打开了书页。紧接着，伊伊又提出了新的问题："如果不使用手电筒，你能看到吗？"她眨巴着眼睛，似乎在期待一个巧妙的答案。接着，她还不忘补充一句："你知道不放手电筒也能看到的方法吗？"随后，伊伊一页页地翻动着书页，又发出了一串提问："你去过博物馆吗？""我妈妈带我去过自然博物馆和天文馆哦，你呢？""你喜欢恐龙吗？自然博物馆里有恐龙的化石……"她的眼神中闪烁着对知识的渴望和对分享的热情。

可见，兴趣不仅会引发幼儿的学习行为，还会在投入学习的过程中引发好奇性问题、探索性问题，甚至将问题深刻化，直到得到满意的答案或结果。

（4）幼儿内在的学习动机

内在学习动机如同引领幼儿走向成功的明灯，其终极目标是满足幼儿的内心需求。动机源于需求，幼儿在学习过程中产生的问题，正是他们对进一步学习、解开内心疑惑和好奇心的主动追求。随着幼儿年龄的增长，他们的抽象思维逐渐萌芽，开始具备独立学习的能力，也产生了深入学习和探索世界奥秘的内在渴望。这种内在动机越强烈，幼儿提出问题的概率就越高，他们的问题意识也表现得越明显。

案例

在集体阅读垃圾分类宣传册时，小关一直盯着一页看，时不时还会托着下巴发出"唉"的声音。当老师询问小朋友在阅读中是否有问题时，小关反复地看看老师和自己之前盯着的那一页。老师看到后问："小关，你有问题吗？"小关慢慢地站起来说："我家电梯里也有垃圾分类图，有一个问题我跟妈妈都不会，妈妈说吃完的玉米是其他垃圾，但是我觉得是厨余垃圾，所以我想知道它到底是什么垃圾。"靓宝说："那吃完的玉米，小动物还能吃吗？"博晨说："当然不能吃了，小朋友不能吃的，小动物也不能吃，吃了就会死的，所以它是不是有毒垃圾呀？"曼谷说："不对，药和电池才是有毒的垃圾呢！""对，那吃完的玉米就是厨余垃圾，对吧？"小关说。"那你们知道厨余垃圾和其他垃圾的区别是什么吗？"老师追问道。小关又问道："那骨头是不是也是其他垃圾呀？"

值得关注的是，内在学习动机具有内隐性，成人要对幼儿进行深度的了解、观察或访谈，尽可能准确地知道幼儿的动机，尤其是幼儿希望探寻的问题，以免臆断造成错误判断。要把儿童的学习当作一个整体来看待，行动与思维的关联、思维与问题的关系，要整体进行分析与判断，如儿童内心的需求或者问题意识的产生会伴随着表情、头部扭动、四肢动作、声音或语言。

（5）幼儿的性格特点

幼儿的性格特点影响着幼儿问题提出的方式以及问题意识的强弱程度。求知欲强、具有一定学习生活独立性的儿童在问题意识方面发展较强，问题质量也较高。活泼开朗、善于表达的幼儿更善于主动用语言提问题，将问题外显化，这与幼儿的自信程度有关。相反，内向腼腆、不好表达的幼儿的问题则内隐，需要成人的了解与帮助。

> **案例**
>
> 　　在幼儿自主阅读时，马来拿到图画书后看了看，便指着封面上的书名问旁边的豆果："你知道这个故事的名字是什么吗？"豆果摇摇头后继续看自己的书。马来自言自语道："这到底念什么呢？"他抬头看到豆果翻到一只大狮子张着大嘴巴的一页，又接着问："这本书的名字是《厉害的大狮子》吗？"豆果这次只是看着他。这时，老师走了过来，两人同时将目光转到老师的身上，马来立刻笑着问道："老师，这些字是'厉害的大狮子'吗？"而豆果只是紧紧地盯着老师。

2. 外因（作用于儿童的客观影响因素）

外在环境对于儿童问题意识的形成、培养有着重要的影响。这其中可能有家人、教师、同伴的影响，也可能有周边环境及绘本材料等因素的影响。

（1）家人

父母是孩子的第一任教师，一言一行都受到幼儿的关注。父母如果不重视培养幼儿的问题意识，就无法做到对孩子的科学培养，即使孩子提出疑问，家长也会以忙碌为借口，敷衍了事。久而久之，孩子的问题意识就会淡薄，对学习没兴趣，做事不能持之以恒。

> **案例**
>
> 　　一次阅读活动中，教师询问小朋友在阅读中是否有问题。小奥说："我有好几个问题，第一个就是这个小姑娘为什么生气了？我想可能是因为小狗不让她拿花，但是我不知道这些字是这样写的吗？第二个问题是为什么小姑娘看着小动物玩？是不是小动物不喜欢小姑娘啊？"这时，伯扬也举起了手，老师请他说自己的问题时，他说："我没有问题，我就是觉得他们太烦了，总是问问问。"小奥马上说道："我妈妈说不知道就得问。"（老师曾在与伯扬妈妈的交流中听伯扬妈妈说过："他事儿特多，我们都烦他了，很多时候都不想理他。"）

众所周知，犹太教育在全球都是领先的，家长每天都会在孩子放学时问孩子："你今天提问题了吗？"可见，提出问题比发现问题更可贵，它需要思维整合的过程，更需要提出问题的勇气。家人作为幼儿最亲密的陪伴者，与幼儿的互动是在生活中，是在非正规情境下发生的互动，随时随地、每时每刻影响着幼儿的认知。幼儿期的孩子模仿性强，他会效仿成人看书的样子、提问方式、质疑推理的方法，因此更需要家人将提问题当作一种可贵的习惯持续地培养下去。

（2）教师

幼儿的问题意识有的通过外显的行为表现出来（如动作、表情、语言等），而内隐的问题意识（如思考、揣摩、疑虑等）则需要教师通过外显的行为进行猜想、假设、评估以及推断。为此，教师的观察能力、判断能力以及与幼儿的互动能力就尤为重要。教师对幼儿问题出现后的重视程度、支持与否也影响着幼儿问题意识的形成与发展。

案例

在《我爸爸》集体阅读活动中，老师发现轩轩总是在看到某一页时再重新往前翻看，当小朋友都阅读完后，他仍然在做这件事情，导致收书时他没有完整地阅读一遍。当老师请小朋友分享自己看到的内容或问题时，孩子们几乎没有提出任何问题，而轩轩仍在时不时地瞄一眼桌上的书。老师看到后便说："我看到轩轩刚刚在来回翻看图书，我很好奇轩轩是不是在书里发现了什么问题。"轩轩听到后，一下子拿起了桌上的书，打开其中的一页说道："我不知道为什么这个爸爸一会儿变成猫头鹰，一会儿又变成鱼，我找了好几遍也不知道为什么。""爸爸还变成了河马呢，那他为什么变成河马呀？"昊昊紧接着问道。随后孩子们开始纷纷提问。

教师要具备对儿童行为的观察能力，通过对幼儿的行为表现进行准确的观察与客观的分析，解析幼儿内在的意识（问题意识）。这一过程体现了教师的专业性与基于儿童立场的观念与行为。

（3）同伴

良好的同伴关系会让儿童产生安全感，轻松愉悦度增强。小伙伴间的积极互动能促进儿童的认知发展，锻炼社会技能，对儿童的性格、个性品质、行为等都会产生很大的影响。

案例

在集体阅读《梨子朋友知多少》自制图书时，乔乔问自制书的作者："你画的这是什么梨？""这个梨也是黄色的吗？""这个梨我家里没有，你是在哪儿买的？"听到她们的问答后，孩子们的眼睛一下就亮了起来。接着了了马上问道："这里有一个我没有见过的梨，它是什么梨？这个颜色的梨是烂了吗?"元元问:"梨树的花除了白色还有其他颜色的吗?""梨树的花可以吃吗? 我好想吃呀!"轩轩问道:"这个是用梨做的糖葫芦吗? 是怎么做的呀?"……孩子们在互问互答中完成了这一次的阅读。

同时,同伴之间好习惯的影响也是不容小觑的。我们都认同"来自优秀孩子的影响力"这一观点,"优秀孩子"的榜样作用会引发幼儿间的学习。

（4）环境

"人创造了环境,同时环境也创造人"。良好的物质环境对幼儿的成长有着积极的作用,丰富美丽的环境让幼儿感到心情愉悦,留白富有挑战的环境能引发幼儿的思考。其实,环境能影响人的心理活动,进而影响人的行动。物质环境是文化环境的外显,它占据着人的视觉和心灵,对人的思维施加影响。有研究表明,外界丰富的物质环境可以影响人的创意思维,从中我们也能判断出物质环境对儿童问题意识的影响与促进作用。

案例

小班的图书区里经常出现很多可爱的毛绒玩具,这些毛绒玩具在这里可不只是玩具,还是孩子们的阅读伙伴。和和每次进到图书区后做的第一件事情就是抱起粉色的毛绒兔,然后拿来一本图书和毛绒兔一起阅读。一天,和和拿了一本《小兔子上幼儿园》的绘本,她指着封面上的小兔子问怀里的毛绒兔:"这是你的妹妹对不对?""它怎么没来我们班?""它为什么哭了? 它是想妈妈了吗?"说完后,和和把毛绒兔紧紧地抱在怀里,边拍边说:"宝宝,不哭了,妈妈在这里。""咦! 这个黑板我们家也有,可以在上面画画。来,你也画一个吧,你想画一个苹果吗?"和和边说边指着书上的黑板不停地画圆圈。在翻到最后一页时,和和又转过头问毛绒兔:"它是不是在说'妈妈我想你了'?"……

一个玩偶成为激发并陪伴儿童思考的伙伴;一幅图画点燃并激活了孩子的创想思维;温馨的环境让孩子安全而自由,思绪越飞越高……儿童大胆的问题、质疑、推测就是在这样的环境中产生的。

（5）阅读材料

阅读材料作为引发幼儿问题意识的媒介,一方面满足着幼儿的需要,另一方面引发了幼儿问题的产生。在本研究中,成人选择适合的阅读材料成为引发幼儿问题意识重要的一环。"孩子喜欢读什么样的图画书""哪些图画书能激发幼儿思考与质疑""故事的前后关联能否引发幼儿的自主学习"……对这些问题的思考同样成为选择适合的图画书的标准与依据。

案例

班级自助图书馆是幼儿在过渡环节可以随时阅读的区域,幼儿每周从家带来自己喜欢的图书进行分享阅读。这一天,当当和小白在看《揭秘太空》的书。小白:"你知道宇宙里有什么吗?""看这儿,有这些星球,我全都认识。"当当说。"这是木星吗?"小白问道。"这不是木星,木星是最大的。"当当用手比了一个大大的圆。"我觉得不是,太阳不是最大的吗?"小白说。"我是说在这里面。"当当用手指着书上的星球们画了一圈。"那太阳比木星大还是比木星小?"小白追问。"这里面没有,绍绍带来的那本书里有。"说完,当当就把绍绍带的那本书拿了过来。接着,小白又拿了一本关于鱼的书,问当当:"那你知道世界上有多少种鱼吗?"当当说:"有很多很多,有一亿那么多吧?""那你知道最厉害的鱼是什么鱼吗?"当当反问道……

阅读材料是幼儿开展阅读活动的载体。从案例中我们可以清楚地发现,大班幼儿对具有探索性的内容(如神奇的太空、恐龙的秘密、种子的传播等)有着极强的追问欲望,而小班幼儿则对于画面生动、故事趣味性强、有连续性、互动性的图书材料更有提问的热情。由此可见,适合年龄、匹配能力水平、蕴含未知的绘本更能引发幼儿的提问与思考。

综上所述,研究者在剖析幼儿问题意识影响因素的过程中,按内因(幼儿自身的发展、特点等主观影响因素)与外因(作用于儿童的客观影响因素)两大维度进行分析,通过对十个项目的梳理,凝练成表1-4、表1-5。

表1-4 影响幼儿问题意识的内因

项目	年龄特点	学习方式	兴趣取向	内在动机	性格特点
影响因素的具体表现	生理年龄影响着问题意识具有一定的规律性	问题的形成受到具体形象思维的主导,易于外显	好学好问,对未知表现出适度的好奇与渴望	当有获得答案的内在渴望时,幼儿自我投入,无需成人的督促	不同儿童呈现出不同的求知欲,其强与弱直接影响好奇好问的学习品质

（续）

项目	年龄特点	学习方式	兴趣取向	内在动机	性格特点
影响因素的具体表现	心理年龄的稳定性对问题意识有着促进作用	逻辑思维萌芽刚刚出现，问题的逻辑性还不够清晰	投入探究，专注于对问题的解密过程	当有获得答案的内在渴望时，幼儿可自我控制情绪、注意力	活泼开朗、腼腆内向、自信程度等不同性格特点直接影响问题提出的方式
	随着年龄增长，好奇好问、乐于探索的意识更强	由于低年龄儿童重复模仿的特点，问题的提出极易跟从	刨根问底，不满足于暂时的结果，希望得到更多的信息与发现	获得答案是为了实现自我满足、愉悦心情	
	低年龄儿童的动作先于语言，问题的提出方式更为情绪化	问题的提出经历"感知–探索–表征–设问–再感知–再质疑"的全过程，而受学习方式的影响，部分环节不外显			

表 1-5　影响幼儿问题意识的外因

项目	家人	教师	同伴	环境	阅读材料
影响因素的具体表现	陪伴型：高质量陪伴凸显教育意识	观察能力：能否观察到儿童有问题、想提问题	同伴间的相互影响力	精神环境：安全、和谐、温馨	丰富的阅读材料
	互动型：是否能积极回应孩子提出的问题	判断能力：能否判断儿童问题的质量与需求			与年龄、能力相匹配
	榜样型：家长善于问问题、善于思考	教师对幼儿问题的支持程度			具有挑战性，激发思考
	对待幼儿问题的态度是积极还是敷衍	教师自身问题意识的习惯与能力	同伴在提问方面的习惯与方法	物质环境：丰富、有序、美观、留白、有挑战性、对幼儿的视觉有刺激，能激发思考	富有童趣
	是否有支持幼儿提问的好方法				潜藏着问题条件

第二章

环境创设与图画书选择策略

"优质的环境不是冰冷的知识容器，而是点燃思维的火种。"当物理空间的一砖一瓦皆浸润着诱发提问的契机，当心理场域的一呼一吸都充盈着包容质疑的胸怀，当社会互动的一言一行持续激荡着探索未知的热情，幼儿的问题意识便会如悄然萌发的种子遇见适宜的土壤、阳光与雨露，终将破土成林，孕育出改变世界的思考者。

一、创设支持幼儿敢于提问的教育环境

在日常教育教学中，我们发现幼儿对某一事物、事件提出问题往往是随机生成的，当教育场景突破程式化预设，环境便能唤醒幼儿主动质疑的思维意识，为幼儿提供质疑的素材和支架。这里的环境支持体系主要包含心理环境和物质环境。

（一）心理环境

1. 营造"想问能问"的适宜氛围

当幼儿对周围事物萌发出兴趣时，会不会问出"为什么"往往深受所处环境的潜在影响。安全、平等、愉悦的适宜氛围不仅是幼儿敢于表达疑惑的心理催化剂，也是其认知探索行为得以萌芽的根本性土壤。

（1）安全

安全的环境会让幼儿获得归属感，往往会表现出信任、不紧张。它需要教师与每名幼儿建立较为亲密的关系，保证足够的熟悉度，尽管有些幼儿不是每天来园，教师依然需要通过不同的方式与幼儿保持联系和沟通。与此同时，教师在与幼儿进行互动时，需与幼儿平视，以温和的口吻进行对话，必要时可使用一些安抚性的肢体动作。日常细节的关怀实质上是在孩子心里搭建起信任的桥梁，让他们敢于在安全的氛围中自由表达。

（2）平等

平等主要体现在教师与幼儿的关系上，平等的关系可以给予幼儿自由感，进而让幼儿经常处于主动、积极的状态，愿意、敢于表达自己的想法。在平等关系的建立上，教师需要经常以幼儿的视角看待幼儿所提出的问题，避免站在高高在上的位置对幼儿所提问题做评判，不将问题进行好与坏的划分。对待每

个幼儿提出的问题，秉持公平回应的态度，不因个人喜好进行选择性回应。

（3）愉悦

愉悦的环境往往是宽松的，它能够让幼儿获得愉快的情绪体验，让幼儿感到轻松自如。在营造愉悦的心理环境时，教师要少提要求，避免过多的限制和约束，以理解为前提，不做幼儿间的比较。

2. 建立"会问敢问"的好奇风尚

幼儿期是好奇心最为旺盛的时期，他们经常对那些新奇、鲜明且充满动态变化的事物充满探索欲，而这份好奇正是提问的源泉。因此，我们应当致力于培育一种班级文化，让每一位幼儿都怀揣好奇之心，乐于探寻未知。我们要营造一种氛围，无论是在何时何地，面对任何事物或现象，幼儿都能自由地展现他们的好奇心。在互问互答环境中，使幼儿体会到提问带来的乐趣、喜悦和满足感，让提问逐渐成为他们的一种习惯。在充满好奇风尚的班级里，让提问行为被积极鼓励、受到尊重、赢得认可（与赞扬），并得到全力支持。

（1）主动发起

在营造充满"好奇"的氛围时，教师可以主动扮演发起者的角色，从孩子们早上到园的那一刻起，就用提问开启和孩子的对话。比如，当教师注意到孩子穿了一双新鞋，便可以饶有兴趣地问道："哟，你今天穿的鞋子和之前不一样呢，这是你的新鞋吗？是谁给你挑的？还是你自己选的？能告诉我你为什么选了这双鞋吗？"这样的问题在孩子们听来是满满的关注，他们会乐此不疲地回答这样的问题。随着时间的推移，班级里会渐渐出现一股新风尚，越来越多的幼儿开始把目光投向教师，他们好奇地问："老师，您今天穿的衣服是新买的吗？您是不是特别喜欢粉色（如果老师穿的是粉色衣服）？您知道我最喜欢什么颜色吗？还有，您知道哪两种颜色混在一起会变成这个颜色吗？"

就这样，当教师能够抓住每一个日常生活中的环节，巧妙地提出相关话题时，孩子们会在不知不觉中逐渐从最初的回答者变成主动的提问者。当他们的好奇心找到了释放的出口，提问便如泉涌般自然流露。

（2）尊重

当幼儿提出问题时，教师首先要确保自己能够真正听到，并通过专注倾听的姿态、略带疑惑的表情或者重复幼儿的问题等方式，向幼儿传达出"我在认真听你说"的信号。这样，当幼儿感受到教师对他们的提问给予了充分的关注时，他们的提问欲望就会得到激发和增强，从而深刻体会到提问是一件被重视、被鼓励的事情。

（3）肯定

幼儿对某个事物产生好奇后，往往会自然而然地提出问题，然而，也有些幼儿虽然心中充满疑惑，却不敢轻易开口，因为提问确实需要一定的勇气。

因此，帮助幼儿建立提问的自信心就显得尤为关键。在实践中，我们发现教师的肯定、赞美和欣赏是培育幼儿自信心的一剂良药，对于提问这件事也不例外。一句简单的赞赏可能瞬间点燃幼儿提问的热情，也可能让他们将提问的行为延续下去。所以，教师应该对幼儿的提问行为给予充分的赞赏和鼓励。

（4）支持

当幼儿提出问题时，教师需要给予恰当的回应，可以是微微点头的一个动作，可以是流露赞许的一个表情，也可以是温暖鼓励的一句话；既可以是立即给出的准确解答，又可以是稍后共同探索的约定。无论采取何种方式，对幼儿而言都是一种支持。这样的回应有助于将提问这一行为逐渐转化为一种主动的学习方式，进而培养幼儿形成良好的学习习惯。

（二）物质环境

1. 明亮而安静的空间环境

（1）光线适度、舒适的外部环境

此种环境可以让幼儿感到放松和安全，有助于幼儿大胆表达和提问。

（2）安静的、秩序感强的环境

一个安静且秩序井然的环境是问题与思考相互滋养的沃土。安静的环境能够触发深思，而深入的思考则能够激发更多新的问题。

（3）丰富却不失留白的环境

留白的环境可以赋予幼儿更多的想象空间和学习的可能性，鼓励孩子们放慢节奏，静心观察，细细品味周围的世界，并从中发现问题、提出问题。在面对未知的时候，幼儿的好奇心和探索欲更容易被激发，为幼儿的提问打下基础。

2. 新鲜而富于变化的环境（材料）

由于幼儿的兴趣和需求是不断发展变化的，因此"改变"和"新"可能更易让幼儿产生新鲜感。对幼儿来说，新鲜的环境更具有吸引力，不仅能够激发幼儿的兴趣，而且能触动幼儿的感知能力。当环境发生变化时，幼儿可能会感到好奇并提出"这是什么？怎么了？为什么？怎样做？"这样的问题。所以，幼儿所处的环境（材料）需要定期进行调整和创新。

案例

开学之初，老师在班级的养殖区放置了两颗乌龟蛋，这很快就吸引了孩子们的注意，他们提出了一连串充满好奇的问题："这是谁放在这里的呢？它是谁的蛋呀？会不会是我们早上吃的那种鹌鹑蛋呢？这蛋是用来吃的，还是能孵出可爱的小鸟来呢？"当老师笑着告诉他们这是乌龟蛋时，孩子们的好奇心被进一步激发了，新一轮的问题接踵而至："那这两颗蛋能孵出小乌龟吗？小乌龟应该怎么孵蛋呢？什么时候能孵出来呀？孵出来的小乌龟会是什么样子的呢？"终于，小乌龟顺利孵化了，孩子们观察和提问的热情丝毫未减："小乌龟为什么一出生就会爬呀？它现在能吃东西了吗？都能吃些什么呢？还有，小乌龟怎么分辨男女（雌雄）呀？它们是什么乌龟（品种）？"

3. 整合学习内容的一体化环境

幼儿的问题往往源于他们的亲眼所见、亲耳所闻和亲身体验，因此，教师在创设环境时，需紧密围绕幼儿的生活、游戏、学习内容、班级主题和幼儿园课程来展开，应与当前问题意识的培养目标相契合，与课程内容相互补充、相辅相成。

案例

春节前夕，教师将教室装点得年味十足，墙上挂满了孩子们亲手制作的各式各样的窗花、福字和春联，大门上精心悬挂着精美的年画、灯笼和鞭炮装饰品。看到这些热闹的新年装饰，小杰好奇地问："老师，为什么春节我们要贴春联呢？春联上的字是什么意思？"小雨则对教室里的鞭炮产生了兴趣，她好奇地问："老师，真正的鞭炮是怎么响的？为什么我们要放鞭炮呢？"小明则对墙面上的舞狮图片提出了自己的疑问："老师，为什么舞狮的时候，狮子要跳起来呢？"当孩子们看到班级门口贴的门神时，又发出疑问："什么样的门神可以保护我们？""大恐龙可以当我们的门神吗？"

4. 蕴含问题元素的可视环境

激发幼儿提问的兴趣和欲望，不仅仅依赖于"听"，同样也需要"看"。因此，在环境创设中，我们应该让"问题"跃然于眼前，使之处处可见。

（1）展示教师的提问，激发挑战

教师的提问可以以"挑战性问题"的方式出现，除了能够营造"问题"氛围，还能起到提问示范、引发幼儿思考、激发挑战欲望的作用，同时也促进幼儿提问意识和提问能力的提高。

（2）呈现幼儿的提问，激发兴趣、提高能力

①"我想问问你"互动墙饰。幼儿的提问如同灵感的火花，随时随地、无处不在地闪现，它们并不拘泥于特定的时刻和地点，大多是自然生成的。而这

些生成性的问题需要随时收集、呈现并回应。为了满足这一需求，班级中可以精心创设一面名为"我想问问你"的低矮互动墙饰。墙饰上设置与幼儿数量相匹配的问题收集盒，收集盒上贴有代表幼儿的独特标志，如照片、自画像、名字或是自创图标，既个性又易于识别。

　　幼儿可以将一日生活中所产生的"问题"（好奇、疑问）用自己的方式记录在问题卡片上，放入自己的问题收集盒中。这样的设计可以让幼儿和老师自由地选择查看和回应谁的问题、什么时间查看的问题。这样的墙饰为幼儿搭建了一个展示问题的平台，让他们的每一个问题都能被看见、被听见，进而得到关注、回应和解决。这样的过程让提问变得更加有趣、完整，充满了探索与发现的乐趣。在与墙饰的互动中，每个提问都仿佛是一颗种子，既带动了其他问题的萌发，又被其他问题的活力所滋养。

　　②"微主题"问题互动墙面。"微主题"问题墙是围绕班级幼儿近期的一个共性话题，以小组提出的问题、解决问题的历程及最终成果为核心展示内容。它作为展示、共享幼儿解决问题过程的平台，承载着幼儿小组的智慧火花与探索足迹。当话题不断深入，新问题和答案不断涌现，孩子们亲眼见证自己的问题和想法被珍视、被讨论，心中充满了自豪与满足，这份认同感极大地激发了他们的学习热情和探索欲望。"微主题"互动墙面不仅仅是一面展示墙，更是一扇启迪思维的窗，它为幼儿展现了解决问题的多样思路和方法，丰富了他们的认知图示，提升了思维水平。

> **案例**
>
> 　　在幼儿园开展的"蔬菜种植探秘"微主题实践活动初期，孩子们兴奋地观察着自己负责的小菜苗，每天都像小科学家一样，仔细记录着它们的成长变化。一天，甜甜蹲在她的菠菜苗前，突然指着叶子上的小黄点喊道："老师，快来看！我的菠菜叶子长小黄点了！"这一意外发现立刻引起了其他孩子的注意，大家纷纷围过来，七嘴八舌地讨论起来："这是什么呀？""叶子怎么生病了？""我们该怎么办？"在教师的引导下，孩子们开始了深入的探索和实践。他们查阅资料、请教老师和有经验的园丁，了解病虫害的防治和蔬菜的养护知识。丽丽说："原来这个小黄点是蚜虫咬的，我们要用肥皂水喷一喷。"孩子们通过实践，尝试不同的浇水、施肥方法，并学习如何识别和处理常见的病虫害。经过一段时间的观察和实践，孩子们得出了保持蔬菜苗健康成长的关键要素。在一次小组讨论中，汉德自信满满地说："我发现，浇水不能太多也不能太少，就像我们喝水一样，要刚刚好。"豆豆也补充道："还有施肥也很重要，就

像我们吃饭一样，蔬菜也需要营养。"孩子们在教师的组织下，分享了自己的发现和解决方法，并将讨论结果呈现在"微主题"墙面上。终于，孩子们迎来了收获的季节。他们兴奋地采摘自己种植的蔬菜，脸上洋溢着满足和喜悦。森森捧着一大把菠菜骄傲地说："这是我种的菠菜，我要带回家给妈妈做汤喝。"孩子们还利用这些蔬菜进行了创意制作，有的做了蔬菜沙拉，有的做了蔬菜拼盘，并品尝了自己的劳动成果。"蔬菜种植探秘"微主题墙面记录了孩子们亲身体验蔬菜从种植到收获的全过程，带给了孩子们无限的新奇与乐趣。

③ 蕴含"问题"的游戏环境。游戏能够较好地支持幼儿进行自主游戏、自主学习。幼儿在自主体验和探索的过程中，提出问题的频次也随之增多。教师可以将幼儿提出的问题直观地呈现在区域的墙饰和柜子上，并随着幼儿的探索进程进行替换呈现。

二、选择能够引发幼儿问题意识的图画书

一本好的图画书不仅会给孩子带来有趣的故事、精美的图画，而且能够引导孩子积极思考、体会情感，激发无限遐想，在童稚心田中催生出主动探索与深度学习的盎然生机。为此，在深入探究培养幼儿问题意识的教师支持性策略的过程中，我们愈发深刻地认识到：作为独特的教学载体，图画书在启发幼儿思考、激发幼儿质疑精神、点燃思维火花等方面具有不可替代的育人价值。基于这一认识，研究团队历时数载，对大量图画书进行了系统性筛选与深度研读，最终遴选出百本蕴含丰富问题元素的经典之作，并对能够引发幼儿问题意识的图画书的特点进行了梳理，形成表 2-1。

表 2-1 引发幼儿问题意识的图画书特点及举例说明

图书类别	引发幼儿问题意识的图书特点	举例说明
问题类	● 书名以问题方式呈现，整本书都在围绕问题解密。 ● 图书中蕴含着许多故事性问题，随着故事脉络的清晰，一个个问题也会逐步显现。	《谁藏起来了》《谁的脚印》《为什么只有我在打扫》《是谁嗯嗯在我的头上》。这些书的书名本身就呈现出了问题，幼儿阅读时带着问题寻找答案，更会激发出内心的好奇与疑问。 《棕色的熊、棕色的熊，你在看什么》《章鱼先生卖伞》。这类书的故事情节一问一答，幼儿会效仿提出自己感兴趣的问题，模仿故事中的问答方式，感受书面语言的特点。

（续）

图书 类别	引发幼儿问题意识 的图书特点	举例说明
	● 问题伴随着主人公的语言提出，幼儿模仿，进而自问自答。	《鸭子？兔子？》《早餐你想吃什么》。伴随猜想与争论，幼儿在猜一猜、找一找、读一读的过程中完成阅读，实现对图画书的理解，进而激发感悟。
生活类	● 图画书的内容是围绕幼儿生活展开的故事性叙述。 ● 故事情节多与幼儿已有的生活经验相似，能够引发情感共鸣。 ● 幼儿的已有生活经验能与情节产生冲突，从而提出疑问。	《小猫尿床》《大卫不可以》。贴近孩子现实生活，通过迁移生活经验，分析人物的内心冲突，引导幼儿猜测故事情节。 《我是爸爸》《我要拉粑粑》。适合低龄幼儿阅读，通过模仿图画书中的主人公，引发内心的冲突与疑问，借助已有生活经验产生共鸣。 《下一个是我》。打针真的那么可怕吗？通过描摹儿童的生活经历，细腻、生动地描写了儿童特有的心理并进行揣测和验证。
故事类	● 故事情节带有悬疑性，具有问题导向。 ● 情节反转性强，给幼儿预测、猜测的空间。 ● 故事情节具有前后质疑、解密的节奏。 ● 冲突明显，唤醒新认知。	《嘘，我们有个计划》是一本带有悬疑性的故事，在质疑—揭秘—再质疑—再揭秘中反复探索。 《小老虎的大屁股》《心怦怦跳，脸火辣辣》通过故事情节的反转，体会人物内心的冲突及变化，给幼儿带来更多的遐想与表达的空间。 《好饿好饿的小蛇》。故事的每一个情节都会有一个结果，激发幼儿利用已有经验，一个一个去解密，唤醒新的认知。 《小鸭子吃星星》。通过细致观察，引发猜想。 《三个强盗》。此类故事书带有惊奇感与悬念，伴随情节一步步推进，唤起幼儿更多的猜想与质疑，在善恶辨析中产生新的疑问与大讨论。 《云朵面包》。打破常规视角，让孩子在天马行空的想象中品味生活的快乐。
科普类	● 远古丛林、海洋生物、浩瀚宇宙。 ● 蕴含有趣的科学现象的图画书。 ● 了解身体器官与健康的关系。 ● 节气、温度与生活的关系。	《月亮的帽子》《海马先生》拉近了"未知"与儿童的关系，在故事的讲述过程中，引发幼儿猜想、发现和探究，进而产生对科学的好奇。 《肚里子有虫子吗？》《肚子里有个火车站》《放屁》非常直观而有趣，让幼儿了解了人体的生理现象，引发一系列好奇与质问。 《大家晚安》《神奇的小种子》《好吃的水果》《郁金香，快发芽》《你不知道的三个朋友》以有趣的方式向幼儿呈现了动物的生活习性、植物的生长过程、人类的繁衍与健康，幼儿在提问—解答—再提问—再解答的过程中了解了生命及其生长。

（续）

图书类别	引发幼儿问题意识的图书特点	举例说明
		《好饿好饿的毛毛虫》《种萝卜》。这类书中短小的故事情节中蕴含着数学知识与自然常识，是各领域知识融合的好载体，能让儿童了解数与生活的关系。
游戏类	● 游戏中蕴含无限的想象空间。 ● 支持多人协作或竞赛，富有挑战性。 ● 需要同伴共同阅读或者共同完成某项任务。 ● 具有开放式结局，能够激发幼儿为达成目标主动尝试、反复试验，在试错中培养坚持力与问题解决能力。	《嘘，我们有个计划》《小黑捉迷藏》通过过程性游戏设计，引导幼儿模仿故事情节发展，在关键节点或矛盾冲突处暂停，激发其通过想象构建解决方案，并主动提出问题，培养批判性思维与创造力。 《我要拉粑粑》采用立体翻书设计，通过折叠页隐藏惊喜画面，触发幼儿好奇追问，利用空间探索本能引导持续互动，这种"发现式阅读"契合了低龄儿童感官驱动的认知模式。 《章鱼先生卖雨伞》《视觉大发现》拥有让幼儿持续翻找的魅力，幼儿通过仔细观察、动脑思考，边阅读边挑战。同时，此类游戏书会刺激幼儿在阅读中产生源源不断的新问题。
特殊图书	● 无字书、右翻页、竖版文字、布面书、洞洞书等特殊图画书会给孩子带来阅读的新奇感。	《雪人》《第五个》《疯狂星期二》是无字的图画书，看上去很像看图叙事，画面间却充满了逻辑线索和思考，每幅画画间的联系都可以让幼儿提出很多的问题，带给幼儿无限的想象。 《从窗外来的礼物》是一本有趣的洞洞书，从"窗外"观察到的景象与室内完全不同，这个设计极大激发了幼儿的问题意识。 《翻翻转，猜猜看》《胆小如鼠的巨人和胆大包天的睡鼠》《100层的房子》。此类书的阅读方式新颖，让幼儿通过翻翻转转、正看反看等体验到不同阅读方式的乐趣，激发幼儿主动阅读，满足幼儿的好奇心，并刺激有价值问题的形成。

扫码了解能够引发幼儿问题意识的图画书目录。

第三章　在阅读活动中支持幼儿提问的教学策略

当教育田野中的观察者俯身聆听，在书页翻动的沙沙声与童言稚语的碰撞间，观察者们捕捉到思维萌芽的秘语——教师与幼儿的每一次眼神交汇、每一段对话的涟漪，似春风化雨，悄然滋养着问题意识的幼苗。

研究团队在持续的阅读生态观察中发现，那些在阅读活动现场流淌的互动韵律，对幼儿问题意识的培养起着至关重要的作用。于是，教育者们将这段成长协奏曲解构为三重韵律：按教学过程的三个不同阶段提炼了教师培养幼儿问题意识、引发幼儿勇于提问的支持性策略，为在早期阅读教育中培养幼儿的问题意识提供了具有操作性的实践框架。

一、激发幼儿问题意识的"三阶段"策略

（一）激发疑问阶段

1. 设置情境，激疑增趣

在活动的引入阶段，我们可以试着创设与图画书内容紧密相关的情境，或是巧妙融入与幼儿日常生活息息相关的物品，如图片、视频、手偶、服饰以及多媒体技术等，以此最大限度地吸引幼儿的注意力，激发他们参与阅读活动的兴趣，为后续的提问做好情景铺垫，使他们在浓厚的兴趣中产生疑问，乐于提问。

例1：利用多媒体技术引领幼儿更深入地沉浸于故事情境之中，拓宽他们的视野。多媒体技术的直观性和可操作性能够最大限度地激发幼儿的兴趣。然而，在使用过程中也需谨慎，确保技术服务于故事本身，避免其成为分散注意力的因素，做到"技术为辅，故事为主"。

例2：将《鼹鼠的故事》一书制作成电子图书，在引入环节播放动画，根据主要内容制作动画，让小鼹鼠动起来，小朋友也会通过目光的追随带动思考。

例3：借助绘本封面建构情境，在提高幼儿观察能力的同时，引导幼儿快速捕捉绘本的核心线索。在追寻线索的过程中，幼儿会仔细阅读，提出疑问，或者展现出强烈的问题意识和探索欲望，不断地在绘本的世界中探寻新知与奥秘。

教师同样可以尝试运用与情境相契合的、略带夸张的动作和生动的语言来吸引幼儿的注意力，引领他们完全沉浸于故事所营造的氛围之中，从而激发幼儿边思考边提问的积极性。由于幼儿初期的提问意识较为薄弱，容易受到外界因素的干扰，因此，当幼儿勇敢地提出自己的疑问时，教师应及时且恰当地给予回应，以保护和鼓励他们的好奇心与求知欲。

2. 示范"致"疑，以学致问

当幼儿语言表达能力还未到达一定水平时，教师可以通过提出一个启发性问题来为幼儿进行示范。通过教师的示范，幼儿可以了解"什么是提问？疑问句可以怎么说？提什么问题？"等。同时，教师的良好示范将成为幼儿模仿的榜样，激发他们的模仿欲望，为他们日后主动提出问题奠定坚实的基础。

案例

当幼儿面对故事画面沉默不语，并没有主动提出问题时，教师可以积极发挥引导作用，通过提出一些启发性问题来激发他们的思考。例如，"你觉得房子能动起来吗？""今天天气怎么样？""故事里有哪些小动物？"这类问题不仅作为一种导入手段，更重要的是，它们为幼儿树立了提问的榜样，教会他们如何好奇地探索、勇敢地表达疑问，从而培养他们乐于提问的好习惯。

3. 借助材料，引发猜想

可以通过引入相关且富有吸引力的材料来激发幼儿提问的欲望。起初，幼儿可能仅仅因为新奇而提问，但随着对这些材料的逐渐熟悉和深入使用，这些材料本身将成为一个承载幼儿问题意识的平台，不断激发他们的好奇心，推动他们进行深入的思考。这样的过程既培养了幼儿的问题意识，也促进了他们思维的发展和深化。

例1：利用"问题铃"。在活动前，为每组小朋友准备一个按铃，当幼儿想提问时，需要拍一下按铃，使其发出声音。率先拍下问题铃的小朋友将率先提出自己的问题。在这个过程中，"问题铃"不仅是一个有趣的道具，更是幼儿问题意识的生动载体。最开始，幼儿的乐趣可能集中在"按铃"这一动作上，随着他们逐渐理解并掌握这一工具的使用方法，他们会在"按铃"前有意识地思考自己想要提出的问题。这样的设计不仅增添了活动的趣味性，而且在潜移默化中培养了幼儿的问题意识和主动提问的习惯。

例2：设置"提问牌"。当幼儿不敢提问、不想提问、没有问题可提的时候，采用"提问牌"这一媒介能有效地将幼儿与活动紧密相连，通过举牌的行为激发他们大胆表达自己的想法，进而催生意识的萌芽。在导读阶段，教师可以邀请孩子们积极举牌示意："我提问！"随后，孩子们可能会提出诸如"为什么小熊身边会有黄色的叶子？"这样的问题，而教师或同伴则给予回应："因为那是在秋天。"这样的互动不仅促进了问答对话的形成，而且加深了师幼之间、同伴之间的交流与理解，更重要的是，它让幼儿在享受提问乐趣的同时，逐渐从对"提问题"这一行为本身的兴趣，转向对绘本内容的好奇与探索，从而提出更多与绘本内容紧密相关的问题。通过提问牌的运用，幼儿的问题意识得以萌发，对绘本的阅读兴趣也随之增强。

例3：巧用"挑战性提问卡"。结合图画书内容，请幼儿穿过问题迷宫到达终点。在活动中不断强调，在路线中，需要设置不同的问题关卡，小朋友利用提问卡来当提问者，从而带动更多的幼儿在闯关中提出问题。

例4：利用"封面冲突"。封面的色彩搭配、主人公形象及场景布局等元素，往往能与幼儿已有的生活经验形成鲜明对比，进而引发认知上的冲突。教师可以巧妙利用这一冲突点作为引导幼儿深入阅读和促进问题意识形成的契机。以《小老虎的大屁股》一书为例，封面上小老虎是背对着读者的姿态，孩子们会好奇"小老虎为什么背对着我们？""旁边的小动物为什么离得远远的？""它们发生了什么？"这样的封面设计激发了幼儿强烈的探索欲望。

（二）支持提问阶段

1. 抛"疑"引思，依行导问

当幼儿在阅读过程中出现了一些行为，如来回来去翻书、皱皱眉头，或者小声说着"为什么呢"，这些都可能是问题意识的行为表现。此时，教师可以在观察中给予积极的回应，如"你有什么问题吗？""你想问问题吧？"由教师帮他问出一些问题，支持孩子把心里的疑问说出来。

> **案例**
>
> 明明正坐在阅读角，手里捧着《狐狸爸爸鸭儿子》的绘本。他翻来覆去地看着那些图画，眉头皱得紧紧的，小嘴里还嘟囔着："狐狸为什么不吃了鸭蛋呢？"老师轻轻地走到明明身边，弯下腰，用温柔的声音问："小明，你是不是心里藏着个小问题，想和大家分享呢？"小明抬头看了看老师，眼睛里闪过一丝犹豫，但很快就鼓起勇气说："老师，狐狸最爱吃鸭蛋了，它是不是太笨了？"老师笑着说："这可是个好问题，我们一

起来找找答案，看看狐狸到底是怎么想的，好不好？"明明的疑问得到了教师的积极回应，他感到自己的问题被当作宝贝一样珍视。从此，他更加积极地参与到阅读活动中，每次都会带着满满的好奇心来探索故事中的世界。

2. 巧用工具，记录疑问

为了更有效地强化幼儿的问题意识，并帮助他们系统地梳理疑问，我们可以巧妙地运用书签或卡片作为辅助工具。当幼儿在阅读中遇到难以理解的部分或渴望深入了解的内容时，鼓励他们将书签轻轻夹在相应书页，或是将问题直接写在卡片上并贴在疑惑之处。此外，我们还可以设立"问题箱"，邀请幼儿将自己的问题卡片投入其中，待时机成熟时，大家一起抽取卡片，共同探索与解答。新颖而富有创意的方式能够激发幼儿对阅读的兴趣与热情，促使他们从被动接受提问转变为积极主动地发现与提出问题，使幼儿在思考与探索中不断成长。

案例

老师拿出一沓五彩斑斓的便条和一些问号形状的书签，说："如果你们在看书的时候遇到了不懂的地方，或者想更深入地了解某个内容，就可以把这些书签夹在书里，或者把问题画在卡片上，投进我们的'问题箱'里。"红红正在看《恐龙世界》，对那些奇形怪状的恐龙充满了好奇。她拿了一个书签，小心翼翼地夹在了介绍三角龙的那一页。在讨论环节，红红指着画面问道："三角龙头上的角是用来干什么的？"一时间，孩子们对这些新奇的工具爱不释手，他们开始主动用书签和卡片记录自己的问题。讨论时间变得热闹非凡，孩子们争先恐后地分享自己的疑问和发现。

3. 无声鼓励，支持提问

在阅读活动中，老师的无声鼓励不可忽视，甚至会成为幼儿问题意识萌发的关键，如眼神的肯定、点点头表示赞成、摸摸头表示支持等行为都让孩子意识到自己的阅读行为是被肯定的。老师的正面反馈为幼儿营造了一个温馨、安全的心理环境，使他们在这个环境中不仅能够充分感受到爱的滋养，而且勇于释放内心的爱，进而敢于萌生问题，大胆地将自己的思考与疑惑表达出来。

案例

在阅读《小兔子找朋友》的故事时，壮壮举起了手，有些紧张地说："老师，我有一个问题，小兔子为什么找不到朋友呢？它是不是太害羞了？"老师用充满鼓励的眼神看着壮壮，点了点头，还轻轻地摸了摸他的头，说："壮壮，你的问题真棒！我们一起来想想，小兔子该怎么做才能找到朋友呢？"壮壮受到了老师的鼓励，脸上露出了灿烂的笑容，他更加自信地继续提问。

教师的无声鼓励就像是一股温暖的风，吹散了孩子们心中的胆怯和犹豫。他们开始更加勇敢地提出自己的问题，享受着探索知识的乐趣。

4. 同伴引行，模仿助问

在幼儿问题意识的培养方面，同伴发挥着不可或缺的重要作用。活动中，教师要尊重幼儿间存在的个体差异，请爱提问的幼儿带动其他幼儿进行阅读，提出问题。允许内向、语言发展迟缓的幼儿通过模仿、重复同伴的问题，学习、体验提问的快乐。

案例

在阅读《石头汤》时，丽丽就像个小问号一样，不停地提出问题："石头汤？用石头做的汤能喝吗？大家为什么都要藏起来？"老师看到其他孩子有些羡慕又有些害羞的样子，就鼓励他们说："你们看，丽丽多勇敢啊！她不怕提问，你们也可以试试哦！"内向的华华开始只是重复丽丽的问题，但慢慢地，他也鼓起了勇气，提出了自己的第一个问题："老师，为什么大家都说石头汤是幸福汤，喝了石头汤真的会幸福吗？"

通过同伴的引领，孩子们变得更加勇敢和自信。他们开始尝试提出自己的问题，享受和同伴一起探索知识的快乐。

5. 建立冲突，鼓励追问

利用幼儿之间意见的不统一，教师和幼儿一起展开讨论。教师可以有意地设置问题冲突环境，促使幼儿思考并沉浸式地发问。如在《城里来了大恐龙》一书中，有的孩子问"大恐龙为什么会来城市？"有的问"城市好还是森林好？"冲突带来思考，为了得到答案不断进行追问，这是儿童思维发展的突出表现。

案例

　　在阅读《城里来了大恐龙》时，孩子们对恐龙为什么会来城市产生了浓厚的兴趣。有的孩子说："恐龙可能是来找好吃的。"有的孩子却摇摇头说："不对不对，恐龙可能是迷路了。"老师看到孩子们意见不一，就笑着引导他们说："哎呀，看来我们的小朋友们都有自己的想法呢！那我们来个小小的辩论赛吧，看看谁的理由最充分！"孩子们兴奋地分成了两队，开始激烈地辩论起来。他们你一言我一语地追问着、探讨着，思维碰撞出绚丽的火花。

　　通过问题冲突的设置和辩论赛的开展，孩子们的思维变得更加活跃和敏锐。他们学会如何提出自己的观点、如何倾听他人的意见、如何追问和探讨问题。

6. 三前三后，逐步探问

　　"阅读先行，导引随后；质疑前置，解读跟进；矛盾初现，揭秘殿后"，这一"三前三后"的原则为教师引领幼儿在主动学习中养成问题意识提供了有效的路径。这同样可以视为一种高效的互动策略，其精髓在于：幼儿先通过自主阅读引发思考，随后教师适时引导；幼儿在阅读中提出疑问，教师再行解读释疑；当幼儿面临认知矛盾时，教师不急于揭晓答案，而是鼓励幼儿自行探索，最终自主揭秘。这一过程深刻体现了"幼儿学在前，教师推在后；幼儿问在前，教师解在后"的教育理念。这样的阅读活动为幼儿提供了多维度、多层次的表达机会。

案例

　　孩子们静静地阅读着《森林里最好的朋友》，沉浸在森林的奇妙世界中。突然，一个小手举了起来："老师，为什么大熊喜欢小小的东西，而小睡鼠却喜欢大大的东西呢？"老师微笑着点了点头说："这是个好问题。大家先来讨论一下，看看大家都有什么想法。"孩子们纷纷发表自己的见解："每个人都有自己喜欢的东西。""小睡鼠在找吃的东西时，如果能够找到一个大大的奶酪，它当然更加高兴了。""因为大熊自己是大的，所以它觉得小的更可爱"……有的还拿出了在纸上画的大熊和小睡鼠的画。最后，教师揭晓了答案："原来啊，大熊觉得小小的东西很可爱，就像它的小宝贝一样；而小睡鼠觉得大大的东西很威风，就像它的保护伞一样。"孩子们听了教师的解释，都露出了恍然大悟的表情。

（三）延展追问阶段

1. 补偿质疑，延续思考

在教学活动的尾声阶段，教师不妨温柔地询问："还有哪位小朋友想要进一步探索，提出更多疑问呢？"这样的提问为孩子们预留了宝贵的继续提问与质疑的空间。为了有效延续这份探索的热情，教师可采用多种创意方式，如设立"小话筒提问时段"，利用"告示牌记录角"或是分发"留言小纸条"来弥补教学活动时间的不足，鼓励孩子们继续延展问题，深化学习的旅程。

> **案例**
>
> 以《螃蟹小裁缝》这本故事书为例，"告示牌"这一元素不仅推动了故事情节的巧妙转折，更是持续激发幼儿好奇心的绝佳契机。教师可以借此契机引导幼儿进一步思考："小螃蟹还会给谁做衣服呢？""告示牌上写了什么呢？""做衣服的小动物多了，小螃蟹会不会请人来帮忙？会请谁呢？"……这些问题如同一串串钥匙，打开了孩子们心中对未知世界的好奇之门，引领他们一步步深入探索之旅。

2. 任务延伸，问题拓展

在活动的尾声，教师可以巧妙地布置一个小任务，让幼儿怀揣着新奇的问题迈向下一个学习阶段。比如，教师可以启发幼儿："告示牌上还可以写些什么？下次活动把你的想法告诉大家。"此外，教师还可以鼓励幼儿将这份探索的热情带回家中，对爸爸妈妈提出富有启发性的问题，如："您认为会动的房子还会去哪里？"……在互动中，亲子间加深了情感联结，也让幼儿在家庭环境中继续拓展对故事内容的理解。

> **案例**
>
> 在绘本《小熊和爸爸走散了》的集体共读结束后，孩子们对走失场景表现出既害怕又好奇的矛盾心理。教师捕捉到这一教育契机，设计了"安全小侦探"亲子任务：孩子们带着空白任务卡回家，邀请家长参与角色扮演游戏。家长轮流扮演超市收银员、保安叔叔、穿制服的工作人员，引导孩子练习清晰表述家庭住址和紧急电话。这项任务巧妙地将抽象的安全知识转化为具象的生活实践，孩子们在模拟情境中逐渐克服紧张情绪，掌握求助技巧。
>
> 许多家庭自发拓展了任务维度。有的家长带着孩子绘制"家庭安全

地图"，用红色水彩笔勾勒出从家到幼儿园的熟悉路线，用贴纸标记沿途的超市、保安室等"安全地带"。在共同绘制的过程中，家长们分享自己儿时的遇险经历，孩子们惊讶地发现："原来爸爸妈妈曾经也是害怕走丢的小朋友。"通过浸润式的亲子互动，安全知识不再是绘本里遥远的故事，而是转化成可触摸的生活经验。家长们反馈，孩子睡前会主动检查门窗锁闭情况，外出时会像小老师般提醒大人看好随身物品。这种从认知到行为的自然迁移，正是安全教育最理想的效果。

二、走向高质量提问的实践路径

儿童问题意识的生长犹如一株幼苗的抽枝展叶——从破土而出的勇气，到舒展枝条的探索，终将在思维的密林中绽放思想的繁花。幼儿从敢提问到能提问，由能提问到会提问，最终要能提出高质量的问题。可见，培养幼儿的问题意识是一个不断进阶、走向深入的过程。研究团队在上述探索的基础上，不止停留在激发幼儿提问兴趣、引发幼儿大胆提问的层面上，而是希望通过实践性研究探寻引领幼儿提出高质量问题的路径与方法。

（一）高质量提问的内涵与特征

何为高质量的问题？研究团队通过观摩大量的阅读活动、观察教师有效引领与幼儿提出问题之间的关系，发现问题的质量水平在学前阶段的判定标准主要关注以下几点。

因人而异。幼儿的能力水平不一，在其原有水平上提出的符合其认知规律与能力水平的问题就可判定为高质量。

引发思考。高质量的问题能够激活思维、链接经验、引发进一步的探究与试问，答案需要在思考或者尝试的过程中获得，为此，高质量的问题要能驱动思维与行动。

同伴共鸣。有质量的问题能够引发争议与共鸣，带动同伴共同学习，由独学走向群学也是幼儿期提升学习质量、增强同伴互动的又一利好倾向。

在广泛观察与深入讨论的坚实基础上，研究者们对高质量提问的特性进行了系统的梳理与提炼，归纳出其三大核心特征，为后续的深入研究提供了有力的支撑。即：

1. 系统性

高质量的问题之间往往存在逻辑关联，形成一条探究链条。如"树叶为什么变色？→颜色变化有什么规律？→不同树种的变色规律相同吗？"

2. 迁移性

高质量提问能够超越具体情境，进行跨领域的追问。如从绘本《月亮的味道》延伸至"宇宙中其他星球的味道"。

3. 反思性

高质量提问往往包含对自身认知过程的监控和反思。如"我之前想得对吗？"

由此可见，幼儿的高质量问题能够引发其深入思考，激活其思维潜能，促进其认知水平的提升，驱使他们主动探索、尝试。这是幼儿具有良好学习品质的重要表征之一，也是培养幼儿走向深度学习的关键一环。

（二）引发幼儿高质量提问的支持性策略

1. 研究赋能——开展对教学的深度研究

（1）充分研究幼儿特点

教师需要通过细致入微的观察，在日常活动的点点滴滴中捕捉幼儿的行为表现、语言表达以及互动模式，从而洞悉他们已有的经验范畴，比如他们已经掌握的生活技能、认知的知识概念、形成的情感态度等。同时，要敏锐地察觉幼儿的兴趣点，这可能源于他们对某一动画形象的喜爱、对某种自然现象的好奇，抑或是对特定游戏活动的热衷。只有全面且深入地了解这些，教师才能为后续的教学活动搭建起坚实且贴合幼儿实际的桥梁。

（2）深入解析图画书

教师要"知其然更要知其所以然"，对教学的深度研究是引领幼儿提出高质量问题的基础。阅读活动前，教师要对图画书进行深入的阅读理解，将图画书中的细节、构图、语言、情感进行深度解析，根据幼儿的实际情况提出不同难度的问题。对于认知水平较低的幼儿，可以设计一些简单、直观的问题；对于认知水平较高的幼儿，则可以预设更复杂、更深入的问题。同时，要注意预设好问题的阶梯：教师可以先提出一些基础性的问题，让幼儿在回答这些问题的过程中逐渐熟悉阅读内容。然后逐渐提高问题的难度，引导幼儿深入思考并拓展幼儿的思维，从而引发幼儿在质疑和解疑中提出高质量的问题。

（3）设计有效引领策略

当教师清晰把握了幼儿的已有经验和兴趣点后，便要对幼儿在教学活动中有可能提到的问题做好充分的预设。教学活动是一个充满变数的动态过程，幼儿思维活跃、想象力丰富，常常会提出各种各样意想不到的问题。教师要以幼儿的视角去思考，结合教学内容和幼儿的特点，尽可能全面地设想幼儿可能产生的疑问。例如，在开展关于动物主题的活动时，幼儿可能会问到"动物晚上睡觉会不会做梦""为什么有些动物要冬眠"等问题。教师不仅要预设到这些常规问题，还要考虑到一些更具独特性的提问。为了做好这些预设，教师可以提前查阅资料、与其他教师交流经验、分析幼儿以往的表现等，为每个可能出现的问题准备好清晰、准确且生动有趣的回答，确保在教学过程中能够从容应对，满足幼儿的求知欲。同时，建议在设计过程中尝试多使用开放性问题，让那些没有固定答案、需要幼儿自己思考和探索的问题激发幼儿的好奇心和探索欲，促使他们主动思考并寻找答案。例如，在阅读关于自然的图画书时，教师可以问："你觉得大自然还有哪些秘密等待我们去发现呢？"这样的问题能引导幼儿展开想象并提出自己的见解。

2. 互动优化——开展多元讨论，激发幼儿深度思考

当幼儿抛出初始疑问时，教师应避免直接提供标准答案，而应该通过连续追问制造认知冲突，促使幼儿突破表象思维。为促成思维碰撞，可以组织幼儿进行不同形式的讨论。

（1）假设型讨论

根据自己所了解的，猜一猜答案是什么？

例如，在大班集体阅读《一寸虫》活动中，教师捕捉到幼儿的提问"为什么一寸虫跟各种鸟在一起那么久都没有被吃掉呢？如果一寸虫被小鸟吃掉了，会发生什么呢？"

科科：因为一寸虫可以帮助小鸟量很多东西，所以小鸟不会吃掉它，如果哪只小鸟吃掉一寸虫，别的小动物会生气的。

羿橦：夜莺唱歌的歌声太长了，而且是闭着眼睛的，所以一寸虫可以逃走，不会被吃掉。

小戴：如果一寸虫被小鸟吃掉，它会越变越长，然后撑开小鸟的嘴钻出来。

（2）推断型讨论

让幼儿对自己的推论做出详细解释，说明自己为什么会这么想。

例如，在阅读绘本《手套》时，可以对以下问题进行讨论：如果小老鼠不坐在大熊的鼻子上，藏在手套里的小动物会怎么样？你觉得小手套会被大熊压得爆开吗？为什么？你觉得还有另外的原因吗？

（3）预测型讨论

猜猜接下来会发生什么事情？

例如，大卫不小心用棒球棍打碎了一个花瓶，你觉得接下来会发生什么事情？

（4）观点型讨论

你对这个故事怎么看？你喜欢吗？为什么？

例如，绘本《我的幸运一天》，用问题"为什么狐狸幸运的一天变成了小猪幸运的一天？"引发幼儿独立思考。

（5）评价型讨论

讨论某种做法是否正确。

例如，当妈妈不在的时候，孩子们让这只戴着帽子的小猫进了家门。这么做是对的还是错的？为什么？

（6）推理型讨论

观察图片，告诉我图中发生了什么事情，为什么你会这么认为？

例如，展示一幅图画，里面有破碎的窗户，窗户旁边有一块石头，让幼儿推断一下发生了什么事情。这些图画可以从任何一本图画书里获得。

（7）比较与对比型讨论

看一看这些东西有哪些不同？它们又有哪些相同点呢？

例如，在阅读关于家庭的图画书时，教师问："你觉得你的家庭和书中的家庭有什么相似之处和不同之处呢？"

假设型讨论、推断型讨论、预测型讨论、观点型讨论、评价型讨论较适合大班幼儿。大班幼儿的思维特点表现为抽象逻辑思维开始发展，他们已经能够进行简单的抽象逻辑思维，如分类、比较和推理等。同时，大班幼儿开始能够理解事物的本质特征，并对事物进行分类和归纳。在思考问题时，大班幼儿能够根据自己的目的和需要来进行思考，表现出思维的目的性。然而，他们的思维仍具有自我中心性，难以理解他人的观点和感受。尽管如此，大班幼儿的思维仍然具有较强的具体形象性，他们更容易理解和接受具体、形象的事物。此外，大班幼儿的思维也具有创造性，他们能够根据自己的想象力和创造力来进行思考。

评价型讨论、推理型讨论、比较与对比型讨论较为适合小、中班幼儿。小班幼儿的思维具有直观性、具体性和形象性，表现为散点思维，即信息片段孤立地散落在大脑中，彼此之间尚未形成紧密的关联。他们依赖具体的物体或情境进行思考，对于抽象概念的理解较为困难。他们的逻辑思维能力相对较弱，但已经初步具备逻辑推理能力，能够理解简单的因果关系。此外，小班幼儿的创造性思维也在逐渐萌芽，他们在进行想象活动时，会表现出一定的创造性和独立性。通过提供丰富的想象空间和逻辑推理的机会，可以激发小班幼儿的创造力和逻辑思维能力，帮助他们将散点的信息片段整合成一个完整的体系。中班幼儿的思维则从直觉行动思维向具体形象思维过渡，并逐步展现出抽象逻辑思维的萌芽。他们的思维过程高度依赖于感官直接感知的事物，通过具体的形象和表象来进行思考。同时，开始尝试从多个角度理解事物。此外，他们的创造性思维也得到了显著的发展，大部分幼儿能够利用已有的形象进行想象和创造。

3. 能力建构——促成幼儿高质量提问的有效方法

（1）支持幼儿多样化的提问

"为什么""还可以怎样"是幼儿较为普遍的提问模式，随着年龄的增长、语言词汇的丰富以及模仿学习等多种因素，幼儿提问的方式会逐步丰富。他们还会出现假设、反问、互问、追问等多种提问方式。多样化的提问方式是幼儿思维发展的宝贵体现，对于他们的认知拓展、创造力培养以及社会交往能力提升都有着不可忽视的作用。当幼儿提出假设性问题时，教师不要急于否定或给出标准答案，而是要鼓励他们大胆想象，引导他们进一步思考假设成立的可能性。对于幼儿的反问，教师要以平和、开放的态度回应，引导他们阐述自己的观点，培养他们的批判性思维。当幼儿进行互问时，教师要营造积极的交流氛围，鼓励他们相互倾听、相互学习，促进幼儿之间的合作与互动。面对幼儿的追问，教师要耐心解答，引导他们逐步深入探究问题，培养他们的求知欲和探索精神。

> **案例**
>
> 在一次关于小动物过冬的阅读分享活动中，琪琪（中班）突然提出了一个假设性的问题："如果小动物们不储存食物，那它们冬天会怎么办呢？"这个问题显然超出了故事本身情节的范畴，显示出琪琪已经开始尝试运用假设性思维来拓展故事的内容。老师听到后，立刻给予了积极的反馈："琪琪，你的问题真有趣！如果小动物们不储存食物，它们冬天可能会很难找到吃的，也许会饿肚子，或者不得不冒着严寒出去找食物。你觉得呢？"老师的回答不仅肯定了琪琪的问题，而且进一步引导她思考可能的答案。
>
> 受到琪琪的启发，其他孩子也开始尝试提出更多样化的问题。七宝举手问道："老师，故事里的小熊说它要睡一整个冬天，那它如果中途醒了怎么办呢？"老师微笑着回答："七宝，你的问题真好！如果小熊中途醒了，它可能会觉得又饿又冷。还会发生其他的情况吗？"
>
> 在接下来的活动中，孩子们之间的互问也变得越来越频繁。乐嘉对彩彩说："你觉得小动物们过冬的时候，会不会想念它们的朋友呢？"彩彩想了想，回答道："应该会吧，就像我们放假的时候也会想念小朋友一样。"孩子们在阅读活动中的提问变得更加多元、深入和有趣。

（2）帮助幼儿罗列问题，提取重点

当幼儿对某项活动满怀兴趣时，会凭借自己已有的经验，紧紧围绕图画书源源不断地提出各种各样的问题。这时，教师要善于帮助幼儿做好问题记录，帮助幼儿去除那些重复性的问题，从纷繁的问题中精准地提取出重点且极具价值的问题。这些问题将成为引发幼儿进一步深入思考、开启深度学习之门的引线。

案例

阅读角里，大班的孩子们正围坐在一起，兴致勃勃地翻阅着《海马先生》。这本书里描绘了海马爸爸育儿的经历，以及各种形态各异的海洋生物，深深吸引了孩子们的目光。孩子们纷纷提出自己的问题。有的孩子问："为什么是海马爸爸照顾宝宝，而不是妈妈照顾宝宝？"有的孩子好奇："小海马是怎么吃东西的？""小海马怎样躲避天敌？"还有的孩子想知道："海里的鲸鱼很大，它是怎么呼吸的？"问题一个接一个，孩子们热情高涨。

教师见状，拿出了笔记本，开始认真记录孩子们提出的每一个问题。她一边记一边注意问题的重复性和相关性，确保每个孩子的声音都被听到，同时避免记录过多重复的问题。在记录完所有的问题后，教师开始仔细分析这些问题，尝试提取出重点且有价值的话题。她发现，孩子们的问题主要集中在海洋生物的生活习性、特殊能力以及它们与环境的关系上。

接下来，教师引导孩子们围绕这些重点话题进行深入讨论。在"海洋生物的特殊能力"这一话题下，教师问孩子们："你们知道还有哪些海洋生物有特别的适应性特征吗？这些特征对它们在海洋中的生存有什么帮助？"孩子们纷纷举手，分享了自己知道的海洋生物和它们的适应性特征，讨论得热火朝天。

通过这次活动，孩子们不仅对自己感兴趣的海洋生物有了更深入的了解，而且学会了如何提出问题、如何通过讨论来深化自己的认知。教师的引导和支持为孩子们的深度学习提供了有力的帮助。

（3）鼓励幼儿思考后再提出疑问

思维是人脑对客观事实的反映，具有间接性和概括性。在语言发展的前提下，幼儿提出问题的特点常常是想到就问，或在经验的帮助下进行常规思考，问题较为表面、浅显。为此，教师要鼓励幼儿不要急于问问题，要想一想，想好后再问，更要鼓励幼儿创造性思考，进而向提出高质量的问题进阶。

案例

　　活动开始，老师没有直接展示任何道具或提出任何问题，而是先给孩子们讲了一个关于小探险家在大自然中发现新奇事物的故事。故事里，小探险家通过观察、触摸、嗅闻等多种方式，发现了许多平时未曾注意到的自然秘密。

　　故事讲完后，老师拿出了一些自然道具，如一块奇特的石头、一片形状特殊的叶子、一只小巧的昆虫模型等，放在孩子们面前。然后，教师没有急于让孩子们提问，而是鼓励他们先仔细观察这些道具，想一想自己有什么问题想要了解，或者有没有什么新奇的发现想要分享。

　　孩子们开始认真地观察起来。有的孩子拿着石头，仔细端详它的纹理和颜色；有的孩子轻轻触摸叶子，感受它的质地和脉络；还有的孩子盯着昆虫模型，试图想象它真实的生活习性。过了一会儿，孩子们开始陆续举手发言。翊翊首先说道："老师，我发现这块石头上面有一些奇怪的线条，它们是怎么形成的呢？"接着，米萨也举手发言："老师，我看这片叶子的边缘有一些锯齿状的东西，这是不是说明它有什么特别的作用呢？"米萨的问题不仅关注到了叶子的形状，还尝试探究其背后的可能功能，显示出了一定的创造性思考。教师对孩子们的问题给予了充分的肯定和鼓励，并引导他们进一步思考和讨论。在教师的引导下，孩子们开始尝试从多个角度提出问题，有的关于道具的来源，有的关于它们的生长过程，还有的关于它们与周围环境的关系。

　　通过这次活动，教师成功地引导幼儿从表面的、急于提问的习惯向深入、创造性的思考转变。他们开始意识到，通过观察、思考和提问，可以更加深入地了解周围的世界，发现更多新奇且有趣的事物。

　　走向高质量提问的支持性策略是一个系统工程，需要教师在教学实践中不断探索和实践。通过深度研究教学、支持多种提问方式、帮助幼儿罗列和提取问题、鼓励思考后再质疑等多方面的努力，可以有效地引导幼儿提出高质量的问题，促进其深度学习和思维发展。

第四章

基于阅读活动中幼儿问题的主题活动实施策略

"当绘本的扉页在童眸中舒展，那些跳跃在字里行间的问号便化作探索的种子，在认知的土壤里悄然萌芽。以疑问为根系、以探究为茎蔓的主题活动，恰似春日里攀缘的藤萝。在孩子们无数次书页翻动与多样探索的变奏中，孩子们编织出问题解决的复调——每个答案都孕育着新的追问，如同年轮般层层递进的思维轨迹，将深度学习镌刻成生命成长的年轮。"

基于绘本阅读的问题导向型主题活动，是以儿童在绘本阅读过程中萌发的问题为生长点，以培养儿童问题意识和探究能力为内核，以主题式活动为实施路径的教育实践样态。它立足于幼儿的已有经验展开自主探究，在拓展关联话题的过程中不断触发新的问题，延展新的经验，形成问题链式的学习脉络。幼儿在"发现问题—解决问题—再生问题—解决新问题"的螺旋式上升过程中，始终保持着由内在好奇心驱动的学习状态，这种持续的自主探究不仅激发了深度学习的内在动力，而且构建起以问题为纽带的意义学习网络，最终实现认知能力与思维品质的协同发展。

一、基于阅读活动中幼儿问题的主题活动特点

（一）自主性

关注幼儿阅读绘本后自己提出问题并且解决问题的过程，强调幼儿在追随问题的过程中主动探究、自主建构、自由想象、大胆表现。在这个过程中，幼儿的学习占主导地位，教师更多的是为幼儿准备环境，在此过程中起到观察、支持、引导和陪伴的作用。

> **案例**
>
> 中班阅读区，5岁的团团在阅读绘本《小蝌蚪找妈妈》后，突然举起书提问："老师，小蝌蚪的妈妈真的是青蛙吗？我之前在池塘看到的蝌蚪怎么变成癞蛤蟆了？"这一意外发现迅速引发同伴的讨论，幼儿自发组建"蝌蚪探秘队"，用绘画记录自己的疑问："蝌蚪到底有几种妈妈？""它

们是怎么变形的？""为什么有的蝌蚪长不大？"教师捕捉到这一兴趣点，将幼儿的问题可视化，形成"蝌蚪问题墙"，在班级设置"蝌蚪实验室"，提供不同水温、光照的饲养环境，并提供放大镜、显微镜、记录本等工具，引导幼儿进一步观察探索。

（二）生活化

在阅读过程中，当图画书中的情节和内容与幼儿的已有生活经验相悖时，便会自然激发他们的探究欲望与提问意识，此类问题可以支持幼儿通过感知、体验、操作等进行持续的探究。在这个过程中，幼儿调动已有的生活经验，在连续性的观察、比较、验证中进行新的探索，实现经验的重构。

案例

　　大班科学区，教师投放了绘本《彩虹色的雨》。听到书中用诗意的语言描述"雨是云姑娘打翻的调色盘"时，6岁的乐乐突然提出疑问："老师，我昨天看见乌云直接下雨，根本没看到调色盘啊！"这引发了同伴哄笑，但教师却捕捉到这一认知冲突的教育契机。"为什么下大雨时，云是黑的？""冬天呼出白气是不是也在下雨？"幼儿的讨论从质疑绘本内容开始，逐步延伸到对降水原理的思考。那些充满童趣的问题成为探究的起点，教师将问题转化为可操作的探秘小实验，引导孩子们用温度计测量不同天气的温度变化。在对天气的持续观察中，幼儿记录云量、湿度等关键数据，并与在家中拍摄的窗户上的水珠进行比对。教师适时通过卫星云图展示积雨云的形成，帮助幼儿理解雨的形成过程。当绘本的诗意表达与科学事实产生冲突时，幼儿并未产生认知混乱，反而通过生活实验建构起对生活现象更立体的理解。在这个过程中，教师将"雨的形成"转化为可触摸、可测量的生活现象，使抽象概念具象化。

（三）过程性

基于阅读活动中幼儿问题的主题活动更关注幼儿有意义的学习经历，通过体验观察、提问、猜想、实验、表达、交流的探究过程，解决发现的问题，获得实际的发展。它注重操作性与实践性，也就是《指南》中提出的直接感知、实际操作、亲身体验。在此过程中，教师也可以结合幼儿问题的推进，动态调整环境支架与材料，推动幼儿的探究活动向纵深发展，让学习真正成为一场充满生命力的发现之旅。

> **案例**
>
> 大班小朋友们在阅读绘本《夏至》时，了解到夏至赠扇的习俗，同时关注到身边环境的变化。通过讨论和收集扇子，孩子们认识了不同形状、材质的扇子，还尝试寻找材料自制扇子。通过聆听家长代表对扇子的介绍，孩子们知道可以将自己的祝福画在扇子上送给朋友，于是引发了"画祝福赠扇子"表达关爱情感的活动。劳动节后的第一周，在"一公里行动课程"之天坛活动中，孩子们带着自己绘制的扇子来到天坛公园送给工作人员，他们还将文明游园的注意事项绘制在扇子上送给来往的游客。

（四）整合性

在基于阅读活动中幼儿问题的主题活动中，幼儿的探究是真实的、现场的、直接体验的，幼儿有完整的探究经历。同时，幼儿在活动过程中综合运用各种经验，获得各领域经验的提升与发展。

> **案例**
>
> 幼儿园科普园林里的柿子树又结果了，每天户外活动时，孩子们都会围着柿子树观察，回班记录柿子的变化。柿子成了孩子们这段时间的"热门话题"。中班教师在阅读区投放了《谁偷吃了我的柿子》《一个小柿子》《哑吧爷爷的柿子树》等绘本，深受孩子们的喜爱。尤其是绘本中用柿子蒂做陀螺这一行为引发了孩子们探究的兴趣。他们还尝试合作探索摘柿子的方法，了解柿子的食用价值，猜想柿子上的"小白点"是什么，一起削柿子皮、晒柿饼，与其他班级的小朋友分享制作柿饼的经验，并将柿饼包装好送给幼儿园的老师们。在这个过程中，幼儿的科学探究态度、探究能力和探究方法得到了锻炼，分工合作、交往关爱的社会经验得到发展，清晰表达、主动沟通的语言能力得以提升。另外，审美感受、艺术创作思维等也进一步发展。

二、基于阅读活动中幼儿问题的主题活动的组织与实践

基于阅读活动中幼儿问题的主题活动能够更精准地聚焦于幼儿的观察与

创意思考，引发幼儿的学习和探索，支持幼儿持续探究的愿望和行动。这一过程的实施遵循"生发—建构—延伸"的"三部曲"路径，深刻体现了对幼儿学习与认知规律的尊重，让幼儿置身于真实的生活问题情境，通过与材料的互动，借助教师的引导以及与同伴的协作，自然而然地推进学习进程。这不仅丰富了幼儿的学习体验，而且促使他们在探索与发现中不断成长。

（一）主题活动生发

在阅读图画书的过程中，幼儿常因文本内容的启迪而产生浓厚的探究兴趣，或是察觉到书中描绘的场景与自身生活观察、自然体验之间存在认知上的差异。这些由幼儿内心生发的问题正是主题活动萌芽的关键契机。教师作为幼儿行为的敏锐观察者、探究旅程的坚定支持者以及成长道路上的亲密合作者，通过聆听幼儿的对话、观察他们的行为表现、客观记录每一个新奇的发现，并适时地组织讨论，动态地捕捉幼儿思维中的火花与兴趣所向。

在此基础上，教师需紧密结合《指南》中既定的教育目标，对幼儿提出的问题进行深入的价值评估。同时，依据幼儿当前的认知发展阶段及已积累的经验基础，对原始问题进行教育意义上的转化与提炼——巧妙地将之拆解为一系列循序渐进的探究小任务，或将其整合为跨学科的综合性项目主题，最终筛选出既契合幼儿兴趣又具有发展适宜性的探究内容，为主题活动的深度推进奠定坚实的基础。

1. 提供高匹配度的图画书，激发幼儿自主思考

绘本凭借图文叙事的独特优势，不仅为幼儿理解生活问题提供认知支架，而且成为促进其社会性发展的重要媒介。因此，教师根据幼儿的最近发展区及生活中出现的问题，有目的地选择匹配度高的绘本，可以帮助幼儿通过阅读绘本、讨论书中的故事情节和角色行为来解决生活中的问题，培养他们的良好品质和社交能力。

> **案例**
>
> 　　中班幼儿已进入"友谊敏感期"，开始重视同伴友谊和伙伴关系，也由独自游戏、两人游戏逐渐变为多人一起游戏，于是交往问题就会不断产生。开学初的阅读区中，教师投放了大量关于友好交往的绘本。在一次自主阅读活动中，几个小朋友围在一起探讨《好朋友》这本书。有的小朋友提出："它们是不一样的小动物，怎么成为朋友的呢？"有的小朋友则提出："好朋友不会闹矛盾。"还有的小朋友则对别人提出的问题产生了疑问："到底什么才算是好朋友？"带着孩子们的这些疑问，教师组

织开展了"嗨，我的朋友"主题活动，促进孩子们之间的正确、健康交往，帮助幼儿树立社交自信，发展社会交往能力。

2. 筛选适宜的问题，生成活动主题

在由绘本生成活动的过程中，儿童可能会提出大量问题，但并非所有问题都适合转化为主题活动。科学的问题筛选需要建立系统化的评估机制。

在绘本阅读过程中，幼儿往往会基于自身经验提出天马行空的问题，这些问题直接反映了他们的认知兴趣和思维特点。教师需要敏锐捕捉这些自发提问，并通过科学筛选将其转化为有价值的探究主题。首先，记录幼儿的原生问题，例如在阅读《是谁嗯嗯在我的头上》时，孩子可能会问"为什么兔子的嗯嗯是圆的？""狗为什么闻别人的嗯嗯？"这些问题看似简单，却隐含了动物习性、消化系统等科学线索。接着，通过互动讨论来筛选问题，例如采用"问题墙"或投票方式，让幼儿选择最感兴趣的问题（如"不同动物的嗯嗯为什么形状不同？"），既能尊重儿童的主体性，又能聚焦教育目标。最后，评估问题的可探究性，优先选择那些能通过实验（如模拟消化实验）、调查（如采访兽医）或创作（如制作"动物粪便图鉴"）解决的问题，而非仅依赖教师解答的封闭性问题。这一过程既保护了幼儿的好奇心，又使问题自然延伸至跨领域的主题活动中，真正实现"儿童的问题，儿童的课程"。

3. 挖掘问题特性，凸显活动价值

儿童在阅读活动中提出的问题往往反映了其认知水平、情感需求和社会性发展特点。教师需要敏锐识别问题的特性——是认知探索型、情感体验型还是社会互动型，从而锁定主题活动的核心价值，并生成有针对性的主题方向。

（1）认知探索型问题：聚焦科学思维建构

认知探索型问题的特性通常表现为"为什么？""怎么样？"（如"为什么大树要穿毛衣？""水是怎么变成冰的？"）反映幼儿对自然现象、事物规律的求知欲，是逻辑思维和科学探究的起点。这类问题的核心价值在于培养幼儿观察、推理、实验验证等科学思维，帮助幼儿建立事物间的逻辑关系，形成系统性认知。据此，我们可以生成探究性主题活动，引导幼儿通过实验、测量、对比等科学方法寻找答案。

案例

大班幼儿在阅读绘本《大树的毛衣》活动中，幼儿结合自己对绘本

的理解提出"为什么要给大树保暖？""大树是怎么生长的？""其他植物怎么过冬？"等问题。随着幼儿提出"要给幼儿园的大树做衣服"的建议，"怎么给大树做衣服？""用多大多长的布才能把大树围起来？""树太高了，我们够不到怎么办？"等一系列关于大树衣服的问题不断产生，形成了"我为大树做衣服"主题活动。在解决问题的过程中，幼儿对于植物多样的过冬方式也有了更多的认知。

（2）情感体验型问题：关注共情与品格培养

情感体验型问题的特性通常表现为"它难过吗？""我能帮它吗？"（如"小蚂蚁被踩到会疼吗？""流浪小狗怎么吃饭？"）这类问题反映幼儿的情感共鸣和道德萌芽，是社会化与品格教育的重要契机。这类问题的核心价值在于培养同理心、责任感、合作精神等社会情感能力，引导幼儿从"自我中心"走向"关注他人与社会"。此类问题可以生成社会情感型的主题活动，设计情境体验活动，如角色扮演、故事共读等，深化幼儿的情感理解。

案例

在小班"你好，小蚂蚁"主题活动中，教师敏锐捕捉幼儿的问题，梳理成问题链，让活动走向教育的内涵。如针对幼儿提出的"小蚂蚁那么小，怎么能举起很重的东西？""小蚂蚁需要帮忙吗？"等问题，通过组织幼儿进行观察、讨论、游戏等多种方式，让幼儿切实感受到小蚂蚁勤劳、团结、遵守秩序等良好品质。

（3）生活实践型问题：指向真实问题的解决

生活实践型问题的特性通常表现为"我们可以怎么做？""需要找谁帮忙？"（如"怎么让更多人节约用水？"）这类问题反映幼儿对生活问题的关注，是实践能力与社会参与的体现，其核心价值在于提升幼儿沟通、协商、解决问题等实践能力，培养规则意识与创新精神。这类问题生成的主题活动可以聚焦任务驱动和社会实践活动，引导幼儿对接真实社会资源，解决生活中的实际问题。

案例

大班"好热的天"主题活动源于幼儿阅读同名绘本后对于"夏天户外游戏过程中喝水环节"的讨论。孩子们觉得回班喝水太浪费时间，想在操场上喝却没有桌子，于是他们找到了园长妈妈，想申请买个桌子，园长妈妈提出"能不能自己想办法解决呢？"于是，孩子们自己用纸箱设计并制作了能码放全班水壶的纸箱桌子。同时，由于大班幼儿在户外自主游戏时想喝饮料，于是创建一个"解渴吧"的方案油然而生。讨论过程中，教师充分尊重幼儿的奇思妙想，支持他们从家带来榨汁机，自己设计健康果汁配方，每天鲜榨果汁，"解渴吧"受到了全园小朋友的欢迎，有的小朋友喝了一杯又拿一杯，于是孩子们提出了凭票按号取果汁的方法。

幼儿的兴趣具有流动性的特征，在解决现实问题的过程中往往会催生出新的探究方向。因此，教师需要通过启发和引导来帮助幼儿建立新的经验，通过不断调整，实现主题活动的不断推进，从而使得幼儿经验获得持续的螺旋式上升，以达到促进幼儿全面发展的目的。

在启发和引导幼儿的真实问题时，教师应把握好个体问题和共性问题的动态平衡。在前期阶段，教师应将重心放在充分考量幼儿目前的真实水平和兴趣上，大概梳理问题探究的框架脉络，适当预设几个可以重点开展的活动。在深入阶段，教师可以进一步梳理好问题探究的框架脉络，串联好情感、方法、知识的"问题线"，不断形成过去、当下、未来顺畅连续的"问题链"，最终编织立体的问题网，从而推动幼儿的思维由低阶向高阶发展。

（二）主题网络建构

儿童问题意识的觉醒是主题活动的逻辑起点，而完整的问题网络系统则是推动探究纵深发展的核心动力。主题架构呈现出立体化的双重结构特征：在纵向维度上，子问题基于认知冲突层层递进，形成"观察—发现—假设—验证—结论"的科学探究阶梯；在横向维度上，围绕同一主题延伸出多条平行探究路径，构建起促进思维碰撞的循环问题场域。

教师需要通过系统化的三步策略实现主题网络的优化建构。首先，对幼儿提出的零散疑问进行结构化梳理和科学归类；其次，运用可视化思维工具（如思维导图）呈现问题间的逻辑关联；最后，通过"问题—解决—新问题"的螺旋式迭代循环，引导幼儿在持续深入的追问中聚焦核心矛盾点，不断生发出更具挑战性和发展性的衍生问题。

1. 基于主题关键词的子问题分解策略

在主题活动实施前，教师可以运用主题关键词分解法，将核心概念转化为一系列符合幼儿认知特点的具体子问题。这一过程需要把握三个关键点：

（1）生活化切入：选择幼儿熟悉的内容作为讨论的起点；（2）阶梯式推进：设计由浅入深的提问序列；（3）开放性引导：预留思维拓展空间。

以"成长"主题为例，教师可以采用以下递进式提问策略：

基础层："你们知道换牙是怎么回事吗？"

体验层："换牙时有什么特别的感受？"

反思层："换牙是不是长大的标志？还有哪些长大的信号？"

拓展层："长大有哪些开心和烦恼的事？"

升华层："你们觉得成长到底是什么？"

通过这样层层递进的提问设计，教师既为幼儿搭建了循序渐进的思考支架，又保持了话题的开放性和趣味性，使主题活动既符合幼儿的认知发展规律，又具有持续深入的探究空间。这种结构化的问题分解策略，能够有效引导幼儿从具体经验走向抽象思考，实现认知水平的螺旋式上升。

> **案例**
>
> 在大班"成长"主题活动中，教师以绘本《小阿力的大学校》为媒介，构建起多层次的探究网络（图4-1）。活动之初，教师运用"经验唤醒三步法"为后续探究奠定认知基础：通过晨间谈话建立情感共鸣，在图书角投放成长主题绘本创设浸润环境，借助"我的成长故事"照片墙激发表达欲望。
>
> 探索发现阶段呈现"双线并进"设计：显性线聚焦身体变化，幼儿通过对比婴儿照与当下画像，用刻度尺测量身高差，用图画记录新增技能，直观感知成长的具象表征；隐性线挖掘心理发展，借助"换牙事件"开展哲学对话，引导幼儿从绘本角色迁移自身经验，理解成长是"勇敢接受挑战"的心理蜕变。教师巧妙运用可视化思维工具，将抽象概念转化为可测量的生长曲线图和情绪温度计。
>
> 在经验梳理环节，教师搭建多维表达平台：成长辩论会鼓励立场表达，幼儿用"虽然……但是……"句式辩证思考；诗歌创编活动促进隐喻思维，将成长比作"破茧的蝴蝶""向上的藤蔓"；绘制思维导图帮助构建身体、能力、心理三维认知模型。这种多模态表达促进零散经验的系统化。
>
> 迁移运用阶段创设真实情境。如在"小主人日"活动中，幼儿通过设计值日生徽章、制订《班级公约》，将责任意识转化为具体行动；在"大班小导师"项目里，幼儿带领中班的弟弟妹妹制作成长手册，在角色体验中深化对成长内涵的理解。整个活动形成"认知、情感、行为"的完整闭环，让抽象概念在具体实践中形成具体经验。

```
                    成长是快乐还是烦恼?              能力的变化
                          ↑                            ↑
                    关于成长我想知道                身体的变化
                          ↑                            ↑
                    什么是成长?                     心情的变化
        ┌────┐                                          ↑
   掉牙了怎么办?        《小阿力的大学校》           我有哪些成长变化?
        ↓                    成长
   掉牙时的心情
        ↓              我是小主人
   为什么掉牙?
        ↓              管理好自己
   掉牙后该怎么办?
        ↓              幼儿园的小主人
   牙齿的秘密
```

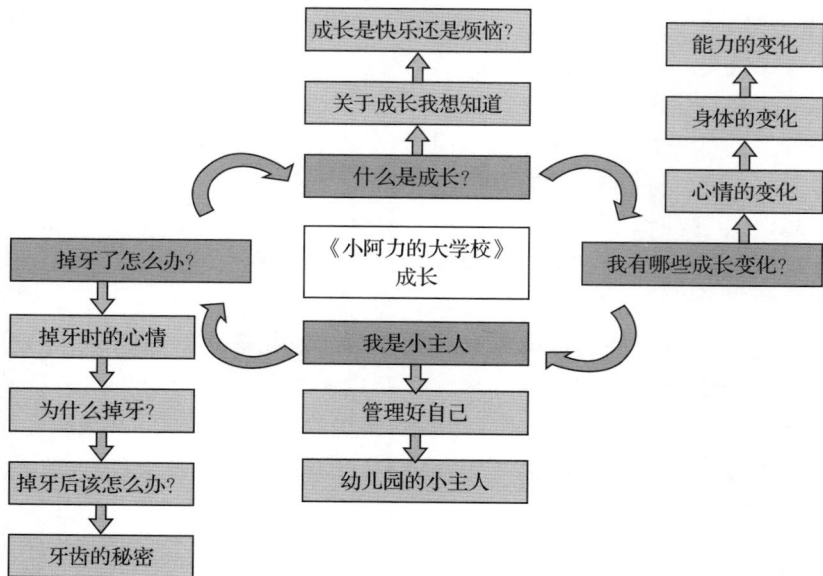

图 4-1　四条问题链形成问题环

2. 基于实施过程的子问题分解策略

在主题活动实施过程中,教师可采用"目标导向—阶段划分—任务聚焦—问题生成"的递进式分解策略:首先确立主题活动的整体目标;其次将活动流程系统划分为策划、准备、执行、总结四个逻辑阶段;进而在每个阶段中提炼关键任务,如策划阶段的经验激活、执行阶段的观察记录等;最后针对每项任务生成具体明确、可操作、可衡量的子问题,形成环环相扣的问题链,既确保活动的系统性和连贯性,又为幼儿提供清晰的探究路径,推动主题活动向纵深发展。

> **案例**
>
> 在大班"测量探秘"主题活动中,教师遵循"三阶实施法"构建问题网络。首先确立"发展量感与问题解决能力"的核心目标,将活动划分为经验唤醒、方法探究、实践应用三个阶段。在准备阶段,教师投放绘本《我家漂亮的尺子》引发认知冲突:"身体也能当测量工具吗?"通过谈话活动收集幼儿的原始问题,筛选出"'身体尺'部位选择""非常规物体测量"等关键任务。
>
> 探究阶段采用"双轨并进"策略:在植物生长区开展自然测量实践,幼儿用脚步丈量花盆间距,用胳膊长度比较植物高度,生成"测量单位统一"的子问题;在裁缝铺角色区创设真实情境,幼儿用毛线测量布匹,

用积木搭建测量架，探索"软尺与硬尺的差异"。教师设计"问题升级卡"，引导幼儿完成从"测量桌椅"到"测量滑梯弧度"的挑战性任务。

总结阶段实施"三维评估"：通过"测量日记"梳理认知路径，利用"问题墙"可视化思维轨迹，开展"最佳测量员"评选，强化实践应用。整个活动形成"问题链—探究环—成果库"的螺旋上升结构，幼儿在解决"如何测量大树粗细"等真实问题中，发展出迁移性强的量感素养。这种过程性分解策略使抽象测量概念转化为可操作的探究项目，有效支持了幼儿问题意识的阶梯式发展。

（三）主题活动延伸

主题活动的结束并不意味着学习的终结，如何引导幼儿将这些策略迁移至新的情境，使其成为可持续运用的思维工具，是教师需要深入思考的关键问题。策略迁移不仅能够巩固幼儿的已有经验，更能促进其在新问题的情境中灵活运用已有方法，实现从"学会"到"会学"的跨越。在推动幼儿问题解决与经验迁移的过程中，教师可构建"三阶支持策略"，使幼儿有机会将在主题活动中获得的经验迁移运用于一个新的情境。

1. 情境迁移策略

创设"认知迁移场"与"实践迁移场"双轨场景。前期通过绘本共读、实地调查构建认知模型，后期设计"班级节日创设计划"等真实任务，促使幼儿将节日元素解构经验转化为节日创建构架能力。

> **案例**
>
> 大班"节日"主题活动最后的表现性任务是"如何创造一个属于自己班级的节日"。幼儿讨论商量出自创节日叫什么名字、定在哪一天、如何来庆祝等，这是对"节日的构成元素有哪些"这个问题的理解与运用。他们还会讲述节日背后的故事，会和同伴、成人以特定的方式一起庆祝节日，这是对"为什么要过节？"这个问题的学习与反馈。由此，幼儿也初步理解了节日的内在意义，即"节日是一个具有特殊意义的日子，是一种身份认同的文化符号"。

2. 思维可视化策略

运用思维导图、观察记录表、流程分解图等可视化工具，将抽象概念转化为可操作路径。例如,借助"植物生长周期图"呈现生命历程,通过"实验流程图"明确探究步骤,为经验迁移提供系统支持。

> **案例**
>
> 在"蔬菜成长日记"主题活动中,教师为幼儿提供"植物生长三步图":第一步,使用观察记录表记录种子形态;第二步,通过思维导图梳理发芽所需的条件(阳光、水分、空气);第三步,用步骤分解图规划播种流程。幼儿将抽象的"生长"概念转化为选种、松土、播种、浇水等具象步骤,在后续照料中自发对照流程图检查植物的生长状态。当黄瓜苗绕藤时,幼儿主动用流程图新增"搭架"环节,实现经验迁移与创新应用。

3. 经验链接策略

基于幼儿问题实现主题的自然延伸与经验的跨情境链接,体现了教师课程生成能力与深度学习引导能力的核心素养。以下案例展示了如何以环保主题为原点,通过"经验链接"策略(问题链拓展—方法链延续—经验链整合)构建"社区探秘"项目活动,推动幼儿从微观现象观察走向宏观系统思考的认知升级。

> **案例**
>
> 在初始的环保主题活动中,幼儿对"社区垃圾清运"产生深度疑问。教师通过教育敏感性识别到:该问题实质指向社区运行系统的探究。教师搭建了三级支持支架,引导幼儿开展深度探究:第一阶段——问题链拓展,幼儿在"问题墙"上贴出初始猜想:"为什么超市门口总排队?""社区里哪种车最多?""社区中的垃圾桶倒满了怎么办?"这些原始问题成为探究起点。第二阶段——方法链延续,幼儿组建"社区观察小组",自制"超市大调查""车辆统计表""社区采访单"等工具,探究相关问题。第三阶段——经验链整合,举办"小小社区发现展",幼儿用黏土、积木复原超市场景,用数据图表分析人流规律,通过照片故事集展示访谈社区工作者的成果。三个阶段的递进使幼儿自然完成从现象观察到规律总结的认知跃迁。

在幼儿园的教育实践中,基于阅读活动中儿童自主问题引发的主题活动以其独特的动态生成逻辑与渐进式实施路径,构建了"阅读启思—问题驱动—

行动探究"的完整教育生态链。这种模式充分彰显了儿童的主体地位，教师通过创设开放、多元、互动性强的学习环境，敏锐捕捉幼儿在阅读中自然生发的真实问题，以专业的教育智慧适时搭建思维支架，在尊重儿童兴趣的基础上拓展其认知边界，引导幼儿经历"发现问题—分析问题—解决问题"的完整探究过程，实现从浅层认知到深度学习的能力跃迁。

　　该模式从问题捕捉到主题生成，从活动网络的完善到经验的迁移，环环相扣，生动展现了儿童从"好奇发问者"到"主动探究者"再到"创新实践者"的完整成长轨迹，体现了"儿童为本、问题导向、深度体验"的现代幼儿教育理念。在这个过程中，教师实现了从知识传授者到学习引导者的专业转型，最终达成师幼共同成长的理想教育境界。

第五章 幼儿问题意识的发展性评价体系

2022年2月，教育部正式颁布的《幼儿园保育教育质量评估指南》明确提出，要突出过程性评价，强化幼儿园的自我评估，将评价的聚焦点转向班级观察。由此，研究团队重新校准教育的量尺，让园本评价深扎在实践的土壤中。我们认为评价不是终点的丈量，而是化作园丁凝视幼苗生长的目光，那些藏在幼儿"为什么"里的思维萤火，在科学的观测镜下显现出璀璨的星光，而每个追问的轨迹终将成为幼儿问题意识从萌芽到生长的独特图景。本章，我们通过丰富的实践案例，生动呈现了评价在支持幼儿问题意识发展中的重要作用。研究重点围绕两大核心内容展开：一是三维评价量表的研发与应用，通过科学量规实现评价的系统化；二是多元评价体系的立体建构，突破单一维度，形成动态、全面的评估体系。我们深知，优质的评价实践既是严谨的专业技术，又是充满智慧的教育艺术。面对教育实践中的各种挑战，我们始终坚守这样的专业信念：将评价视角从"教师本位"转向"儿童立场"，让评价成为照亮教育实践的智慧之光，使幼儿问题意识的萌芽在真实、自然的情境中得以自由生长、精彩绽放。

一、过程性评价与幼儿问题意识发展的关系

幼儿的问题萌发与行为表现往往具有偶发性和瞬时性，犹如稍纵即逝的思维火花，难以被及时捕捉和准确判断。这与过程性评价所强调的随机性、情景性和真实性存在高度契合——二者都聚焦于真实情景中的动态表现，强调对发展性瞬间的敏锐把握。为了更好地应对这一评价挑战，我们创新性地构建了一系列具体的评价指导策略，目的是帮助教师敏锐感知幼儿问题意识的萌芽，引导幼儿从问题提出者逐步成长为深入思考者和实践探索者。通过教师适时的支持引导，幼儿的问题意识在真实的问题解决过程中得以螺旋式提升，让评价真正成为撬动幼儿高阶思维发展的有力杠杆。

二、评价幼儿问题意识的支持体系构建

（一）研训融合：《评估指南》的实践转化

我们组织教师深入学习《评估指南》中关于幼儿问题意识的评价指标，结

合园所实际，开展案例研讨、现场观摩等多样化的园本教研活动。教师围绕"如何识别幼儿的问题意识""如何评价幼儿问题意识的发展水平"等核心议题进行深度研讨和实践探索。针对幼儿提问行为的观察，教师研发了专门的观察记录表，从提问的频率、类型、深度等多个维度进行评价，使评价更加客观、全面。

1. 困惑诊断：幼儿提问行为解读与回应能力提升

在实践场域中，教师时常面临着对幼儿提问行为进行精准解读与有效回应的挑战。这源于幼儿问题表达的多元性与复杂性——他们不光通过稚嫩的语言传递疑惑，还以丰富的肢体动作、微表情、专注的眼神等传递问题的信号。然而，教师受限于自身知识框架与观察敏锐度，往往容易陷入"重语言轻行为"的指导困境，那些蕴含在皱眉头、摸脑袋、眼神闪烁中的无声提问，悄然流失于教育互动中。解读的偏差影响着回应质量。

适时追问作为激发幼儿深度思考的重要途径，教师运用起来却存在困难。过早介入可能打断思维链的自然延展，过晚则可能错失认知发展的关键节点。这要求教师既要有敏锐的观察力，捕捉转瞬即逝的提问信号；又要具备教育机智，将回应转化为推动思维进阶的阶梯。

要解决针对幼儿提问行为进行指导的困惑，教师需构建多维度、立体化的能力提升框架。

（1）深化对儿童发展心理学的理解

应系统学习皮亚杰认知发展理论、维果茨基最近发展区等经典理论，掌握幼儿在不同发展阶段的问题表征特点。比如，小班幼儿的问题多与生活经验直接相关，中班开始出现对事物因果关系的探索，大班则能初步发展抽象逻辑思维。理解这些阶段的特征，能帮助教师准确解码幼儿提问背后的认知需求。

（2）掌握提问行为的多元表征体系

包含语言提问、动作质疑（如皱眉、摇头）、表情困惑（如瞪眼、咬唇）等在内的多维观察指标。通过案例分析、视频研讨等方式，训练教师识别不同情境下幼儿提问的多样化表达方式。例如，在建构区，幼儿反复尝试搭建却屡屡失败时的叹气声，可能蕴含着对结构稳定性的深层探究需求。

（3）构建个性化回应方案的框架

建立包含"等待艺术""追问策略""支架搭建"在内的三级回应体系。等待，即在幼儿表现出思考迹象时给予3～5秒的沉默支持；追问，通过"为什么""如果……会怎样"等问题链激发深度思考；支架搭建，根据幼儿的思维发展水平提供适当的概念框架或操作提示。例如，当幼儿问"为什么树叶会掉下来"时，教师可先等待其自主思考，再追问"你觉得可能和什么有关？"最后搭建"季节变化—植物适应"的知识支架。

2. 观察范式转型：从主观臆断到白描记录的突破

随着教育改革的推进和幼儿教育理念的更新，观察范式转型已成为提升幼儿教育质量的重要方向。在传统的观察范式中，教师往往依据个人经验和主观判断来解读幼儿的行为和表现。主观臆断的观察往往缺乏系统性和连贯性，难以全面、深入地了解幼儿的发展状况，评价准确性不足，影响了教育策略的制订和实施。

相比之下，白描记录的观察范式具有显著的优势：白描记录要求教师如实描绘观察到的现象，避免主观臆断和偏见，从而确保观察结果的客观性。通过详细的白描记录，教师可以系统地了解幼儿的行为、情感、认知等方面的发展状况，为全面、深入地评价幼儿提供依据。

（1）修改比较，去"主观语态"

下面是一篇大班的观察记录，是第一次和第二次撰写的对比稿（表5-1，表5-2）。第一稿中对于很多场景、幼儿的行为表现还存在教师主观想法的描述，如"她的话语中透露出对即将开始营业的期待和一丝紧张"等。

表 5-1　第一稿

观察幼儿在文具店游戏状态
今天，果果、紫馨还有芭乐选择了文具店。紫馨："今天我们怎么分配啊？待会儿就该营业了！"她的话语中透露出对即将开始营业的期待和一丝紧张。周围的小朋友一直围在文具店兴奋地说道："我们进去买文具啦！什么时候能开店啊？我有钱。"这时候，果果对大家说："请大家安静一下，昨天我们仨商量出了开业大酬宾的优惠活动，我们现在正在设计，请等一等，保证让你们满意！"听到这话，人群渐渐散了。 芭乐这时候说："我们用什么活动吸引顾客呢？"果果说："要不然买一赠一？"王紫馨提出了一个更加吸引人的想法，她说道："我想到了！咱们可以做一个开业大抽奖的活动，只要进店买东西的顾客都可以抽一次奖，抽到什么就给什么呗！" 芭乐听了果果和王紫馨的建议后，眼睛一亮，说道："这个主意不错！" 果果也表示赞同，说："好，那我们就这么定了。我们得赶紧制作海报还有抽奖箱，让他们赶紧进店啊！"于是，三人迅速分工合作。果果负责设计抽奖箱，王紫馨负责制作海报，芭乐负责绘制奖券。这时候，收区音乐响了起来，三个小朋友说："待会儿我要把这个好消息告诉小朋友们。"

表 5-2　第二稿

观察幼儿在文具店游戏状态
今天，果果、紫馨和芭乐三位小朋友决定前往文具店，他们计划着如何分配任务，因为很快就要开始营业了。周围的小伙伴们一直在文具店周围徘徊，兴奋地喊着："我们进去买文具啦！什么时候能开店啊？我有钱。" 这时，果果站出来对大家说："请大家安静一下，昨天我们三个小伙伴已经商量出了一个开业大酬宾的优惠活动，我们现在正在设计，请大家稍等片刻，我们保证会让你们

（续）

观察幼儿在文具店游戏状态
满意的！"听到果果的话，人群逐渐散去。随后，芭乐提出了疑问："我们要想一个什么样的活动才能吸引顾客呢？"果果想了想，提议说："要不然我们实行买一赠一的活动？"王紫馨灵机一动，兴奋地说："我有了一个好主意！我们可以做一个开业大抽奖的活动，只要进店买东西的顾客都可以参与一次抽奖，抽到什么就给他们什么。" 　　芭乐听了果果和王紫馨的建议后，眼睛一亮，兴奋地说道："这个主意真是太棒了！" 　　果果也表示赞同，并且补充说："好，那我们就这么决定了。我们现在得赶紧制作海报和抽奖箱，让顾客们能够尽快进店参与我们的活动。"于是，三个小伙伴迅速分工合作。果果负责设计一个别致的抽奖箱，王紫馨负责制作精美的海报，而芭乐则负责绘制吸引人的奖券。就在他们忙碌的时候，收区的音乐响了起来，三个小朋友相视一笑，异口同声地说："待会儿我们要把这个好消息告诉所有的小朋友！"

　　通过进一步修改，又把第二稿中带有老师主观臆想的词汇进行调整，比如"兴奋、期待、紧张、吸引"等词语换成更客观、具体的描述，如"眼睛一亮、连连点头"等（表5-3，表5-4）。

表 5-3　第二稿调整词语

观察幼儿在文具店游戏状态
今天，果果、紫馨和芭乐三位小朋友决定前往文具店，<u>他们计划着如何分配任务</u>，因为很快就要开始营业了。周围的小伙伴们一直在文具店周围徘徊，兴奋地喊着："我们进去买文具啦！什么时候能开店啊？我有钱。" 　　这时，果果站出来对大家说："请大家安静一下，昨天我们三个小伙伴已经商量出了一个开业大酬宾的优惠活动，我们现在正在设计，请大家稍等片刻，我们保证会让你们满意的！"听到果果的话，人群逐渐散去。随后，芭乐提出了疑问："我们要想一个什么样的活动才能吸引顾客呢？"果果想了想，提议说："要不然我们实行买一赠一的活动？"<u>王紫馨灵机一动，兴奋</u>地说："我有了一个好主意！我们可以做一个开业大抽奖的活动，只要进店买东西的顾客都可以参与一次抽奖，抽到什么就给他们什么！" 　　芭乐听了果果和王紫馨的建议后，<u>眼睛一亮，兴奋</u>地说道："这个主意真是太棒了！" 　　果果也表示赞同，并且补充说："好，那我们就这么决定了。我们现在得赶紧制作海报和抽奖箱，让顾客们能够尽快进店参与我们的活动！"于是，三个小伙伴迅速分工合作。果果负责设计一个别致的抽奖箱，王紫馨则负责制作<u>精美的海报，而芭乐则负责绘制吸引人的奖券</u>。就在他们忙碌的时候，收区的音乐响了起来，三个小朋友相视一笑，异口同声地说："待会儿我们要把这个好消息告诉所有的小朋友！"

表 5-4　第三稿

观察幼儿在文具店游戏状态
今天，果果、紫馨和芭乐一同选择了文具店，紫馨环顾四周问道："今天我们怎么分配任务啊？待会儿就该营业了，可不能让顾客等太久。"此时，周围的小朋友们早已围在文具店周围嚷嚷着："我们进去买文具啦！什么时候能开店啊？我有钱，等不及了！"

（续）

观察幼儿在文具店游戏状态

面对孩子们的急切，果果站了出来，她举起手示意大家安静，然后大声说道："请大家安静一下，听我说。昨天我们仨已经商量好了，为了庆祝开业，我们准备了一系列大酬宾的优惠活动，请大家再耐心等待。保证让你们满意，绝对物超所值！"
    听到果果的保证，人群中的喧闹声渐渐平息，小朋友们虽然还是充满期待，但也都愿意再给她们一些时间。这时，芭乐皱着眉头说："我们要想出什么特别的活动来吸引更多的顾客呢？总得有点新意才行啊！"
    果果提议道："要不然我们就来个买一赠一的优惠活动？这样大家都会觉得划算，肯定愿意来买！"
    紫馨眼睛一亮，似乎想到了更好的点子，她兴奋地说道："我想到了！咱们可以做一个开业大抽奖的活动！只要进店买东西的顾客都可以抽一次奖，抽到什么就给他们什么！"
    芭乐听了果果和紫馨的建议后，眼睛也亮了起来，她连连点头，说道："这个主意真是太棒了！"
    果果也表示赞同，说："好，那我们就这么定了！既然有了好点子，我们得赶紧动手制作海报和抽奖箱，让他们赶紧进店参与我们的活动！"果果负责设计抽奖箱，力求既美观又实用，紫馨负责制作海报，用鲜艳的色彩和醒目的文字吸引眼球，芭乐负责绘画奖券，每一张都充满了童趣和创意。
    就在他们忙碌之际，收区的音乐响了起来，三个小朋友相视一笑，异口同声地说："待会儿我们一定要把这个好消息告诉所有的小朋友。"

（2）提炼过程，减少"无效细节"

在第三稿中，教师又增加了许多观察性描述，导致新的观察记录变得冗长且重点不突出。因此，教师还需要学会筛选和提炼，保留那些真正能反映幼儿行为特点和活动氛围的描述，去掉那些冗余和无关紧要的细节。在精简多余细节的同时，为了更精确地记录幼儿行为，我们对这篇观察记录的格式和内容进行了细致的调整（表 5-5，表 5-6）。

表 5-5　第三稿调整词语

观察幼儿在文具店游戏状态

今天，果果、紫馨和芭乐一同选择了文具店，紫馨环顾四周问道："今天我们怎么分配任务啊？待会儿就该营业了，可不能让顾客等太久。"此时，周围的小朋友们早已围在文具店周围嚷嚷着："我们进去买文具啦！什么时候能开店啊？我有钱，等不及了！"
    面对孩子们的急切，果果站了出来，她举起手示意大家安静，然后大声说道："请大家安静一下，听我说。昨天我们仨已经商量好了，为了庆祝开业，我们准备了一系列大酬宾的优惠活动，请大家再耐心等待。保证让你们满意，绝对物超所值！"
    听到果果的保证，<u>人群中的喧闹声渐渐平息，小朋友们虽然还是充满期待，但也都愿意再给她们一些时间。</u>这时，芭乐皱着眉头说："我们要想出什么特别的活动来吸引更

（续）

观察幼儿在文具店游戏状态
多的顾客呢？总得有点新意才行啊！" 　　果果提议道："要不然我们就来个买一赠一的优惠活动？这样大家都会觉得划算，肯定愿意来买！" 　　紫馨眼睛一亮，似乎想到了更好的点子，她兴奋地说道："我想到了！咱们可以做一个开业大抽奖的活动，只要进店买东西的顾客都可以抽一次奖，抽到什么就给他们什么！" 　　芭乐听了果果和紫馨的建议后，眼睛也亮了起来，她连连点头，说道："这个主意真是太棒了！" 　　果果也表示赞同，说："好，那我们就这么定了！既然有了好点子，我们得赶紧动手制作海报和抽奖箱，让他们赶紧进店参与我们的活动！"果果负责设计抽奖箱，<u>力求既美观又实用</u>，紫馨负责制作海报，<u>用鲜艳的色彩和醒目的文字吸引眼球</u>，芭乐负责绘画奖券，<u>每一张都充满童趣和创意</u>。 　　就在他们忙碌之际，收区的音乐响了起来，三个小朋友相视一笑，异口同声地说："待会儿我们一定要把这个好消息告诉所有的小朋友。"

表 5-6　最终版

观察幼儿在文具店游戏状态
今天，果果、紫馨还有芭乐陆续走进了文具店。紫馨对他俩说："今天我们怎么分配啊？是要像昨天说的那样吗？待会儿就该营业了。"文具店的周围已经有三三两两的小朋友在询问："我们要进去买文具啦，什么时候能开店啊？我有钱。"果果向外探出头，对大家说："请大家安静一下，昨天我们仨人商量出了开业大酬宾的优惠活动，我们现在正在设计，请等一等，保证让你们满意！"听到果果的话，人群渐渐散了。 　　芭乐问果果："我们要想什么活动吸引顾客呢？"果果嘟了嘟嘴，想了想说："要不然，买一赠一？"紫馨突然转向他们，兴奋地说："我想到了！咱们可以做一个开业大抽奖的活动，只要进店买东西的顾客都可以抽一次奖，抽到什么就给他们什么呗！" 　　芭乐听了果果和王紫馨的话后，点头表示赞同道："这个主意不错！"果果也表示赞同，频频点头说："好，那我们就这么定了。""我们是不是得赶紧制作海报还有抽奖箱，让他们赶紧进店啊？"三人说定，开始忙碌起来。 　　果果找了一个闲置在一旁的纸箱（做抽奖箱），紫馨看了看果果，转头去拿大纸（做海报），并对芭乐说："你画奖券吧。"……

　　我们记录师幼互动、师幼问题以及幼幼问题，并尝试分析问题背后的原因及动机，根据不同的等级进行分类判断，以便更好地协助教师制订指导策略和分析方法。

（二）工具创新：评价量表的研发与应用

　　通过对儿童问题意识表征过程中的心理及行为进行深入分析，我们发现儿童在提出问题时往往表现出高度的敏感性和专注力，能够全神贯注地探索问题的答案。因此，积极鼓励孩子提出问题，并对他们的提问给予及时且积极的回应，对于促进他们的全面发展和个人成长具有至关重要的意义。儿童从产生怀疑到最终提出问题的过程，通常会经历三个层次的发展阶段。

1."三层—六维—四级"评价模型

在评价指标的选取与确定过程中，结合幼儿的实际情况，我们建立了"三层—六维—四级"幼儿问题意识过程性等级评价量表及评估指标。

第一层次是觉察与发现，这属于自我意识的范畴。当问题触及幼儿的心灵，会引发他们内心的应激与变化，使他们感受到问题的存在并表现出疑问。具体来说，当某事物或事件吸引了幼儿的注意，给他们带来一定的视觉冲击后，疑问便随之产生。例如，"我发现……""这是什么意思？"尽管幼儿可能并不总是会立即表达出自己的疑问，但在问题意识的研究背景下，我们可以将幼儿的这种觉察理解为一种发现、一种看出，是好奇心萌动的初始阶段。

第二层次是联结与思考，即问题与幼儿已有经验之间建立起的联系。以《月亮的帽子》阅读活动为例，当画面中出现四个月亮时，幼儿会产生疑问，并用语言表达出来："明明天上只有一个月亮。"画面内容与他们的已有经验产生了认知冲突，从而引发了疑问。这种疑问和困惑正是促使儿童深入思考并进一步追问的源动力。

第三层次是表达与解决，即儿童通过语言直接表述出他们的疑问、好奇或困惑。这种表达是建立在信任、沟通与求知的基础之上的。值得注意的是，表达是觉察的进阶阶段。在觉察阶段，儿童可能会出现"虽有疑问，但不表达"的情况，因为此时他们的求知欲可能还未强烈到驱使他们表达出来的程度，而到了表达阶段，儿童则能够更主动地用语言来表达他们内心的疑惑和好奇。

为更加准确判断幼儿问题意识的发展水平，我们结合3～6岁幼儿问题意识的表征情况，依据三个层次确定了六个维度的评估指标，即敏感性、专注力、经验联结、因果推理、问题表征、解决策略。同时，按照幼儿发展阶段的特点将每个评估指标进行四级水平划分（表5-7），以支持教师对幼儿问题意识表现出的具体行为进行水平鉴定，帮助教师全面了解幼儿问题意识的发展情况，为教育决策提供依据，助力幼儿提出高质量问题，提升问题解决能力，从而促进其思维认知与创新发展。

表 5-7　幼儿问题意识过程性等级评价量表

层次	评估维度	水平 1（萌芽期）	水平 2（发展期）	水平 3（熟练期）	水平 4（拓展期）
觉察与发现	敏感性	需要成人引导（如语调变化）才能注意到问题	自主关注到明显的变化或矛盾（如画面异常）	快速发现隐藏问题（如前后情节矛盾）	主动捕捉细节，提出开放性问题（如"如果……会怎样？"）
	专注力	短暂关注，易分心	能持续观察，但需情境吸引（边看蜗牛边提出问题："蜗牛是怎么爬的？"）	长时间聚焦，拒绝干扰（多次提出同一个问题）	全身心投入，伴随深度思考行为（如反复翻页对比）
联结与思考	经验联结	依赖直接经验（如"狗＝玩具狗"）	能链接相似经验（如"月亮像小船"）	跨领域经验迁移（如用"妈妈拥抱宝宝"解释"磁铁吸引力"）	系统性经验迁移（超市要有停车场，因为大家要开车来买东西）
	因果推理	即时物理因果（积木倒了一推）	简单线性因果（如"花死了是因为没浇水吗？"）	多因素分析（冰融化是因为什么呢？）	假设验证（如果两边同时放食物，蚂蚁会走哪条路？）
表达与解决	问题表征	用单词或动作表达疑问（指着绘本画面问："在干什么？"）	用完整的句子描述问题（为什么天上的鸟会飞？）	多模态表达（图表、符号等多种方式）	系统性阐述问题解决过程（如"我先……然后"会怎么样呢？"）
	解决策略	依赖成人直接帮助	试错式解决（如反复搭积木）	有计划尝试多种方法	自主设计解决方案并反思（如制订计划通过弯道让小球顺利通过的步骤）

2. 评价量表的实践应用

通过使用量表的方式，让教师的观察可视化，准确把握幼儿问题意识的发展情况，有效支持教师评价分析。

> **案例**
>
> 紫伊在语言区翻看着《肚子里的肚子里的肚子里有老鼠》，看到第五页时，她自言自语地连续提出了几个问题："小老鼠被猫吃了，在猫的肚子里，猫又在谁的肚子里？""为什么大家吃了那么多都吃不饱呢？"……

教师使用《幼儿问题意识过程性等级评价量表》进行评价如表 5-8 所示：

表 5-8　幼儿阅读《肚子里的肚子里的肚子里有老鼠》问题意识等级评价

	问题	评估指标	分析
问题列举与分析	"小老鼠被猫吃了，在猫的肚子里，猫又在谁的肚子里？"	【觉察与发现】敏感性—水平 3	在没有往下翻页的时候，幼儿能够根据绘本线索运用推理来思考并提问，幼儿的问题表达清晰，逻辑正确。
	"大狮子那么大，应该被恐龙吃到肚子里""为什么大家吃了那么多都吃不饱呢？"	【联结与思考】因果推理—水平 2	幼儿说大狮子应该被恐龙吃进肚子虽然不是一个问题，但是证明幼儿不认为蛇能吃掉大狮子，能结合已有经验表达出吃掉大狮子的动物必须比大狮子大。
教师策略	提供便签纸等材料，让幼儿在阅读过程中将自己的问题记录下来，同时在幼儿完成自主阅读后，可以了解幼儿是不是已经有了答案，并鼓励幼儿用自己喜欢的表征方式将自己思考的结果表达出来。		

教师能够持续观察幼儿自主阅读的全过程，捕捉幼儿问题意识的表征，这一行为非常重要。幼儿在整个阅读过程中能够专注地关注画面，并随着故事情节的发展，结合自己的理解表达疑惑，教师综合评估该幼儿的问题意识为水平 3。"为什么大家吃了那么多都吃不饱？"这个问题具有开放性，能促进幼儿深度思考和大胆表达，可以在自主游戏后的分享环节让幼儿将这个问题在集体面前提出来，可以激发集体思考，也许在集体回答的过程中还会引发更多的问题。

案例

在集体阅读《小老虎的大屁股》一书之前，教师引导孩子们先观察封面，并鼓励他们和身边的同伴说一说："你看到了什么？你觉得会发生什么有趣的故事？"芯瑜对身边的晗钰说："我觉得小老虎在撅着屁股逗小朋友笑。"晗钰说："不对，我觉得是其他小动物在嘲笑小老虎。""为什么大家要嘲笑小老虎呢？"芯瑜问道。晗钰回答："因为小老虎的屁股很大呀！"两位小朋友你一言我一语地讨论着。

教师使用《幼儿问题意识过程性等级评价量表》进行评价如表 5-9 所示：

表 5-9　幼儿阅读《小老虎的大屁股》问题意识等级评价

	问题	评估指标	分析
问题列举与分析	晗钰说："不对不对，我觉得是其他小动物在嘲笑小老虎。""为什么大家要嘲笑小老虎呢？"芯瑜问道。	【联结与思考】因果推理—水平 2	晗钰提出了不同的想法。面对质疑，芯瑜进行了更细节性的追问。说明她们的思维特点已经开始向逻辑性和可逆性发展。对同样的画面、相同的动作会有不同的理解和想象。
教师策略	1. 当幼儿有了不同的想法和猜测时，教师要及时鼓励，激发幼儿更多的想象。 2. 在绘本的选择上，以趣味性、画面夸张、内容略微脱离生活实际为主，因为当幼儿对夸张的人物形象产生好奇时，更容易激发出问题意识。		

这个案例充分证明儿童天生就有问题意识，两名幼儿能够捕捉到画面中好玩夸张的"大屁股"，结合自己的已有经验进行大胆猜想。在问题意识的水平方面，两名幼儿的联结水平已处于 3 级。作为中班幼儿，能与同伴分享自己的问题，并质疑对方的回答，充分表达自己的想法，说明两名幼儿的问题意识处于较高层次。

（三）视角延展：多元评价的立体建构

依托马赛克方法的多元评价体系，我们打破了传统单一评价的局限性，通过动态整合家庭、教师、同伴及幼儿自身等多方视角，构建起一个开放、互动、可持续的发展性评价网络。我们不仅记录教师观察到的师幼互动表现，而且收集家长反馈的家庭语言环境特点，结合同伴眼中的交流印象以及幼儿自我描述的表达体验，使评价数据既涵盖客观行为表现，又关注主观心理体验。这种多主体、多情境、多方式的评价模式，如同拼合马赛克镶嵌画一般，让幼儿发展的全貌在多元信息的交织中逐渐清晰，既真实还原了幼儿的成长轨迹，又为教师提供了科学精准的教育支持依据，真正实现了"以评促学、以评促教"的发展性评价目标。

1. 主体维度：联动家园的多维评价

评价主体的多维拓展强调在教育过程中，教师、家长以及社区应共同参与，形成多元化的评价主体，以更全面地了解幼儿的发展状况。家园联系册作为家长工作中最常见的形式之一，正是这一理念的具体实践。教师通过捕捉家长反馈中的话语，结合自身的观察，对幼儿进行综合评价，从而更准确地把握幼儿的发展水平和需求。多维拓展的评价主体不仅限于教师和家长，还可以包括幼儿同伴、共同看护者等，他们都能从不同角度提供关于幼儿发展的信息。这样的评价方式有助于形成对幼儿发展的全方位、立体化的认识，为制订个性化的教育方案提供有力支持。

案例

小禹是个"问题小达人"

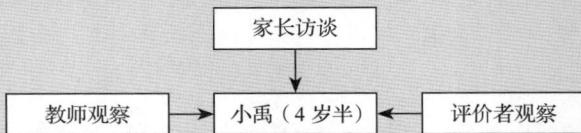

家长访谈——幼儿在家中的语言表达及提问能力

教师：小禹在活动中非常积极，特别喜欢提问题，您在家里有没有察觉到小禹在这方面有什么表现呢？

小禹妈妈：小禹在家就是个"问题小达人"。昨天看到外面下雨，马上就问我："为什么会下雨呀，雨是从哪里来的？"还有一次看到树上的叶子掉下来，他又问"树叶为什么要离开大树妈妈"，问题一个接着一个。

教师：除了爱提问，您觉得小禹日常语言表达方面，表现如何呢？我们发现小禹和小伙伴交流时，能比较清楚地表达自己想玩什么游戏。

小禹妈妈：小禹能比较完整地说出自己的想法。前几天想要买玩具，他就跟我说："妈妈，我特别想要那个会变形的玩具汽车，你能不能给我买呀？"他表达得很清楚，而且说话还很尊重别人。

教师：当小禹提出问题的时候，您平时是怎么引导他的呢？

小禹妈妈：我们非常重视他提出的每一个问题。只要我知道的，都会详细地给他解释。要是碰到我也不太明白的，就和他一起通过看书或者上网查资料找答案。上次他问为什么月亮会跟着我们走，我就和他一起在网上找了相关的科普视频，一边看一边给他讲解。

教师：在小禹的语言发展上，您有怎样的期望呢？

小禹妈妈：我希望他能把话说得更清晰、更准确、更自信。不管是在学习中，还是和其他小朋友的交流中，都能大大方方地表达自己的观点。

教师观察——小禹在幼儿园生活中的语言表达与提问能力

实录一：在集体教学活动中，当老师提及小兔子喜爱的食物时，小禹的思维迅速活跃起来，他追问道："小兔子除了钟爱胡萝卜，还会品尝哪些美味呢？"这一问，瞬间引发了孩子们的热烈讨论，他们纷纷猜测："蘑菇、白菜、草莓……"不久，小禹又举起小手，眼中闪烁着好奇的光芒，继续发问："那小猴子除了酷爱香蕉，还对哪些食物情有独钟呢？"

实录二：在图书区，小禹正与小伙伴们沉浸在绘本的奇妙世界中。绘本里，一个小朋友在公园里欢快地放着风筝。小禹的目光紧紧锁定在画面上，他转头对旁边的小伙伴说："瞧，他放风筝的样子多开心啊！可是，如果没有风的助力，风筝还能飞到天上吗？"接着，他的目光又落在了绘本中的大树上，好奇地指着问："这棵大树这么高，小鸟的家究竟是如何建造在这上面的呢？"

实录三：操场上，小朋友们正玩得不亦乐乎，皮球在他们手中跳跃、翻滚。小禹手里拿着两个皮球，一脸疑惑地走向老师："老师，您看，为什么这个皮球能拍得跳起来，而那个却不行呢？"他的问题充满了对周围事物的敏锐观察和深深的好奇。

评价者观察——关于活动中"师幼互动"的分析

户外活动时，教师带领小朋友们一起观察小蚂蚁的奇妙世界。小禹发现一群小蚂蚁围在一起，好奇地问道："小蚂蚁们在干什么呢？"教师微笑着反问道："你觉得呢？它们可能在做什么？"小禹闻言，立刻展开了一连串充满童趣的猜想。说着，他伸出两根手指，轻轻放在头顶上，模仿起小蚂蚁那细长的触角，煞有介事地说："老师，我看小蚂蚁们在一起大概就是这样的，它们在用触角交流呢。"老师被小禹的天真烂漫所感染，也顺势伸出了自己的"触角"，与小禹来了一场别开生面的互动。其他小朋友看到这一幕，纷纷被吸引过来，也玩起了"触角碰一碰"的欢乐游戏，操场上顿时充满了欢声笑语。

教师分析：通过对小禹进行综合分析，能清晰看到他在语言表达和提问能力上表现很突出。在语言表达方面，小禹无论是在幼儿园还是在家都能够使用完整、清晰且有条理的语句。例如，在向妈妈表达想要玩具汽车时，表述礼貌且明确，这显示出他在日常交流中不仅能够组织好语言，而且懂得运用恰当的表达方式。

从提问能力来看，小禹展现出了乐提问、会提问的能力。在集体教学活动中，他对动物食物种类的探究，从兔子到猴子的类比提问，体现出思维的拓展性与延伸性，说明他不满足于单一知识，而是积极主动地去构建知识体系。在区域活动里，他基于书中场景提出的假设性问题以及对小鸟筑巢过程的好奇，展现出丰富的想象力。户外活动时，针对皮球能不能弹起来的问题，他利用对比的方式表达疑惑。

小禹的好奇心和求知欲是推动他不断提问与探索的内在动力。无论是面对自然现象还是日常玩具，都能发现其中的有趣之处，并通过提问的方式寻求答案。而家长对他问题的重视与引导，教师对于问题的支持解答，也为他营造了良好的学习环境，进一步激发了他的思考热情。

（案例）

豆芽的小烦恼

教师观察与家长记录

第一周：

教师观察：豆芽在看《小兔子找家》的故事时，眉头紧锁，眼神中充满疑惑。她频繁提问："老师，小兔子为什么不记得回家的路呀？森林里没有标记吗？"随着阅读的深入，她的问题愈发频繁，对绘本中的小溪、蘑菇等都充满了好奇。

家长记录：周末，我和豆芽一起去公园散步。她看到路边的花朵，好奇地问："妈妈，这些花为什么是五颜六色的呀？"接着，她又对花瓣的数量、小蚂蚁的搬运行为等提出了一连串问题。通过这次散步，我发现豆芽对周围事物充满了好奇，问题一个接一个，思考不断。

教师分析：豆芽频繁提问，是她渴望通过交流获取更多信息，以解答自己疑问的表现。这既是她主动学习的生动体现，又表明她的认知能力在逐渐提高，开始对事物的因果关系、特征差异等有更深入的思考和探究欲望。

第二周：

教师观察：豆芽刚走进"小饭店"角色区，就注意到轩轩一个人坐在角落里用餐。她跑过去，一脸认真地提醒轩轩："轩轩，你不能离妈妈这么远，不然就走丢了。走丢了会很害怕的，而且妈妈找不到你也会着急的。"轩轩听了，乖巧地点点头。

家长观察：前几天，我和豆芽在等公交车时，她看到广告牌上的防走失图片，认真地问我："妈妈，如果我走丢了，是不是找警察叔叔？"接着又问了我的电话号码，说可以让警察叔叔给我打电话。最近，豆芽对走丢这件事特别上心，还在深入琢磨。

教师分析：豆芽在活动中提醒轩轩要跟紧妈妈，显示出她能将书中的走丢情景与现实中的饭店场景相联系，具有丰富的想象力和较强的情景迁移能力。家长也发现，豆芽会将在幼儿园学到的知识灵活地带回家中，这表明她的学习具有连续性和迁移性。豆芽的问题意识不光体现在对事物的浅层认知上，还试图了解其中的原理与逻辑。

在评价过程中，通过教师和家长的信息互换，教师发现孩子在问题意识发展方向上存在许多共通之处，使教师与家长的沟通变得更加鲜活而具体。教师能够依据家长的反馈，给予更有针对性的指导，这不仅帮助家长更好地理解和支持幼儿的发展，而且加深了教师对幼儿的全面了解。同时，对幼儿问题意识的评价不再局限于单一维度，而是成为提升家园互动质量的有力抓手，促进家园之间的紧密合作与共同成长。

2. 表征维度：针对不同问题表征形式的评价

在评价幼儿的问题意识时，必须关注其多模态的表征方式，除了语言，还应关注动作、表情等非言语行为，这样才能全面捕捉其认知探索和疑问表达的特点。由于幼儿的语言表达能力有限，其问题意识往往通过非语言的形式呈现，如反复摆弄玩具（动作探索）、皱眉或指向未知物体（表情与肢体语言）、使用简单疑问句（语言表达）。因此，聚焦不同的问题表征形式评价幼儿的问题意识是非常必要的。

下面的案例是一个大班教师重点观察幼儿在阅读时出现的各种微表情变化，从中分析幼儿问题意识的发展情况。

案例

观察实录：妙妙来到阅读区，选择了昨天看过的《反话王国》。"为什么小男孩来了之后，反话王国就不说反话了？"这个问题昨天引发了小朋友们的激烈讨论。拿到书后，她立即翻到小男孩来到反话王国的这一页，她的眉头微微蹙起，双眼紧盯着书上的文字与插图。她拿着绘本一页一页地看着，有时还会突然翻回前一页，指着一个画面，小声嘟囔几句。旁边棋类区的修修来到妙妙身边兴奋地说："妙妙你快看我吃了柯柯5颗棋！"妙妙像没有听到似的，沉浸在书中。她嘴唇轻抿，眼神在绘本上不断游走。随后，妙妙又翻开新的一页，她的眉头皱紧，鼻梁上细小的纹路清晰可见，嘴角微微下垂，还会时不时歪头斜眼看向天空。当看到绘本的最后一页时，眉头便缓缓舒展，嘴角勾起一抹满意的微笑。

教师分析：通过观察妙妙在阅读区自主阅读的表现，能够发现她具有良好的阅读习惯，且阅读时能保持高度的专注力，甚至其他小朋友和她说话，她都下意识地无视。她在阅读过程中若有所思的神态和心存疑问的表情，体现出她能够在阅读中独立思考，能根据绘本的前后内容进行自主探索。

儿童面部表情的丰富变化实质是思维活动的外显。从教师的深度观察中，我们可以从妙妙面对问题时外显的表情中明显地捕捉到她的问题，也能看出她的问题意识也在不断发展成熟。这一过程为教师提供了观察幼儿认知发展的动态视角。

3. 场景维度：聚焦同一场景下的问题发展评价

在评价幼儿的问题意识时，教师可以聚焦同一场景，通过观察幼儿在特定情境中问题的产生、演变及解决过程，动态评估其思维发展水平。相较于分散化的观察，同一场景下的持续追踪能更清晰地揭示幼儿的认知冲突、提问策略及思维进阶。这种纵向评价方式不仅能捕捉幼儿问题意识的动态发展，而且能帮助教师识别其学习风格。同时，在同一场景的重复观察可减少情境干扰，使评价更具连续性和科学性，最终实现从"单一问题捕捉"到"思维全程支持"的教育优化。

下面的案例是教师在一整年的时间里，聚焦"阅读活动"这一场景，对班级中一名幼儿问题意识的发展情况的观察记录。

案例

2024 年 3 月 13 日　九月　年龄：4 岁 6 个月

观察实录：九月在读《变来变去的变色龙》时，她用力地翻开第一页，看到一只变色龙，然后又用力地翻到下一页，手差一点碰到旁边小朋友的额头。九月眉头微皱，用手指着画面上的变色龙，说："变色龙的颜色怎么不一样了？"于是又继续用力地翻页，当看到变色龙藏在蓝色的树叶丛中，身体也变成了蓝色时，她放下绘本，双手合十放在下巴处，说："它怎么变得和叶子的颜色一样了？"然后又用力地翻到变色龙在红色花朵边的画面，此时变色龙的身体也变成了红色。她指着画面说："又变色了，它是不是在玩变色游戏？"

2024 年 5 月 13 日　九月　年龄：4 岁 8 个月

观察实录：九月手中紧握着《彩虹色的花》这本书，迅速地翻着页，看到蚂蚁搬走一片花瓣，说："彩虹花少了一个花瓣。"随后，九月每翻动一页，都会说一句："又少了一片。"当翻到花瓣逐渐凋落的画面时，她眉头微皱，停下翻页，自言自语地说："小动物怎么都把花瓣拿走了？没有花瓣了。"她又重新从头快速翻看起来，试图从画面中寻找答案。

教师分析：通过九月翻书动作的细微变化，能看出幼儿自主阅读的能力在提升。在阅读《变来变去的变色龙》时，九月大动作翻页、用手指点画面、放下书思考等动作表达了对变色龙变色现象的疑惑。她在阅读过程中展现出初步的观察力和好奇心，能够注意到书中细节的变化。

2024 年 6 月 13 日　九月　年龄：4 岁 9 个月

观察实录：九月认真地看着《红黄蓝》一书，突然用手指点画面，说道："黄色藏在蓝色里怎么不见了，绿色又是从哪里跑出来的啊？"然后抬起头来，睁着大大的眼睛一直看着我，像是期待着我的解答。

2024 年 9 月 13 日　九月　年龄：5 岁

在阅读《出来呀，出来呀》时，九月指着洞口的小眼睛小声地说："这是谁的眼睛，谁在洞里面？"然后一会儿转头看向我，一会儿看向其他老师。接着，她把双手摆成望远镜的样子放在眼睛上，看向身旁的同伴，过了一会儿，又将"望远镜"朝向我，还时不时地转动着身体。

教师分析：九月在阅读中遇到疑问时，会主动寻求成人的解答和与他人的互动。在阅读《红黄蓝》时，她期待地看着成人，希望得到关于颜色变化的解释。在阅读《出来呀，出来呀》时，她通过模仿望远镜并转身看向他人来引起关注并寻求答案。这些行为表明九月具有良好的社交能力和沟通能力，能够用肢体动作与他人分享自己的疑惑和发现。

2024 年 12 月 13 日　九月　年龄：5 岁 3 个月

观察实录：在《美丽的雪夜》的阅读活动中，九月指着画面中的雪花，说："我最喜欢下雪了！"然后翻过页面，皱起了眉头，嘟哝着："雪花怎么变成雪人了？"她继续翻页，哇的一声，"雪花怎么又变成很多鱼了？"九月的头轻轻向右转动，眼睛依旧不离开画面，似乎在思考着什么。下一页，雪花又变成了糯米团子，她又皱起了眉头："雪花为什么会变成这么多形状？"

2024 年 12 月 18 日　九月　年龄：5 岁 3 个月

观察实录：几天后，九月再次看《美丽的雪夜》一书时，看到后面雪花变换成多种样子时，她开始往前翻，前后看几秒后，又继续往前翻，然后又往后翻了回来，她突然大声地说："我知道了，小男孩喜欢在下雪天堆雪人，雪花就变成了雪人。小猫喜欢吃鱼，小狗喜欢吃糯米团子。"

教师分析：在第一次阅读时，九月对画面中雪花的变化产生了疑惑，她通过皱眉、嘟哝、左右转头、紧盯画面等动作和表情表达了自己的不解。这种表现是幼儿初步接触新事物时的自然反应，她们尚未掌握有效的提问方式，只能通过动作和表情来传达自己的疑惑。然而，在第二次阅读时，九月的行为发生了显著变化，她开始主动探索画面中的信息，通过反复翻页和对照前后画面来寻找答案，将画面中的变化与人物所喜欢的事物联系起来，这显示出其思考更加深入，想象力也更加丰富，观察与提问能力得到了进一步提升。

通过对幼儿将近一整年的持续观察，可以清晰地看到她的问题意识与外显行为之间的动态发展关系。从开始主要通过用力翻页、手指点画等直观动作表达疑惑，到中期逐渐展现出对阅读过程的掌控能力。从开始对单纯的现象观察到对因果关系的探索。进入年末，九月的外显行为呈现出质的飞跃，体现其思维逻辑能力的提升，更揭示出提问方式的多样化发展——从单一的动作表达到结合肢体动作、表情神态、语言互动等多模态的问题表征方式。教育工作者应重视对幼儿动作行为的观察解码，引导幼儿将具象的动作探索转化为抽象的思考表达，促进幼儿从动作表征的问题意识向符号化思维能力的过渡。

4. 时间维度：针对不同年龄节点的持续评价

幼儿的问题意识随年龄增长呈现显著的阶段性发展特征，因此教师需依据不同年龄段幼儿的认知特点，设计差异化的评价策略，以科学追踪其问题意识的演变规律。通过这种纵向追踪式评价，教师不仅能识别幼儿个体在问题意识上的发展速率差异，而且能为不同年龄阶段设计阶梯式引导策略，从而系统支持幼儿实现从"好奇本能"向"主动探究"的认知跃迁。

下面的案例是教师对一名幼儿在不同年龄段提出的问题进行的追踪式观察记录。

> **案例**
>
> **2022 年 11 月 18 日　铭铭　年龄：3 岁 5 个月（小班）**
>
> 　　观察实录：周五是清洗玩具的日子，教师利用中午时间将准备清洗消毒的玩具放在了盥洗室。午睡起床后，孩子们穿好衣服开始自主进行律动游戏。突然，坐在拼插玩具柜前的铭铭回过头，看着玩具柜大声地问道："咦？老师，我们的小玩具去哪里了呀？是不是被小偷拿走了？"说着，铭铭正好转向了盥洗室的方向，他睁大眼睛一边用手指着玩具一边大声地说："小玩具在那边，老师给它们洗澡了。"
>
> 　　教师分析：铭铭对玩具消失表现出敏锐的观察力和探索欲，先以假设性提问引发思考，后通过自主观察修正认知，展现前运算思维特征。在语言发展上，他运用"疑问＋自答"模式，既表达探索需求又尝试逻辑建构。有疑问时能够大胆地询问教师，说明幼儿有很强的好奇心及与他人沟通的能力。
>
> **2023 年 12 月 13 日　铭铭　年龄：4 岁 6 个月（中班）**
>
> 　　观察实录：区域游戏时间到了，铭铭选择了拼插区。他拿了一筐乐高玩具放在桌上玩了起来，玩着玩着，他一边哭诉"怎么总是不成功呢！为什么它总是倒？是不是我做一个底座它就不倒了？底座能撑得住吗？"一边手里还在不停地摆弄。
>
> 　　教师分析：铭铭在拼插区活动中的行为，典型呈现了中班幼儿认知发展的矛盾性特征。其"自我质疑三部曲"清晰可见：初始阶段，面对结构倒塌的挫折情境，以带有情绪色彩的否定句式"怎么总是不成功啊"宣泄认知冲突；随即进入元认知监控阶段，通过"为什么总是倒"的问题启动思维内省，尝试建立因果联系；最后产生"底座支撑"的假设性解决方

案，展现出幼儿前运算阶段特有的"试误—修正"式问题解决模式。

2024 年 11 月 27 日　铭铭　年龄：5 岁 5 个月（大班）

观察实录：在一次阅读《贾斯的修车厂》一书时，铭铭共提出了几个问题，分别是："我看书的封面里有油漆桶、轮胎、加油站，我猜这个故事讲的是关于修车的故事吧？""浴缸外面绿色的是什么？""咦，长颈鹿怎么戴了厚厚的围巾啊？""我发现海象的手里拿了一个矿泉水瓶，它的皮肤还有烧焦的样子呢，它是不是太热了呀？""哇！贾斯可真厉害呀！他怎么会这么多改造的办法呀？""我用一个大大的齿轮和一个蓝色的油漆桶当作小兔子的车轱辘，这样它的车就能在陆地上和水里开啦！咦？不对不对，这样轱辘两边好像不太平衡，我还需要再调整一下。"

教师分析：铭铭在语言活动中展现出强烈的好奇心和高阶思维能力。他能通过观察封面元素预测故事主题，对异常画面提出疑问，使用多样化的句式和丰富的词汇表达猜想。在改造小车的设计时，铭铭先描述创意再自我修正，思维呈现"观察—猜想—验证"的循环模式，表现出批判性思维的萌芽。这种语言与思维的同步发展，正是大班幼儿认知跃迁的重要标志。

连续三年的追踪观察揭示了铭铭问题意识的层级式演进路径。在集体生活的适应期（小班阶段），问题范畴局限于生活直观经验层，语言表达具有碎片化特点，主要依赖动作图式与简单疑问句进行意义建构。此阶段的问题意识更多表现为对生存环境的适应性探索，尚未形成系统的认知需求。进入中班后，铭铭的问题系统发生结构性转变。提问频率呈现爆发式增长，问题场域扩展至自然与社会双重领域，语言表征中开始出现假设性问句。提问行为成为联结主体认知与外界信息的中介，问题意识的工具性价值初步显现。大班阶段的问题意识发展呈现质的飞跃。铭铭不仅形成高频次的深度提问模式，其问题结构也突破了简单的"是什么"的事实层面，更多指向"为什么"的因果探究与"怎么样"的策略构建。语言表征中形容词、连接词等复杂成分的显著增加，反映出思维抽象化与系统化的发展趋势。

多元评价是洞察幼儿问题意识发展的一把金钥匙。通过多角度、多层次的观察与评估，教师得以拨开迷雾，看见幼儿思维的火花如何跳跃——从好奇的萌芽到问题的提出，从困惑的徘徊到解决的尝试。它记录的是幼儿"问题意识"的生动成长——那些灵光一闪的提问、锲而不舍的追问、天马行空的假设，都是幼儿认知能力、逻辑思维和创造潜能的真实写照。

实践篇

在阅读活动中培养
幼儿问题意识的实践案例

案例一：一个小橘子

老师打开绘本，米兜用小手指着画面上的橘子宝宝，笑眯眯地说："橘，橘子。"宸宸眨着眼睛，慢悠悠地说："甜的。"小朋友们被他们的话吸引了。

老师合上绘本，拿出一个大橘子，宝宝们扭动着身体围着老师，你一言我一语地说着："想吃，剥剥。"老师发现孩子们对小橘子产生了兴趣，由此，师幼共同开启了一段关于"一个小橘子"的探索之旅。

问题一：橘子娃娃怎么不一样？

孩子们围坐在桌子周围，妹妹指着哥哥和自己的橘子说："哥哥和妹妹的橘子不一样！"米兜也瞪大了眼睛，看着自己的绿色橘子和旁边小朋友的橘色橘子，好奇地问道："绿色，黄色，怎么不一样啊？"

艾玛伸出稚嫩的手指，轻轻地抚摸着橘子皮（图 6-1），从上到下，一遍又一遍，仿佛在感受着什么，然后她抬头望向老师，眼里闪烁着兴奋的光芒，说："凉凉的。"多多则把橘子凑近鼻子，深深地吸了一口气，小脸蛋上洋溢着满足和愉悦的笑容。小小则轻轻地摸着米兜手里的大橘子，喃喃地说："大的。"

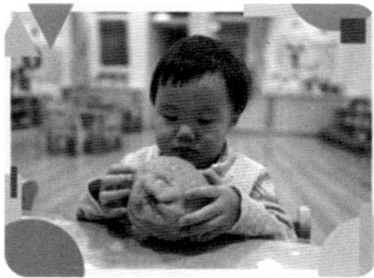

图 6-1

孩子们通过观察橘子的外形、触摸它们的质感、闻它们的气味，以他们独特的方式与这些橘子进行亲密互动，在此过程中感知橘子在外形、颜色、大小上的多样性。他们拿起画笔，一笔一画地勾勒出他们心中的小橘子。这些绘画作品被粘贴在问题意识墙上，孩子们可以随时翻看，进一步加深对橘子的认识和感知，也激发了他们继续探索的热情。

问题二：我怎样才能自己剥开这个橘子皮呢？

有些小朋友尝试剥开橘子皮，却始终无法成功，他们将橘子举向老师，带着期待的眼神说："老师，剥，剥。"老师蹲下身子，鼓励宝宝："试着自己来吧！"宝宝紧握着橘子，却无法剥开。

老师拿起一个橘子，用手指在橘子的脐部轻轻抠出一个小口，然后沿着这个小口逐渐剥开橘子皮。老师一边剥橘子皮，一边跟小朋友们说："看，先找到这个小脐部，轻轻一抠，再慢慢展开，就像给橘子脱去外衣。"老师的动作缓慢而清晰，以便让孩子们仔细观察剥皮的每一个步骤。随后，老师邀请小朋友们自己尝试，有的孩子能够模仿老师的动作成功剥开橘子，有的孩子在老师的帮助下打开一个小口后，能够自己继续剥下橘皮（图6-2）。

图 6-2

通过观察和尝试，孩子们逐渐对橘子有了更多的了解，并尝试自己剥开橘子品尝，更在动手实践中体会到了成功的喜悦和自我成长的快乐。活动过程中，教师及时利用照片记录下孩子们剥橘子皮的瞬间，这些照片不仅是对孩子们实践活动的记录，更是一种经验的梳理和回忆的珍藏。

问题三：它们都是甜甜的吗？

有的孩子轻轻触摸橘子皮，有的孩子小心地撕下橘络，有的孩子紧紧握住橘子瓣，橘汁溅到了脸上，孩子们因此开心地笑了起来。茉茉把橘子掰成一瓣一瓣的，品尝着。"茉茉，你愿意把一瓣小橘子给多多尝一下吗？"她点点头并把几瓣橘子拿给多多。多多表示感谢，并把橘子放进嘴里，说："酸、酸。"米兜剥开的是橘色的小橘子，当老师看到孩子们将橘子瓣放入口中用力咀嚼时，便好奇地询问："什么味儿？好吃吗？"米兜说："甜的。"说着还把籽吐了出来，老师随即提示孩子们："吃的时候要小心啊，把籽吐出来。"晓晓摇摇头说："老师，我的没有。"边说边把一瓣橘子放进嘴里，享受地吃了起来（图6-3）。

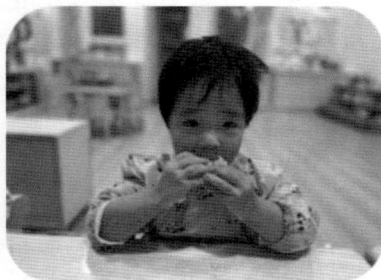

图 6-3

虽然孩子们还不太能用语言清晰地表达自己的感受，但是通过自己品尝，发现它们的味道不太一样，有的酸酸的，有的甜甜的，有的还有籽，对橘子有了更进一步的认识。

老师将孩子们相互交换品尝、发现橘子不同的照片展示在问题墙上，每当孩子们看到照片总是兴奋地相互分享他们的喜悦，"这是我！""橘子！"……

问题墙解析：

在本次微主题活动中，问题墙（图6-4）成为保护幼儿兴趣、支持幼儿探索橘子世界的奇妙窗口。托班的宝宝们被那些鲜艳的橘子所吸引，纷纷提出疑问："橘子娃娃为什么不一样？""它们都是甜的吗？"这些充满好奇的问题激发了孩子们的探索欲望。在活动中，他们通过观察橘子的多种颜色，触摸橘子的不同质感，甚至亲手剥开橘子皮，探索其内部构造……小小的橘子成为托班宝宝学习探究的有效玩具，孩子们发现一个又一个"新大陆"。亲身体验的学习方式极大丰富了孩子们对于水果特性的认知。问题墙展示出孩子们的体验过程，记录下幼儿快乐探索的瞬间，更加深了幼儿探索学习的效果。

图 6-4

（作者：付茜）

案例二：你好呀！蚕宝宝

　　班里迎来了一群特殊的"小伙伴"——蚕宝宝。孩子们睁大眼睛，指着那些蠕动的小家伙好奇地问："这些小黑点是什么呀？是不是蚕宝宝的便便呢？""它们喜欢吃什么呀？""我知道！蚕宝宝吃的是叶子！"悠悠兴奋地抢答。翊翊的小手摸着蚕宝宝的纸房子，小声地说道："它们好小啊，真想摸摸，但是我不敢。"孩子们你一言我一语，对这些新朋友感到十分好奇。于是，我们便开始了对"新朋友"的探秘。

问题一：这些黑点点是什么？

　　元宝好奇地指着蚕宝宝身上的黑点点，问："这些黑点点是什么呀？"壮壮在一旁猜测道："是不是蚕宝宝的便便呀？"他的话引得大家一阵哄笑，但与此同时，孩子们对蚕宝宝的好奇心却更浓了。

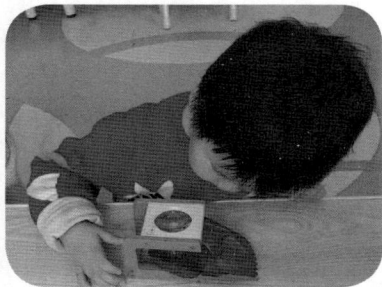

图 6-5

为了满足孩子们旺盛的探索欲望，教师特意将蚕宝宝分组，确保每个孩子都能近距离地观察。洁洁兴奋地跑到科学区，拿起放大镜，眼睛一眨不眨地紧盯着蚕宝宝（图6-5）。她皱着眉头，指着旁边的一些小黑球说："这肯定是蚕宝宝的粪便。"乐乐也参与其中，他摊开手掌，展示着里面的小黑球，笑嘻嘻地说："我都闻到叶子味了。"说完，他还真把小黑球凑近鼻子闻了闻。其他孩子见状，也纷纷效仿洁洁，通过细致的观察和嗅闻，验证了那些小黑球确实是蚕宝宝的粪便。

悠悠抛出了新的问题："蚕宝宝身上的那些小黑点究竟是做什么用的呢？"老师鼓励孩子们大胆猜想："大家来猜猜看，那些小黑点有什么功能呢？"格格眨着眼睛说："可能是用来装饰的吧，这样蚕宝宝就更漂亮啦！"十月则一脸认真地回答："我觉得那是它们的眼睛。"悠悠连忙摇头反驳："不对，蚕宝宝的眼睛长在头上呢。"这时，糖糖提出了一个有趣的猜想："难道是它们的粑粑不小心粘到身上了吗？"

在孩子们纷纷提出自己的猜想后，教师并没有直接给出答案，而是播放了一段关于蚕宝宝的科普视频。孩子们全神贯注地观看，教室里安静极了。当

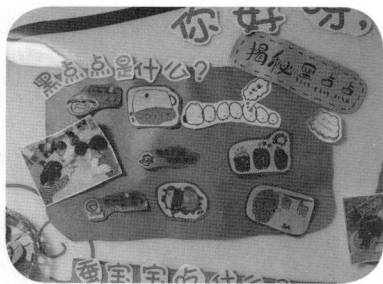

图 6-6

视频揭晓小黑点其实是蚕宝宝的气孔，用于呼吸时，孩子们恍然大悟，开心地笑了。

在活动过程中，教师细心地将孩子们提出的各种问题，以及他们通过观察、热烈讨论、大胆猜测和认真观看视频等学习环节记录下来。随后，教师把这些宝贵的学习瞬间进行了整理并呈现在问题墙上（图6-6），这不仅推动了活动的持续进行，而且便于幼儿在活动之后回顾整个过程。

问题二：蚕宝宝吃什么？

悠悠想把蚕宝宝带回家照顾，一脸担心地说："蚕宝宝吃什么啊？只吃桑叶吗？"晚晚接着说道："它肯定也吃别的叶子。"壮壮笑眯眯地拿起盒子里的桑叶，举到晚晚面前说道："它挑食，只吃这个叶子。"悠悠眼睛一亮："那我

们试一试放好多不同的叶子进去，看看蚕宝宝到底爱吃哪个。"筠筠拍着小手回应说："好呀，放学了我们一起去找叶子吧。"

周一，孩子们带着各自收集的叶子来到班里（图6-7），兴奋地做起实验。他们你一言我一语地说着："它们怎么还不吃啊？是不爱吃吗？""它们是不是不饿呀？""它们可能是看见我们害怕了，不敢吃吧。"……午餐后，翊翊大声地说道："老师，它们吃叶子了。"孩子们立刻围拢过来，壮壮指着叶子上的小洞（图6-8）说："看，每个叶子上都有，它们好像都爱吃。"悠悠仔细观察后，

图 6-7

图 6-8

提出了不同看法："有的叶子上洞很多，有的很少，它们可能更喜欢这种叶子。"她指着桑叶认真地说。老师好奇地问道："它们到底最爱吃什么叶子呢？"悠悠想了想，说："它们可能先尝尝每种叶子的味道，然后哪种被吃掉得最多，就说明它们最喜欢那种叶子。"瑶瑶提议："我们看看哪个叶子最先被吃光吧？"最终，他们发现桑叶被吃得一干二净，于是得出结论：蚕宝宝最爱吃桑叶。

随着孩子们对蚕宝宝的兴趣日益增长，他们开始利用轻体泥来塑造蚕宝宝的形象。有的孩子创作出吃桑叶的蚕宝宝；有的孩子塑造出正在吐丝的蚕宝宝（图6-9）。瑶瑶轻轻捏着轻体泥，说："蚕宝宝的身体是软软的。"壮壮在展示他的作品时说："我在蚕宝宝身上加了一对小眼睛，这样它看起来更可爱了。"

这次经历不仅让孩子们对蚕宝宝有了更深入的了解，而且让他们感受到创作的乐趣和成功的喜悦。

图 6-9

问题三：蚕宝宝怎么突然换"衣服"了？

蚕宝宝享受着孩子们精心准备的桑叶，日复一日地茁壮成长。清明节过后，孩子们惊喜地发现蚕宝宝发生了显著的变化："它变得好大，都快赶上我的手指头了。"他们指着问题墙上蚕宝宝初来乍到时的照片进行对比，兴奋地

指出蚕宝宝的体型变大、颜色变白了。

图 6-10

突然，桑叶上的一张蜕皮引起了孩子们的注意（图 6-10），他们疑惑地交谈起来："哪来的皮？""之前没有啊。"老师适时引导："孩子们，猜猜看，这像什么？"翊翊大声回答："是蚕宝宝的皮。"教师肯定了她的猜测，并解释："蚕宝宝蜕皮是成长的重要过程，是为了适应更大的身体。蜕皮是蚕宝宝成长的标志。"孩子们恍然大悟。通过这次观察，孩子们不仅加深了对蚕宝宝生长过程的理解，而且激发了探索生命奥秘的欲望。

问题四：蚕宝宝去哪儿了？

一天，元宝惊喜地喊道："有白丝了！"这一发现立刻让孩子们纷纷涌向自然角，目光聚焦于那神秘而细腻的白丝（图 6-11）。教师故作疑惑地问："这些白丝是从哪里来的呢？"九月猜测说："它们看起来像是蜘蛛网。"但悠悠立刻反驳道："不对，这应该是蚕宝宝吐的丝。"孩子们热情地讨论起来。

图 6-11

教师决定暂时保留这个秘密："关于这个谜团，老师想先保留几天。让我们一起观察这些白丝的变化，想象它们最终会变成什么样子。它们和蜘蛛网相似吗？回家后，和爸爸妈妈一起查阅资料，看看谁能最先解开这个谜团。"

图 6-12

第二天，二宝兴奋地宣布："蚕宝宝不见了，但多了一个白色的椭圆形东西（图 6-12）。"这一新发现再次激发了孩子们的好奇心，他们纷纷提出自己的猜想。悠悠自豪地分享道："这是蚕茧，我和爸爸查过资料了。"

第三天，老师借此机会与孩子们一起回顾了前两天的谜团，并详细讲解了蚕宝宝结茧的奥秘以及它们从蚕茧中蜕变成蛾的过程。孩子们对蚕茧的用途产生了浓厚的兴趣，探索的欲望愈发强烈。与此同时，问题墙上的内容也因此变得更加丰富多彩。

问题墙解析：

在本次活动中，孩子们亲眼见证了蚕宝宝从卵到幼虫，再到蛹和成虫的完整生命周期。亲身观察、探索发现使孩子们充分感受到了生命的奇妙与成长的蜕变。问题墙（6-13）引导幼儿从对蚕宝宝外形的好奇开始，逐步深入探索其饮食习性和生长的奥秘。从"这些黑点点是什么？"到"蚕宝宝吃什么？"到"蚕宝宝怎么换'衣服'啦？"再到"蚕宝宝去哪儿了？"等问题，问题墙编织了一张紧密相连的问题网。这一系列问题反映出孩子们完整的思考轨迹，激发他们积极主动地寻找答案的热情，培养了他们的自主学习能力和主动思考的习惯。

图 6-13

（作者：曹海萌）

案例三：3，2，1 茄子！

春天的种植园里，小朋友们围在一堆小苗旁边。豆豆瞪大眼睛，指着一株特别的苗苗问："这是什么呀？"萌萌也好奇地伸出小手，抚摸着那与众不同的紫色茎。程程紧接着加入讨论："对啊，为什么它的身体是紫色的呢？"这一发现立刻吸引了更多小朋友的注意，大家纷纷围拢过来，你一言我一语地讨论起来，场面热闹非凡。

问题一：紫色的小苗苗到底是什么呀？

小朋友们纷纷蹲下身子，仔细观察植物的紫色茎（图6-14）。浩浩指着紫色茎问："这是什么呀？它怎么和别的苗苗不一样呢？"妮妮回答道："它的身体是紫色的，是不是因为它特别喜欢紫色呀？"轩轩提出另一个可能："我想它

能结出紫色的果子。"阳阳也好奇地提出疑问:"是不是它吃了什么特别的东

西,所以才变成这样的呢?"为了表达自己心中的想象,孩子们用绘画和泥塑的方式展现了他们眼中的小苗苗。

教师将孩子们描绘的猜测图画和他们热烈讨论的照片发送到了家长群,鼓励孩子们回家后与爸爸妈妈一起探寻答案。

第二天,豆豆带来了一本《植物百科全书》,兴奋地与大家分享他找到的信息。原来,这株神秘的紫色茎是茄子苗。孩子们纷

图 6-14

纷给豆豆鼓掌,也对茄子的成长更加期待。

问题二:小苗苗怎么啦?

一天,鑫鑫突然大声喊道:"老师,你快去看看,小苗苗是不是生病了?"琪琪闻声也急忙跑过去,小手轻轻触碰着变黄的叶子说:"怎么叶子都黄了,还皱皱巴巴的,是不是坏了呀?"其他孩子也纷纷围拢过来,欣欣蹲下身子仔细观察,疑惑地问:"是不是有虫子了?"

教师听到孩子们的讨论后,蹲在小朋友身边说:"我们来找找原因吧。"接着,教师拿起一片叶子在手中翻转,仔细观察后说:"叶子上没虫子,背面呢?"孩子们也学着老师的样子,小心翼翼地检查起来。接着,教师摸摸土壤:"土壤湿不湿?"豆豆用力拍打土层,扬起许多尘土(图 6-15),琪琪随即说道:"干干的。"萱萱立刻提议:"那我们给小苗苗浇浇水吧。"于是,大家一边浇水(图 6-16),一边轻声对小苗苗说:"小苗苗,喝点水,快点恢复健康哦!"

图 6-15

图 6-16

通过触摸土壤和观察叶片,大家共同判断出小苗苗是因为缺水而出现了问题,并迅速采取了灌溉措施。与此同时,老师也将这一过程详细记录下来,并将相关照片展示在问题墙面上,以供孩子们回顾和学习。

问题三：为什么茄子娃娃们长得不一样？

小朋友们来到种植园，乐乐拉着老师的手，跑到茄子种植区，说："老师，你看，这些茄子长得都不一样呢！"孩子们听后纷纷围了过来（图6-17）。程程指着其中一个茄子说："你看！这个茄子圆圆的，像个小皮球（图6-18）。"垚垚则指着另一个茄子说："这个茄子长长的，像一个大木棒（图6-19）。"明明好奇地接着问："为什么它们会长得不一样呢？"教师眼中带着鼓励说："你们观察得真细致，我们一起来找找答案吧。"

乐乐看着老师，说："我和妈妈去买菜时看见过，妈妈告诉我这个是长茄子。"乐乐没有说完，萱萱抢着说："长得圆圆的就是圆茄子。"妮妮好奇地问道："那它们都能吃吗？它们长得不一样，是不是味道也不一样呢？"轩轩张大嘴巴，摸摸自己的小下巴说："我真想尝尝。"萌萌则认真地提醒道："不能生吃，得炒熟了才行。"

教师和孩子们一起亲身体验采摘的乐趣，并将这些新鲜的茄子送到食堂，为午餐增添了一份特别的期待。这次实践活动不仅让孩子们亲手触摸到大自然的馈赠，而且激发了他们探索未知的热情。

活动结束后，老师让孩子们用图画记录下自己的发现和疑问，并将师幼一同观察、采摘的照片张贴在问题墙上，与同伴和老师分享。

图 6-17

图 6-18

图 6-19

问题墙解析：

在本次微主题活动中，问题墙（图6-20）成为孩子们探究植物生长的小天地。当孩子们第一次看到紫色茎的茄子苗时，他们的好奇心被激发。孩子们提出问题"这是什么呀？"通过问题墙的展示，孩子们开始热烈讨论，纷纷猜测这株苗苗的身份，强烈的好奇心驱使着他们不断寻找答案，开启了探索之旅。在观察茄子苗的生长过程中，孩子们又发现了许多问题，如"小苗苗是生病了吗？""为什么茄子长得不一样？""叶子为什么会变黄"等。这些问题被记录在问题墙上，成为孩子们持续关注、探究、解决问题的焦点。不仅如此，伴随着植物生长过程，问题墙还展示出孩子们照顾小茄子的生长日记，如浇水、施肥、测量高度等。一系列探究活动使孩子们经历了小茄子生长的全过程，体验到了探索的乐趣和照顾植物带来的成就感，也提升了持续观察的能力。

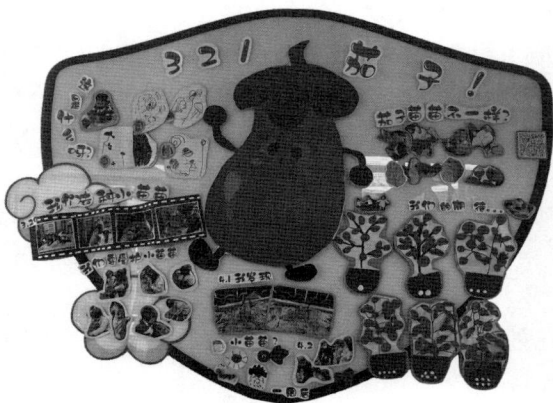

图 6-20

（作者：冯旭）

案例四：我想和你交朋友

　　幼儿和教师围坐在一起阅读《小熊找朋友》这本书。教师翻开书页，生动地讲起来。随着故事的推进，那只孤独的小熊决定踏上寻找朋友的旅程。孩子们的神情也随之起伏。故事讲到一半，教师轻轻合上书本，阳阳着急地说："小熊找到朋友后，一定会非常快乐吧？"睿睿也问道："为什么小熊找不到朋友呢？"明明迫不及待地举手提问："小熊怎样才能找到朋友？"就在这一瞬间，孩子们心中关于"交朋友"的疑问悄然萌芽。他们对友谊的概念充满了探索的欲望，开始思索如何结识新朋友，以及如何与朋友和谐相处。

问题一：什么是朋友？

　　延续着绘本的话题，教师问："孩子们，你们都有好朋友吗？"小朋友纷纷大声说出自己好朋友的名字。"为什么他是你的朋友呢？"听到教师提出的问题，小朋友们歪着头，沉思了一会儿，"因为我们每天都在一起。""因为他总是给我带小贴画。""我的好朋友从来不和我吵架。"……

　　讨论和分享结束后，孩子们将自己对好朋友的理解画了下来。教师将共性的绘画内容张贴在问题墙上进行分析，其他作品装订成册，悬挂起来供幼儿翻阅回顾。从孩子们的表征中我们可以感受到，他们对于朋友的定义有着自己的感受和理解（图 6-21 ～图 6-23）。

图 6-21　　　　　　　　　图 6-22　　　　　　　　　图 6-23

问题二：和朋友在一起可以做什么？

户外活动开始了，老师向小朋友们提出一个小要求，请小朋友们在活动结束时将自己在户外活动中和好朋友一起做的事情记录下来。

洋洋兴奋地跑向教师："老师，我和鹏鹏一起搭建了一个堡垒，我们一起保护我们的阵地。""洋洋和鹏鹏是一对好朋友，你们在一起合作游戏，真开心。"面对老师的回答，洋洋和鹏鹏一起用力地向老师点点头，然后跑向他们的阵地了。

月月满头大汗地跑向教师："老师，安吉梯太沉了，君君帮我一起搬，你看我们多有力气。""月月和君君互相帮助，真是一对好朋友。"……

分享环节，孩子们聊着和好朋友一起做的事情，教师也播放了游戏过程中为他们捕捉的照片（图 6-24～图 6-26）。孩子们看到照片中自己和小伙伴们开心地一起游戏，兴奋极了，不断向身边的小朋友介绍图片中的内容。"这些照片里的好朋友在做什么？"教师问道。"乐乐教我骑双人车。""萌萌在给我讲好玩儿的故事，可有意思了。""我和浩浩给小朋友们搭建了好长好长的车道，无敌车道。"孩子们感受到好朋友在一起不仅会感到开心，而且能互相学习、分享和帮助。

图 6-24　　　　　　　　　图 6-25　　　　　　　　　图 6-26

孩子们关于"好朋友能一起做哪些事情"的讨论，从户外游戏扩展到日常生活。他们开始在幼儿园里通过讲述和绘画来记录与好朋友共度的欢乐时光，比如一起用餐、绘画和手工制作。小华激动地分享："我和小明一起画了一幅巨大的彩虹，我们还给它涂上了五颜六色的颜色呢。"小丽也兴奋地加入进来："我和小红一起制作了一个美丽的花环，我们还把它戴在头上跳舞呢。"孩子们的脸上洋溢着幸福的微笑。他们用各自喜爱的方式记录下自己的经历，并与他人分享，在不断积累经验的过程中，相互学习，体验美好生活，收获更多的友谊。

在分享环节时，教师也适时引导孩子们思考："如果和朋友吵架了怎么办？"孩子们纷纷提出了自己的想法。有的说："我会先冷静下来，然后和朋友好好谈谈。"有的说："我会向老师求助，让老师帮我们解决问题。"通过讨论，孩子们学会了在冲突中寻求和平解决问题的方法，也明白了友谊的珍贵和需要共同维护的道理。

在活动过程中，孩子们不仅增进了彼此之间的了解和友谊，还学会了如何在集体生活中与他人和谐相处，他们在游戏和分享中成长，变得更加自信和乐于助人。

问题三：我们吵架了怎么办？

小葫芦和小戴因为争抢一辆小火车吵了起来，气不过的小葫芦一下午都没理小戴，小戴惴惴不安，一直孤单地坐在教室最后面。绘本《不是这样是那样的》中正好有类似的情景，孩子们在绘本阅读和情景创设下，在好心情和坏心情卡片的对比中，纷纷表示和朋友吵架的心情实在是太糟糕了，接下来"和朋友吵架怎么办"的话题应运而生。乐乐说："主动承认错误，好朋友会原谅我的。"美美说："我们可以找老师帮忙，让老师帮我们解决问题。"开心慢悠悠地说："我得问问他为什么生气。"

讨论结束的时候，教师将全班幼儿的经验记录汇总成《好朋友手册》，并将手册放在图书区，供全班小朋友随时翻阅。手册中不仅记录了孩子们关于友谊的讨论和想法，而且包含了各种解决冲突的小技巧和建议。

通过讨论和手册的制作，孩子们不仅学会了如何处理与朋友之间的矛盾，而且加深了对友谊的理解。他们意识到，友谊需要双方的共同努力和维护，只有相互尊重、理解和包容，才能让友谊更加长久和美好。

问题墙解析：

在本次微主题活动中，问题墙（图6-27）成为孩子们学习交友技巧并分享交友经验的平台。根据年龄特点，从中班幼儿面临的共性问题出发，如"什么是朋友？""我该如何邀请新朋友一起玩耍？""和朋友在一起可以做什么？""我们吵架了怎么办？"问题的呈现，激发孩子们对交友过程中真实场景和解决交往问题的思考，进一步引导幼儿学习如何主动与他人交流、分享和合作。在问题墙上，孩子们分享了他们的交友经验和心得，如绘制与朋友共度时光的场景，记录化解朋友间矛盾的方法。问题墙充分发挥了互动展示的作用，真正成为帮助孩子们提高社交技能的"环境教师"。

图 6-27

（作者：厉双）

案例五：可爱的小鱼

刚刚合上绘本《小丑鱼》，晚晚就向教师提出了自己的想法："老师，小鱼真可爱，我们可不可以在班里养小鱼呢？"晚晚的想法得到了小朋友们的赞同："我想养小鱼！""我也想！""老师可以吗？"孩子们睁大眼睛，满含期待。看到教师笑眯眯地点头，悠悠兴奋地说："我家有小鱼，明天我就把它带来。""小鱼吃什么？""小鱼身上的颜色是怎么回事？"……

问题一：小鱼，你叫什么名字？

第二天早上，孩子们兴奋地带来了各自的小鱼。他们围在小鱼缸旁（图 6-28），充满好奇地提出自己的疑问："殷老师，这是什么鱼啊？""那条尾巴像孔雀一样的大鱼是不是叫孔雀鱼？"元宝还隔着玻璃缸笑着向小鱼们打招呼："你好，小鱼，我叫元宝，你们叫什么名字呢？"教师耐心地倾听孩子们的提问与讨论，同时细心地将这些问题一一记录下来，将它们呈现在问题墙上。

图 6-28

朗朗抱着自己的小鱼缸，目不转睛地看着小鱼，说："妈妈昨天告诉我了，但我忘记了，今天回去再问问妈妈，明天来告诉小朋友们。"格格说："卖小鱼的叔叔给了我一张卡片，上面有小鱼的名字，我放在书包里了。"说着，她便跑去书包柜旁找那张卡片。

第二天，孩子们带着与父母共同探索的收获，迫不及待地与同伴们分享起来。悠悠率先介绍道："我带的是斗鱼，它是红色的，尾巴长长的、大大的，像孔雀的尾巴一样。"元宝接着说："这个小鱼叫潜水艇河豚，它的身体鼓鼓的。"其他孩子也纷纷介绍："我的小鱼是天使鱼，身上有漂亮的颜色。""我的小鱼和大家都不一样，它叫六角恐龙鱼，头上有六个角，你们看。"

问题二：我们怎么能够照顾好小鱼呢?

伊伊看看自己盘子里的午饭，又转头看看鱼缸里的小鱼，轻声对坐在自己旁边的萌萌说："我们都有好多好吃的，小鱼就只吃鱼粮呀?"萌萌也看看小鱼回应道："我们一天吃好几次饭，小鱼一天吃几次呀?"她们的对话吸引了周围几个小朋友，他们纷纷参与讨论。

为了解答这个问题，孩子们准备了面包、饼干、水果以及专门的鱼食等。小朋友们以小组为单位，通过几天的喂食观察，惊喜地发现，小鱼对于面包、饼干以及专门的鱼食都表现出了浓厚的兴趣并愿意接受。这一发现解开了孩子们心中的"小鱼食谱"之谜。

一天早晨，孩子们发现有一条小鱼不幸失去生命，悠悠不解地问道："为什么只有这条小鱼死了，其他的小鱼却没事呢?"壮壮弯腰，眼睛贴近水缸说道："可能因为鱼缸里的水太脏了。"悠悠听后，立刻说："水是干净的啊，昨天我和九月一起给小鱼接的干净水。"她边说边看向站在旁边的九月，九月重重地点点头。格格走近小朋友们认真地说："我爸爸说小鱼的水需要晾一晾。"孩子们听到格格的建议，决定付诸实践，验证格格爸爸的说法。

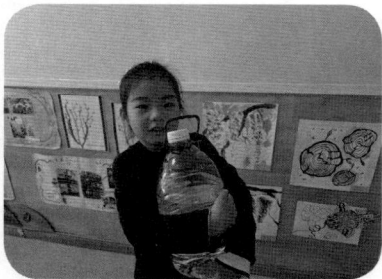

图 6-29

几天后，格格费力地提来了一桶水（图6-29），孩子们好奇地围拢过来，七嘴八舌地问："这是什么呀?"格格耐心地解释道："这是我和爸爸一起为小鱼准备好的水，使用了这个水，小鱼就不会死了。"通过这次实践，小朋友们不但获得了养鱼的宝贵知识，更重要的是，他们学会了在遇到困难时倾听并尝试实践他人的建议，相互协助，共同寻找解决方案。

教师及时用相机捕捉并记录下了孩子们照顾小鱼的每一个细心瞬间和方法，随后将这些照片贴在了问题墙上，作为活动进展的直观呈现。

问题三：小鱼也会睡觉吗？

小朋友们准备午睡了，翊翊和瑶瑶依依不舍地围着鱼缸，向小鱼们招招手说："我们要去睡觉了，你们也睡一会儿吧。"旁边的壮壮听到了，好奇地问道："小鱼睡觉吗？"带着这个疑问，孩子们渐渐进入了梦乡。

午睡醒来后，翊翊和壮壮迫不及待地来到饲养角。翊翊兴奋地说："小鱼跟我们一样，也睡醒了。"而壮壮则坚持认为小鱼不会睡觉。他们的争论很快引起了其他小朋友的注意，大家开始围绕"小鱼会不会睡觉"这个话题展开讨论。教师鼓励孩子们用绘画的方式记录并分享自己的想法。

分享时刻到了，晚晚指着自己图画中的小鱼，耐心地解释道："小鱼不会睡觉，因为它没有脚，不会走路，所以不会觉得累。"接着，筠筠指着自己图画中小鱼的大眼睛，肯定地说："鱼都不闭眼睛，所以它们肯定不会睡觉。"这时，壮壮提出了不同的看法："鱼肯定会睡觉，只是它们都偷偷藏起来睡而已。"瑶瑶想了想，说："也许小鱼是在我们离开幼儿园之后睡觉的，就像我们晚上回家睡觉一样。"教师将孩子们讨论的内容贴在问题墙上，并鼓励他们继续寻找答案。

第二天，孩子们再次聚在一起讨论"小鱼睡觉"的话题。接着，教师播放了一段视频，让孩子们了解到小鱼确实需要休息和睡眠。尽管小鱼没有眼睑，但它们会通过静止的方式来"睡觉"。而且，不同种类的鱼有不同的睡眠习惯，有的在暗处或沙中休息，有的则用泡泡包裹自己。

每当孩子们看到墙上的讨论成果，便会联想到小鱼沉睡的奥秘。此次活动不仅满足了他们的好奇心，而且增进了对小鱼生活习性的了解。

问题墙解析：

随着小鱼入驻班级，幼儿对小鱼充满了好奇，问题墙（图6-30）成为他们的疑问与发现的集中展示区。从"小鱼，你叫什么名字？"到"我们怎么能够照顾好小鱼呢？"再到"小鱼也会睡觉吗？"孩子们的问题五花八门，充满了探索的热情。面对疑问，孩子们主动寻找答案，通过观察、查阅资料、分享经验和实践来验证猜想。在探索过程中，他们遇到挑战，如饲养方法、死亡原因等，这些困惑成为他们探究学习的原动力。通过观察、思考、实践，孩子们不断寻找问题的答案，并记录下自己的发现与感悟，整个过程锻炼了幼儿的思维能力，提升了发现、分析、解决问题的能力。

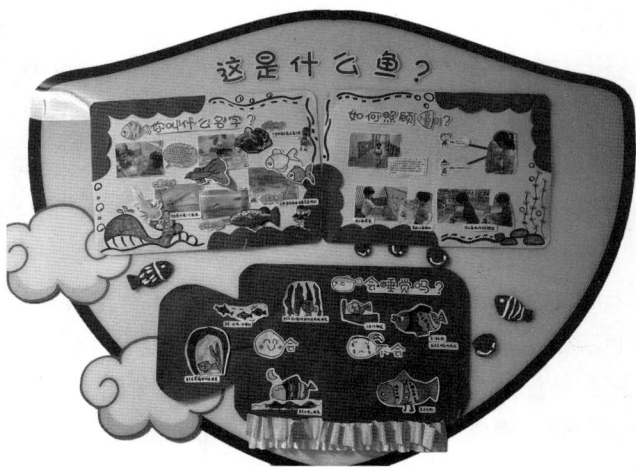

图 6-30

（作者：殷琪）

案例六：我的加餐我做主

"老师，我还没搭建完高楼，就要收区吃加餐了。""我的第一个游戏计划已经完成了，我想休息一会儿再完成第二个，要是能中间休息一下吃加餐多好。""我想和好朋友慢慢地吃，最好还能聊一会儿天。"……面对每日加餐时段孩子们的困扰与期望，教师开始集体探讨：如何能让孩子们真正成为加餐时间的主人呢？

问题一：我们什么时候吃加餐最合适呢？

区域游戏即将开始，牛角笑眯眯地摇着教师的手说道："老师，我们现在游戏的时间延长了，可以自己搭建更多的建筑，我今天计划搭建一个巨大的高楼，可是我怕时间还是不够，可不可以一边玩一边吃加餐。"彤彤小声说着："可不可以等我们画完画儿，再把桌子拿去给小朋友们吃加餐使用呀？"听到彤彤的想法，心心笑嘻嘻地说："那我们就准备好两张专门用于加餐的桌子，然后小朋友轮流吃就行了。这样，小朋友们可以游戏，也可以吃加餐了。"这个建议得到了大家的一致认可。

但是马上新的问题又出现了，怎么能知道自己可以吃加餐了呢？孩子们再次热烈讨论起来。文文笑着提议："看到老师擦桌子时，就知道加餐快来了。"心心接着补充："对，还有听到音乐响起的时候。"潇潇也点头赞同："或者等老师叫我们开始的时候也行。"就这样，加餐信号的问题得到了解决。

孩子们将想法通过绘画的方式表现出来并张贴在问题墙上（图6-31）。最终，通过投票，大家决定采用一种既自由又方便的新加餐方式。

图 6-31

问题二：区域游戏开始了，没有吃完加餐的小朋友怎么办呀？

加餐时间已过，默默响亮的声音突然响起："老师，我还没吃加餐呢。"于是，教师和孩子们针对"如果有小朋友没有注意到要吃加餐了，我们应该怎么办？"这个问题展开了讨论。

妍妍迅速说："我们可以按一下益智区那个铃，这样每个人都能听到。"瑶瑶提出了另一个创新的建议："我们可以找个吃得快的小朋友当提醒员，帮助提醒还在游戏的小朋友。"其他孩子点头表示赞同。墨涵说："我们可以相互提醒。"

在讨论中，清清又提出："我们怎样才能知道谁已经吃过了呢？万一有人吃过而有人没吃呢？"于是大家展开了新一轮的探讨（图6-32）。男孩子提出："我们可以按照衣柜号码的顺序来决定吃加餐的顺序，这样每个人都不会错过。"君君却不同意："我的学号在后面，我每次都得最后吃，我不愿意。"豚豚说："可以女孩先吃，男孩再吃。男孩子应该让着女孩子。"子墨代表男孩子反驳："这样不公平，我们可以自己

图 6-32

随时去，吃完后记录一下就行。"妙仁说："可以跟之前选区一样，吃完了就挂自己的牌，这样就能够看出谁吃谁没吃了，或者在纸上签上自己的学号，一看就知道了。"最终，经过投票，挂牌的方式得到了大多数小朋友的认可，于是我们决定采用这种方式进行记录。

在讨论过程中，孩子们记录了自己和同伴积极提出问题并解决问题的方案，教师则用文字记录下孩子们的语言表达。这种讨论和分享的方式有助于幼儿在日常生活中选择更为恰当的方法来解决自身遇到的问题。

问题三：谁来负责清理桌子上的垃圾？

潇潇看着桌子上的食物残渣，皱着眉头说："桌子太乱了，都没有人清理，怎么办呢？"同桌的乐乐说："我们要相互提醒。"默默说："谁是这桌最后一个吃完的，要负责收残渣盘。"淘淘说："或者吃完了就自己扔到垃圾桶里。""值日生要做提醒和收垃圾。"舒瑶提出了建议。

图 6-33

在诸多想法中，孩子们经过讨论，汇总出了大家都赞同的建议。这些建议包括：每个人在吃完加餐后，都要将自己产生的垃圾分类扔到垃圾桶；所有人吃完后，值日生要负责整理桌面、残渣盘、水壶等物品，确保归位。为了记录并分享这些好的清理方法及其效果，教师采用拍照的形式进行记录（图 6-33）。

通过实践活动，孩子们不仅掌握了清洁技能，而且在团队合作中深刻体会到共同维护环境干净的重要性。为了进一步激发孩子们的清洁积极性，我们设立了"清洁之星"奖励制度，对那些在维护用餐区域清洁方面表现突出的孩子或小组进行表彰。这一奖励制度不仅增强了孩子们的清洁动力，而且进一步加深了他们的集体责任感和团队协作精神。

问题墙解析：

在本次微主题活动中，问题墙（图 6-34）成为支持幼儿自主决策班级规则的平台。面对"部分孩子未吃加餐"的问题，孩子们提出"按铃提醒""提醒员"等建议，最终确定"挂牌记录"的办法，确保每个孩子都能吃到加餐。针对"谁负责清理脏桌子"的问题，问题墙引导孩子们从相互提醒到明确值日生负责，再到设立清洁之星奖励机制，孩子们不仅学会清洁技能，体会到维护环境的重要性，而且观察能力也得到强化，自主管理意识增强。此外，在"什么时候吃加餐最合适""区域游戏已开始，未吃完加餐的小朋友如何处理"等问题的讨论中，孩子们通过投票决定加餐选择，记录加餐准备过程和自身感受。问题墙上的记录展现了他们的思考与表达，让幼儿体验到自主决策的乐趣。

图 6-34

（作者：要斌）

案例七：祈年殿搭建记

　　齐齐计划在建筑区搭建一座祈年殿。听到他的这个想法，小伙伴们立刻充满了好奇："祈年殿究竟是什么样子的呢？""我们要怎么搭建祈年殿呢？""这听起来有点挑战啊。"在孩子们高涨的搭建热情和强烈的好奇心驱使下，我们正式启动了名为"祈年殿怎么搭建"的微主题活动。

问题一：我们怎么搭建出祈年殿的样子？

　　齐齐和辰辰一起进入搭建区内。辰辰问道："我们要怎么搭建祈年殿呢？"齐齐说："我们可以先用长方形的积木搭建底座。"于是两个人开始尝试搭建。两个人搭建之后又推倒，一边推一边说："不是这样的，不是这样的。"齐齐跑到教师面前，说："尤老师，祈年殿的样子我说不清楚呀。"

　　看到孩子着急的样子，教师找到祈年殿的图片，投放到屏幕上。两人紧盯着屏幕上的图片，突然，齐齐兴奋地说："我知道了，要先搭建一个圆形底座。"于是他们迅速用小方砖拼出了一个六层的圆形底座，每层逐渐缩小，搭建出祈年殿的外形轮廓。随后，将长条形积木竖立起来围绕在圆形建筑的外侧，模拟出祈年殿特有的层级结构，并用更长的积木在顶部围成一圈，成功封顶。

　　完成房屋外圈的搭建后，他们着手搭建祈年殿的屋顶。起初，齐齐尝试用正方形积木搭建屋檐，但这时淘淘走了过来，指着图片说："你们这个搭得不像，你看这边是三角形的。"于是，他们立刻换成了直角三角形的积木，并找来所有的三角形积木，围绕屋顶边缘精心搭建。

　　在搭建过程中，教师用录像和照相的方式详细记录孩子们遇到的问题、讨论过程以及实际操作的结果（图6-35）。在回顾时间，教师与小朋友们分享了这些记录。同伴们在倾听的过程中，对搭建祈年殿的兴趣愈发浓厚。他们常常在祈年殿搭建问题墙前驻足，指指点点，热烈讨论并比较谁的方法更好、更巧妙。

图 6-35

问题二：搭建的材料不够用了怎么办？

　　经过第一次搭建经验的分享，淘淘、暖暖和鸿鸿计划完成三层结构的搭建目标。他们计划使用小型方砖积木逐层向上搭建三层结构的祈年殿。然而，当搭到第二层时，淘淘发现积木不够用了。面对这一突发情况，暖暖提出了一个创新的建议：改用长条形积木继续向上搭建。小伙伴们一致同意了这个方案，并成功地用长条形积木完成了剩余的搭建，包括墙体和封顶。

搭建屋檐的时候，暖暖指着空柜子说："哎呀，三角形也没有了，怎么办啊？"暖暖的求助得到了淘淘的回应，淘淘指着等腰三角形的积木说道："咱们换一种三角形的积木吧。"在大家的共同努力下，不同形状的三角形积木被巧妙地融入设计中，使得祈年殿的屋檐既独特又美观。

搭建完祈年殿主体之后，鸿鸿说："祈年殿搭完了，我们还可以搭什么呢？"淘淘看着问题墙上的图片说："那我们就搭祈年殿的台阶吧。"这个提议再次激发了大家的热情。在搭建完一半的台阶时，淘淘皱着眉头说："完了，台阶搭不了了，没有积木条了，我们可以用什么积木来代替呢？"暖暖和鸿鸿听到这话之后，开始在玩具柜前寻找积木。最终，暖暖拿着一个空心积木说道："那就用这个替代吧，走累了还能坐在这儿休息一会儿。"最终，祈年殿外延台阶搭建完成了。

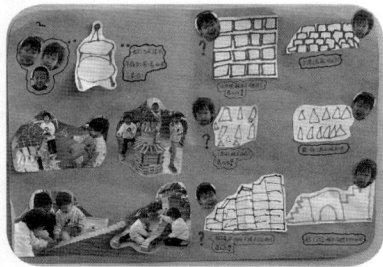

图 6-36

在分享环节，三个小朋友各自讲述了自己面对材料不足时采取的不同策略：改变计划内容、寻找相似材料等。他们将这些方法画下来并在问题墙上进行展示（图 6-36），既是对自己经历的回顾与总结，又是对他人的一种启发。

问题三：我们够不到高处，怎样才能继续往上搭呢？

淘淘、暖暖和鸿鸿在经历了第一次成功搭建后，他们决定将祈年殿搭建得更加宏伟壮观。在搭建过程中，淘淘扶着尖房顶说："尖形的房顶上面没法再放积木了，搭不高了。"三个小朋友围着建筑物商量了一会儿，齐齐请教师帮忙用手机记录下他们目前搭建的建筑物。然后，暖暖将搭建好的房顶拿下来，淘淘和鸿鸿拿着积木继续往上搭建。

搭建到一人多高时，淘淘和鸿鸿踮着脚，伸长手臂也放不上去积木了，淘淘说："太高了，够不着了。"鸿鸿附和："是啊，太高了，够不着了怎么办？"暖暖看着旁边的小椅子，对自己的小伙伴说："咱们踩在椅子上往上搭吧。"暖暖站在椅子上，淘淘递送积木，鸿鸿帮忙扶稳椅子，在三个人的合作下，他们搭建的祈年殿更高了，并且还顺着楼梯，延伸搭建出祈年殿前面的大广场。

图 6-37

活动过后，三个孩子把他们搭建过程的照片贴在问题墙上（图 6-37），与小朋友分享自己的经验，笑脸上洋溢着自信。

问题四：怎样才能让我们的祈年殿穹顶碰到教室的天花板呢？

牛角看看现有的祈年殿，抬头看看教室的房顶，说："要是我们的祈年殿穹顶能碰到房顶就好了，你们知道怎么办吗？"齐齐也抬头看看房顶，说："小椅子肯定不行，我们需要找个更高的东西来踩。"淘淘说："我们把椅子放在桌子上，这样就会很高了，老师就是这样擦玻璃的。"

在教师的安全协助下，孩子们动手搭建了一个临时的"增高台"。随着祈年殿一层层地增高，桌子和椅子的组合也逐渐达到了极限。这时，旁边美工区正在画画的乐乐注意到了他们的困境，歪着头建议道："你们能不能找个梯子呀？"考虑到安全因素，孩子们决定请教师来协助操作梯子，继续他们的搭建之旅。

尽管有了教师的帮助，孩子们仍然感到有些遗憾，因为他们无法亲自参与到最高处的搭建工作中。小金仰望着祈年殿说："要是能够知道现在的祈年殿的最高处距离房顶还有多高就好了，这样可以请老师把我们搭建好的积木挪到上面去。"他边说边做出托举的动作，仿佛真的在努力将祈年殿向上托起。妙妙听到了小金的想法，立刻拉着班里个子最高的张老师来到建筑区，让小金再次表达了他的愿望。同时，乐乐还在美工区找到了一团麻绳，准备用它来测量距离。

经过讨论，孩子们决定选择绳子来测量房顶到现有祈年殿最高处的距离，他们依据绳子的长度，精心搭建了相应高度的祈年殿的一部分。最后，由"搬运工"张老师小心翼翼地将孩子们的局部祈年殿移动到最高处。经过一番不懈的努力和协作，祈年殿终于与房顶齐平，孩子们欢呼雀跃，成就感溢于言表。

随着活动的深入进行，问题墙上逐渐记录下孩子们的感受、经验方法以及挑战成果（图6-38，图6-39）。这些记录见证了孩子们如何一步步克服困难，最终实现祈年殿与天花板齐平的壮举。孩子们看着这些记录，笑容灿烂，仿佛在向世界宣告他们的成功和喜悦。

图 6-38

图 6-39

问题墙解析：

在本次活动中，问题墙以直观展示的方式，通过文字、图画和照片将搭建过程中的问题清晰呈现出来，迅速吸引孩子们的注意力，激发他们对"如何搭建祈年殿"等核心问题的探索欲望和好奇心。墙面罗列了孩子们共同提出的问题，促进了多角度的思维碰撞，让孩子们在交流合作中学会全面分析问题，如面对"材料不足"时能通过讨论改变计划、寻找替代材料；提出"祈年殿太高，如何够到最上层"并找到解决方案；尝试新技巧和材料，实现多样化搭建；通过测量和计算解决祈年殿与房顶齐平问题等。墙面还作为线索网络，引领孩子们从同伴的方案中获取灵感，提升解决问题的能力并学会欣赏他人的优点，例如在解决问题"祈年殿如何接触房顶"时，从同伴处学到新的搭建技巧和测量方法。

（作者：尤爽）

🔍 案例八：摘柿子啦！

孩子们聚在挂满了果实的柿子树下，淘淘指着树上的柿子说："看，树上挂满了柿子，到底有多少个呢？"这个问题引发了孩子们的兴趣，大家开始热烈地讨论起来。"要是能亲手摘下这些柿子该多好啊，我们什么时候可以摘呢？"妙妙满怀期待地提出了新的问题。紧接着，默默又抛出了一个难题："可是柿子树太高了，我们该怎么摘呢？"随着孩子们的问题不断提出，以及对摘柿子活动的热情，我们决定开展一场以"摘柿子"为主题的探索活动。

问题一：这棵柿子树上到底有多少个柿子呀？

孩子们围拢在柿子树下，仰望着这棵果实累累的柿子树。康康手臂向上伸得直直的，向同伴提出问题："你们猜这棵树上大概有多少个柿子？"岩岩抬头伸臂，试图点数树上的柿子，但很快放弃："太多了，数不清。"冰冰向上左看看右看看，说："我觉得大概有二十个。"而淘淘摇着头说："不是二十，我都数了三十多个啦。"

这时，教师走到孩子们中间，询问道："看来大家都很想知道树上到底有多少个柿子呢。我们能不能想个办法，快速地数出确切的数量？"这个问题激发了孩子们的思考。不久，鑫鑫机智地建议："老师，我们可以分组，每组负责一棵树，最后把每组树的数量加起来。"这个提议立即得到了大家的赞同。

孩子们自发地分成小组，热情地投入数柿子的任务中。他们分工合作，仔细地数着每一个柿子，最终汇总出一个精确的答案：科普园里的柿子树上总共有 52 个柿子。每当孩子们看到问题墙上数柿子的照片，总是兴致勃勃地讨论起来。

问题二：我们哪天去采摘柿子最好呢？

从户外回到教室，墨墨刚洗净小手，便迫不及待地跑到教师面前："老师，我们能去摘柿子吗？"他的提议瞬间吸引了所有小朋友的目光。面对大家的热切期盼，教师问道："大家都想去摘柿子，那我们应该选哪天呢？想想看，决定摘柿子的日子要考虑哪些因素？"

乐乐听着窗外喜鹊的歌声，急切地说："要快，不然柿子都被喜鹊吃了，就明天吧。"欣欣则望着天空，认真提议："妈妈说明天会下雨，肯定不行。"凡凡更是大声宣布："摘柿子那天，想摘柿子的小朋友都要来，要不然就没法摘柿子了。"小朋友们被凡凡的想法逗笑，纷纷点头赞同。

孩子们决定今天回家仔细思考，第二天在幼儿园进行投票，选出最佳的"摘柿日"。第二天，在综合考虑孩子们提出的天气、参与人员、工具和材料准备时间等多种因素后，经过一番热烈的讨论和投票，孩子们一致选定周五为摘柿子的最佳日期。在这个过程中，孩子们不仅展示了发现并积极解决问题的能力，而且通过投票实践体验到民主决策的乐趣。

问题三：我们怎样才能摘到那高高的柿子呢？

确定完摘柿子的日期，戴戴就兴奋地提出："老师，我周五打算撞柿子树，看能撞下多少柿子。"慕慕听后连忙摇头："那不行，树太大，你撞不动的。"教师问道："大家觉得我们该怎么摘呢？"慕慕思考后说："可以找保安叔叔借大梯子，爬上去摘。"辰辰提出异议："手摘不下来，我试过。应该用绳子绑着柿子拽下来。"壮壮则担心地说："绳子会拽断树枝。可以用长叉子叉下来。"小宇提议："我们应该分工，一人摘，一人接，一人运。"

摘柿子当天，乐乐尝试跳跃摘柿子未果，又搬来椅子，仍无法触及柿子。他转而向园丁伯伯借来竹竿。孩子们兴奋地尝试，却发现柿子落地就摔烂了。面对新问题，孩子们聚在一起讨论，决定向教师借来一块大大的布接柿子，但效果并不理想。乐乐灵机一动，说："如果竹竿顶端有个小兜子，柿子就不会摔坏了。"这一想法得到了维修能手殷老师的支持。

在摘柿子的过程中，孩子们不断发现问题、积极提出解决方案，并勇于尝试。教师不断鼓励孩子们思考、讨论，也在问题墙上新增了关于摘柿子技巧的讨论和记录。在活动中，孩子们体验到了劳动的乐趣以及团队合作的重要性。

问题墙解析：

在本次活动中，问题墙（图 6-40）充分发挥引领作用，激发孩子们在多个领域探索并获得关键经验。统计树上有多少个柿子体现了在数学认知领域的发展；围绕"摘柿子时间""如何摘""怎样分"等问题，在生活实践领域了解柿子成熟、摘取和分配的方法；分组合作完成任务，团队协作、密切配合；在任务式问题驱动下，孩子们积极思考并尝试解决问题，逐渐掌握了从多种方案中选最优解的方法，意识到集思广益和不断试错的重要性。问题墙为问题记录、讨论结果和实践经验展示提供了理想空间，有力推动了幼儿的学习与成长。

图 6-40

（作者：丁一龙）

案例九：大熊猫的秘密

最近，孩子们对大熊猫的兴趣愈发浓厚，总会和教师、小伙伴聊各种关于大熊猫的问题："大熊猫的身上只有黑白两个颜色吗？会有其他颜色的大熊猫吗？""大熊猫出生的时候是什么样子呢？是一只小熊猫还是一个蛋？""大熊猫喜欢在哪里生活呢？""大熊猫一天要睡多久？""大熊猫长得都一样吗？"……追随着孩子们浓厚的兴趣，教师将孩子们的问题进行整理，开展了"大熊猫的秘密"微主题活动。

问题一：大熊猫只有黑白两色吗？有其他颜色的大熊猫存在吗？

关于大熊猫的毛色，毛毛提出了一个引人深思的问题："为什么大熊猫只有黑白两种颜色？会有其他颜色吗？"针对这个问题，孩子们纷纷表达了自己的看法。

朵朵歪着头猜测道："是不是因为它们生活在竹林里，黑色和白色可以像迷彩服一样，让它们不容易被发现呢？"旁边的帅帅马上质疑："可是竹林是绿色的呀，黑白怎么能像迷彩服呢？我觉得可能是因为黑白颜色很特别，这样其他动物一眼就能认出它是大熊猫，就不会欺负它了。""世界上还有巧克力色的大熊猫，七仔就是一只棕色的大熊猫，我在电视里见过。"

针对这个问题，教师请来了班中一位对动物非常了解的家长志愿者，帮助孩子们更深入地了解大熊猫毛色的奥秘。家长志愿者用大熊猫图片、视频与幼儿互动，解释黑白颜色能够帮助大熊猫在野外隐藏，棕色大熊猫是因为它的基因变异了，但仍健康可爱。同时向小朋友们宣传所有大熊猫都是地球宝贵的财富，需要大家共同保护。

问题二：大熊猫出生的时候是什么样子呢？是一只小熊猫还是一个蛋？

孩子们对大熊猫的热情不减，新的问题出现在问题墙上："大熊猫出生的时候是什么样子呢？是一只小熊猫还是一个蛋？"这个问题立即引发了孩子们的好奇与热议。

阳阳兴奋地说："我觉得大熊猫出生的时候肯定是一只小小的熊猫（图 6-41），就像小猫咪一样可爱，怎么会是蛋呢？"悦悦则皱着眉头思考后说："可是有些动物就是从蛋里出来的呀，说不定大熊猫也是呢。"

孩子们各抒己见，讨论得十分热烈。这时，教师笑着说："小朋友们，大家的想法都很有意思。那我们一起来想想办法，怎么才能知道大熊猫出生时的样子呢？"浩浩马

图 6-41

上举手说："我们可以去看动物纪录片，那里肯定有关于大熊猫宝宝出生的介绍。"妮妮也说："还可以去图书馆找有关大熊猫的书，书里也会告诉我们答案的。"

教师对孩子们的建议表示赞同，并建议孩子们分成几个小组，分别通过观看纪录片、查阅图书、上网搜索等方式去寻找答案，并将答案使用自己喜欢的方式进行记录和整理（图 6-42）。在接下来的日子里，孩子们积极投入，通过观看纪录片中大熊猫宝宝出生的温馨场景、查阅图书和网络资料，了解到大熊猫是哺乳动物，通过胎生繁殖，幼崽在母体内发育成熟后出生。

这次探索活动不仅让孩子们了解了大熊猫的繁殖方式，而且让他们学会如何通过多种途径去寻找和验证答案，体验到团队合作的乐趣和成就感。

图 6-42

问题三：大熊猫喜欢在哪里生活呢？

当孩子们好奇地提出"大熊猫最喜欢在哪里生活呢？"这个问题后，教室里顿时充满了热烈的讨论声。乐乐说："大熊猫肯定喜欢住在动物园里面呀，饲养员叔叔和阿姨把它们照顾得很好，还在它的房间里准备了好多玩具，滑梯、秋千，什么都有。"他边说边做滑滑梯的动作。睿睿认真地说："我去动物园的时候看到大熊猫在一片竹林里，我想它们应该喜欢住在有很多竹子的地方，这样它们就可以随时吃竹子了。"他的话得到了一些小朋友的认同，大家纷纷点头。涵涵接着说："我在电视上看到大熊猫生活的地方有山，还有河流，它们可以在河里洗澡。"孩子们你一言我一语地讨论着，每个人都对大熊猫的生活充满了好奇和想象。

对于大熊猫到底喜欢在哪里生活这个问题，小朋友们最终决定回家向爸爸妈妈求助。他们带来关于熊猫的图书，分享了网络查询的结果。通过汇总答案，孩子们了解到大熊猫真实的生活环境是气候适宜、竹子丰富的山区。

问题墙解析：

在本次活动中，问题墙（图 6-43）充分发挥整合作用。从幼儿对大熊猫的种种好奇出发，将各种奇思妙想和独特观点在墙面上交汇融合，通过问题墙的引导与支撑，孩子们心中的疑惑得到了有效的回应与解决。在此基础上，幼儿突破已知的范围，开始探索大熊猫的生存环境、保护现状等更深层次的内容，有效拓宽了幼儿的视野。活动中，教师利用多种资源，如邀请家长志愿者，用专业的知识、生动的图片和视频为孩子们解答疑问。家长们还通过问题墙了解了孩子们在幼儿园的探索和学习内容，纷纷参与到活动中来，有的提供资料，有的参与讨论，使家园之间的合作更加紧密，互动更加频繁，共同为孩子们的成长助力。

图 6-43

（作者：高雅）

案例十：奔跑吧！冰球小将

笑笑向小朋友们介绍冬季奥运比赛项目，她刚刚说完"冰球"一词，弯弯就笑起来问道："冰球？冰球是用冰做成的球吗？"孩子们听完后，也跟着笑起来。面对这项新奇的运动，孩子们充满好奇和疑惑，"冰球比赛的玩法是什么？规则有哪些？""我们能玩儿吗？"等问题接踵而至。于是，一场陆地冰球比赛的计划应运而生，孩子们开启了探索冰球世界的奇妙旅程。

问题一：冰球到底怎么玩儿呀？规则是什么呢？

大家围坐在一起，清清说："我妈妈说乐乐哥哥是打冰球的，他的梦想就是参加冬奥会，我知道他每天都训练到很晚。"笑笑介绍说："冰球运动员要穿着冰鞋，用球杆把一个圆形的球打进球门里，速度可快了。"听到这话，大鸿来了兴趣："我知道冰球，我在冬奥会比赛视频上见过，运动员在冰上像飞起来一样。"清清挠挠头说："要是我们幼儿园也有一个大冰场就好了，这个看起来挺好玩儿的。"禾禾说："没有冰，那就跑着打呗。"一句看似打趣的提议，激发了孩子们继续活动的热情。

孩子们七嘴八舌地讨论起来："冰球几个人打啊？""是和踢足球一样吗？都有哪些角色呢？""冰球比赛的规则是什么啊？""犯规会怎么样呢？是不是会被罚下场啊？""进球得几分呢？"……教师整理汇总了孩子们的问题，并请小

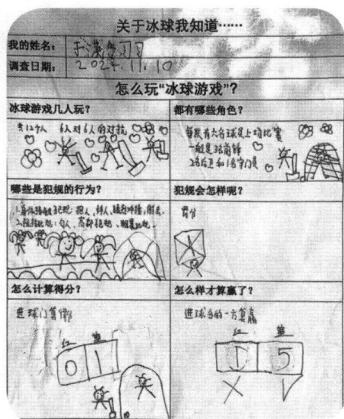

图 6-44

图 6-45

朋友们回家和爸爸妈妈一起查阅资料，了解冰球运动的基本规则（图 6-44）。

通过调查，孩子们明白了要用球杆击球、传球，努力将球打进对方的球门，同时不能用手碰球，不能故意撞人等基本规则。为了更好地理解规则，幼儿还分组在模拟的冰球场上进行游戏（图 6-45），一边玩一边互相提醒规则，在欢乐的氛围中逐渐掌握了冰球的玩法和规则，对即将到来的比赛充满了期待。

问题二：比赛对手怎么确定？

孩子们的讨论热烈极了，乐乐疑惑地问道："咱们班有 26 个人，但冰球比赛只需要 6 个人上场，该怎么选呢？"帆帆立刻自信地举手："我跑得最快，应该让我来。"小米也不甘示弱："我守门最厉害，肯定不让对方进球。"……

教师见状，微笑着站出来说："大家都想为班级争光，这很好。每个人都有自己的特长，这可怎么办呢？"教室里顿时安静了下来。这时，牛牛提出了一个建议："我们每个班都有不同的小队，要不先让小队之间比赛，哪个小队赢了就代表班级去和其他班比。"这个主意得到了大家的热烈响应。

确定了参赛小队后，小白提出一个新问题："老师，我们班需要和哪个班进行比赛呢？我们得好好准备。"面对这个问题，教师摇了摇头，表示还没有决定。这时，行行提出了一个建议："要不我们投票选自己想对战的班级。"但这个建议很快就被否决了："不行，要是大家都选同一个班怎么办？"

行行没有气馁，他又想到了一个办法："要不我们抓阄吧，就像我们平时玩游戏时那样，挺公平的。"大家一听，都觉得这个主意不错，于是纷纷点头同意。最终，在大家的共同努力下，大班组的小朋友利用抓阄的方式确定了与自己班级比赛的对手。

这个活动不仅让小朋友们体验到了比赛的乐趣，而且让他们体会到团队合作和公平竞争的重要性。在此过程中，问题墙上列出了大家关心的所有问题，包括如何选拔队员、如何决定对手等。每当有新的想法或建议时，小朋友们都会把它写在便笺纸上，然后贴在问题墙上。这样，大家就能一目了然地看到所有的问题和解决方案，也能更好地参与到讨论中来。

问题三：比赛前我们还需要做哪些准备工作呢？

"老师，我们已经知道冰球的比赛规则了，也知道比赛顺序了。是不是可以比赛了？"教师微笑着反问："那你们觉得，一场成功的冰球比赛，除了规则和顺序，还需要考虑哪些因素呢？"琦琦马上说道："我们需要一个比较大、比较平的地方。"硕硕说："好，我们现在就回去商量一下。"

教师的提问引发了孩子们的深思。细心的萍萍突然想到了一个重要问题："我们好像忘记了一件很重要的事，如果比赛时有人受伤了怎么办？""我们可以去找医务室的李老师帮忙呀。"有人提议。教师接着问："如果李老师恰好没空呢？"军军想了想，说："我们可以提前把比赛的时间告诉李老师，邀请她来看我们的比赛，这样她就能随时准备了。""好主意！"孩子们纷纷表示赞同。

"我还想邀请园长妈妈来看我们的比赛。"一个孩子兴奋地喊道。"还有弟弟妹妹们。"另一个孩子补充道。就这样，孩子们你一言我一语地商量着，每个孩子心中都对即将到来的比赛充满了期待。他们不仅考虑了比赛本身，而且考虑到了许多细节问题。

为了确保比赛顺利进行，孩子们再次利用起了问题墙。他们把想到的问题都写在便笺纸上，然后贴在墙上。每当有新的想法或建议时，他们都会及时更新问题墙。

问题墙解析：

在本次活动中，问题墙（图6-46）成为幼儿团队协作与策略优化的智慧板。孩子们通过团队合作，共同制订了比赛策略，并在实践中不断调整和完善。例如，围绕冰球比赛，将分工、进攻与防守布局等计划记录在墙上，锻炼了计划制订能力。在比赛中，面对突发状况，孩子们及时在墙上记录问题，随后通过团队讨论调整策略。问题墙有效记录了孩子们的策略演变，提升了他们在动态环境中灵活应变、不断优化行动方案的能力，为活动实现提供了有力的支撑。

图6-46

（作者：曹雨馨）

🔍 案例十一：晒秋的意外发现

秋天是丰收的季节，孩子们将幼儿园小菜园里收获的蔬菜进行加工，有的去了籽，有的切了片，有的穿了串，体验着晒秋的乐趣。在这一过程中，双双小手举着晒在托盘的橘子皮大声说："老师，不好了！它们发霉了！"小小也带着疑惑，拿起自己的茄子干，用指甲轻轻抠着表面，询问："老师，我的茄子干是不是也发霉了？还能继续晒吗？为什么会这样呢？"

这两个由孩子们亲自发现并提出的问题，迅速成为他们近期热议的焦点，也自然而然地引领了一场关于晒秋过程中食物变化、保存方法的探索主题活动。

问题一：为什么我晾晒的蔬菜会发霉呢？

图 6-47

小小精心地将摘下的茄子切成菱形块，满怀期待地放在纸盘里晒干（图 6-47）。然而，一个周末后归来，他惊讶地发现茄子非但没有变干，反而发黄、流水，表面还长出了棉花般的霉菌。小小沮丧地举起"茄子干"问："为什么我晾晒的茄子发霉了？"与此同时，修修小朋友制作的土豆块也遭遇了变黑发霉的命运。修修尝试用水冲洗霉菌，虽然霉菌被冲掉，但变黑的部分依旧无法挽回，最终他依依不舍地将它们扔进了垃圾桶。

图 6-48

面对孩子们的困惑与失败，教师将他们的蔬菜干拍照记录下来，并与小朋友们进行分享，寻找原因（图 6-48）。童童自信地提出："发霉就是不通风，妈妈说发霉就是因为太潮湿了。"真的是这样吗？带着童童的诊断，我们观察了其他几盘没有发霉的茄子干，发现没有发霉的茄子多数都放在了绳子上晾晒，通风环境更好，并且切成了较薄或较小的块（图 6-49）。

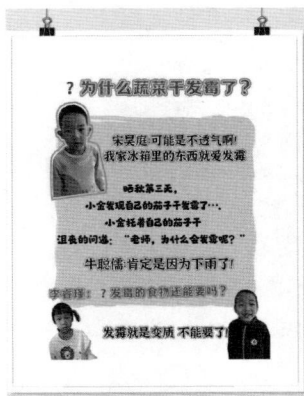

图 6-49

小朋友们通过观察和比较得出结论：

1. 蔬菜不能放在托盘里晾晒，底部不通风，会发霉。

2. 蔬菜不能切太大，否则太阳晒不干。

问题二：该怎么处理发霉的蔬菜？

在初次尝试晾晒蔬菜的过程中，由于方法不当，许多南瓜和茄子不幸发霉。目睹这一情景，小朋友们心中满是不舍，迟迟不愿将这些蔬菜丢弃。见状，孩子们决定回家与爸爸妈妈一同搜集资料，探索发霉蔬菜是否还有其他价值，以及如何妥善处理，以免浪费（图 6-50）。

第二天，赫赫满怀激动地带着一张打印的图片冲进了幼儿园，兴奋地分享："老师，快看，我妈妈查到了，腐烂发霉的蔬菜可以做肥料！"这一发现立刻激发了孩子们的兴趣，于是，"晒秋区"多了一个特别的角落——肥料角。

图 6-50

在教师和小朋友们的共同努力下，大家将发霉的蔬菜收集起来，小心翼翼地塞进瓶子里，加入适量的水，然后盖紧瓶盖，将它们放置在墙边进行储存。每天加工完蔬菜干后，他们都会记得去拧一拧肥料瓶的盖子，进行"放气"处理，确保肥料发酵顺利。在活动过程中，老师及时记录下孩子们的疑问和发现，并在问题墙上进行经验分享。

通过这一过程，孩子们不仅学会了如何处理发霉的蔬菜，而且亲手制作了有机肥料，用于种植新的蔬菜。小金感慨地说："这下我们也不算是浪费了。"

问题三：晒干后的蔬菜能吃吗？

在收集蔬菜干的过程中，孟孟发现了新问题："栗子干太硬了。"欣欣也疑惑地捏着栗子干问："这真的还能吃吗？牙不会被崩坏吧？"筱筱则分享道："茄子干我们家就有，我姥姥从东北带来的，但还真没见过栗子干呢！"

面对疑问，慕慕灵机一动："有了，咱们去问问幼儿园的厨师，他肯定知道（图 6-51）。"小朋友们带着硬邦邦的栗子，满怀期待地走向食堂。大厨笑着建议："那你们试试拿水泡一泡，看看能不能复原。"

图 6-51

经过浸泡实验，孩子们惊喜地发现，萝卜、茄子、土豆、豆角、香菇等蔬菜干都吸收了水分，恢复了原状，而栗子和玉米却毫无变化。他们初步得出结论：玉米、栗子不适合晒秋。但清筱提出了异议："不对！我们在秋游时就把干玉米磨成了玉米粉，姥姥还用它给我熬粥了，它能吃。"

为了验证清筱的说法，孩子们进一步搜集资料，发现有些蔬菜干可以复原食用，而有些则无法再次吸水。对于无法吸水的蔬菜干，可以通过磨粉等方式加工后食用。这一发现让他们兴奋不已，纷纷动手尝试，不仅成功制作出各种蔬菜干，还分类总结出不同的食用方法。

在整个活动过程中，教师记录下孩子们的疑问、实验过程和发现，并将其呈现在问题墙上。

问题墙解析：

在"晒秋"活动中，问题墙成为孩子们亲手操作、细致记录观察结果的实验日志板。面对晾晒蔬菜过程中的挑战，孩子们将心中的疑惑一一记录在墙上，积极寻找多种解决方法。带着这份好奇与探究，孩子们亲手实践，将每一次尝试的结果都悉心记录在墙上，供同伴分享与学习。

经过一番努力，孩子们不仅成功地将各式各样的蔬菜晾晒成干，而且归纳总结出多种食用方法。孩子们通过亲手操作、细致观察，解决了许多实际遇到的问题，也在无形中学会了如何敏锐地观察、深入地思考、勇敢地探索。这份主动学习的态度将伴随他们一生。

（作者：林育华）

🔍 案例十二：你知道壁虎的秘密吗？

图 6-52

"老师，快来看呀！"随着阳阳那清脆响亮的声音，教师和孩子们围了过去。大家看到一只断了尾巴的小壁虎（图 6-52），有些孩子惊讶得捂住了嘴巴，有些孩子满脸好奇，歪着脑袋边看边问："小壁虎的尾巴怎么断了呀？"有些孩子面露担忧，小声地嘟囔着："小壁虎是不是受到攻击了？尾巴断了，它一定很疼吧？"伴随孩子们的种种疑问，师幼开启了一次"壁虎的秘密"的探索之旅。

问题一：小壁虎的尾巴为什么会断掉呢？

"老师，小壁虎的尾巴为什么会断呢？会不会是被小鸟啄的？"墨墨睁着大眼睛问道。"有可能是被蛇咬断的。"小恒皱着眉头，认真地猜测着。"会不会是外面的野猫用爪子抓的呢？"佳泽紧握着小拳头说。淘淘兴奋地喊道："也可能是它遇到了危险，为了逃生而断掉尾巴。我在《十万个为什么》上看到过这种情况。"孩子们纷纷提出自己的猜想，并兴奋地将这些想法绘制成图画，粘贴在问题墙上，满心期待找到真正的答案。

回家后，孩子们带着疑问与爸爸妈妈一同探寻答案。通过查阅科普图书，他们惊喜地发现：壁虎的尾巴在遇到危险时会自动脱落，以此分散捕食者的注意力，帮助自己逃脱，这个发现让孩子们惊叹不已。

在与同伴分享经验的同时，孩子们对比着问题墙上的猜想，发现虽然想象丰富，但与事实仍有差距。这次经历让他们深刻意识到，自然界中的小动物有着独特的生存智慧，纷纷表示未来要好好保护它们。

问题二：小壁虎的尾巴什么时候才可以长出来呢？

诺诺眨着大眼睛问："小壁虎的尾巴什么时候才可以长出来呢？"这个问题引发了小朋友之间的讨论。

俊俊拍了拍小手，一脸认真地回答："一天就能长出来吧，不然它爬起来是不是不能保持平衡了？很多动物的尾巴都有保持平衡的作用嘛。"他边说边模仿小壁虎爬行的样子，还特意摇了摇自己的小手，假装是壁虎的尾巴。

乐乐摇了摇头，皱着眉头说："一天的时间太短了，我的手上有个小伤口还要好几天才能好。"他伸出自己的小手，指了指上面已经愈合的微小伤痕，表情中带着几分严肃。

洋洋："我也觉得一天有点短，它的伤口需要先长好，才能再长尾巴。"

教师微笑着看着孩子们，问道："我们怎样才能知道答案呢？"

航航眼睛一亮，兴奋地跳起来说："老师，您能使用电脑查询一下吗？"他的提议立刻得到了大家的一致赞同。小朋友们纷纷围到电脑旁，瞪大眼睛，屏住呼吸，静静地等待着电脑揭晓答案。

通过查询，孩子们了解到小壁虎的尾巴再生是个缓慢的过程，需要几周时间，且受健康状况和环境影响。小壁虎在尾巴再生期间会谨慎行动，选择安全地点进行恢复。孩子们听得津津有味，眼中闪烁着对知识的渴望。

第二天，恺恺得意扬扬地走进教室，手里拿着一个U盘。他告诉大家，这是他和爸爸一起搜集的关于壁虎的科普知识视频。小朋友们兴奋地围坐在一起观看视频。视频中详细讲解了壁虎的断尾现象和尾巴再生的奥秘。孩子们看得目不转睛，时不时发出惊叹声。

问题三：小动物们都是怎么保护自己的呢？

随着小朋友们对小壁虎的了解逐渐加深，他们开始对动物自我保护的巧妙方法产生了浓厚的兴趣。默默说道："我知道小壁虎会断尾求生，保护自己；小刺猬的自我保护方式是蜷缩成一个带刺的球，让敌人不敢轻易接近。"萱萱接着说："乌贼遇到危险时会释放墨汁，以此来迷惑敌人。"鹏鹏补充道："河豚在遭遇威胁时，会膨胀成一个多刺的圆球，并且释放出大量毒素。"另一个小朋友也分享道："变色龙能够通过改变颜色来隐藏自己。"孩子们争先恐后地分享自己知道的动物自我保护的神奇技巧，兴奋之情溢于言表。

孩子们将自己分享的内容通过绘画、泥塑等多种形式表现出来，并将这些作品汇集成一本名为《小动物自我保护办法多》的自制图书。此外，他们带来的动物科普图书也被放置在图书区，供所有小朋友随时阅读和分享。随着孩子们的知识不断积累，我们的自制图书内容也日益丰富。中小班的弟弟妹妹们也加入这个分享的行列中。在这样的互动和讨论中，孩子们不仅学习了知识，而且提升了尊重和爱护自然界的意识。

问题墙解析：

在"你知道壁虎的秘密吗？"活动中，问题墙（图 6-53）成为激发孩子们探索欲望的起点。从阳阳发现断尾壁虎的那一刻起，孩子们的心中就充满了疑问。"小壁虎的尾巴为什么会断掉呢？"迅速引发了孩子们的热烈讨论和丰富猜测。他们提出各种假设，并兴奋地将这些想法绘制成图画粘贴在问题墙上。他们主动寻找答案，与爸爸妈妈一同查阅科普图书，最终揭示了壁虎断尾求生的生存智慧。问题墙成为孩子们记录猜想、对比答案、分享经验的平台。

图 6-53

　　随着活动的深入，问题墙上的内容也不断拓展。第二个问题"小壁虎的尾巴什么时候才可以长出来呢？"引发了孩子们对壁虎尾巴再生过程的关注。他们通过讨论、网络查询、观看科普视频等多种方式，逐渐了解了壁虎尾巴再生的奥秘。这一过程让孩子们获取了知识，更培养了他们通过多渠道获取信息、对比验证答案的能力。随后，问题墙又引出了第三个问题"小动物们都是怎么保护自己的呢？"孩子们将探索的触角延伸到更广阔的动物自我保护领域，通过绘画、泥塑等多种形式表现并分享自己的所知所学。问题墙成为孩子们知识拓展的载体，也是他们创意表达、合作分享的舞台。

（作者：李秋月）

第七章

幼儿问题驱动下的主题活动案例

🔍 主题一：你好，小蚂蚁（小班）

一、主题活动背景

阅读时光一直深受幼儿的喜爱。萱萱翻开了绘本《小蚂蚁》，色彩斑斓、栩栩如生的画面让她发出了"哇"的惊叹。她举着书说："你们看，小蚂蚁举起了大石头！"身边的小朋友纷纷围拢过来。阳阳惊叹道："蚂蚁这么小，能搬动吗？"随着萱萱一页页翻着书，幼儿的问题也如潮水一般涌出来："小蚂蚁的家里是什么样子的？""它们也有好朋友吗？""小蚂蚁是住在土里吗？""妈妈说蚂蚁除了黑色，还有白色和红色的。"这些充满童真的问题，让我感受到了幼儿对未知世界的强烈探索欲望。

很显然，仅仅通过绘本去了解小蚂蚁，已经无法满足幼儿的求知欲了。他们迫不及待地想要在现实生活中探寻小蚂蚁的踪迹。我深知这是深入探索的绝佳契机，就这样，以《小蚂蚁》绘本为起点，以幼儿提出的问题链为主线，一场充满趣味与探索的"你好！小蚂蚁"主题活动开启了。

二、主题活动目标

1. 激发对小蚂蚁的好奇，并愿意通过多种方式了解小蚂蚁的生活习性及身体结构。

2. 能有持续观察小蚂蚁的愿望，愿意与同伴分享自己的发现。

3. 能够根据小蚂蚁的生活习性选择适宜的方式进行照顾。

4. 使用多种艺术表现形式，创造性地表征小蚂蚁的各种姿态。

5. 乐于参与体育游戏，通过模仿小蚂蚁的动作，提高身体的灵活性和协调性。

6. 能在生活和游戏中向小蚂蚁学习团结、勤劳、遵守规则、永不放弃的好品质。

三、主题活动网络图

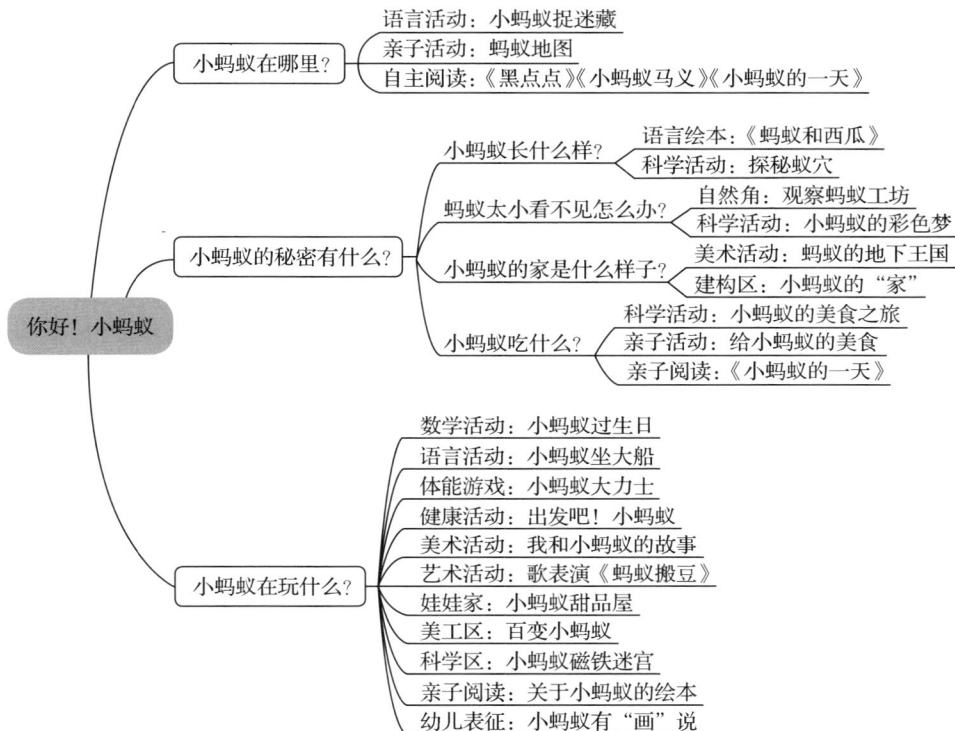

小蚂蚁在哪里？
　语言活动：小蚂蚁捉迷藏
　亲子活动：蚂蚁地图
　自主阅读：《黑点点》《小蚂蚁马义》《小蚂蚁的一天》

你好！小蚂蚁

小蚂蚁的秘密有什么？
　小蚂蚁长什么样？
　　语言绘本：《蚂蚁和西瓜》
　　科学活动：探秘蚁穴
　蚂蚁太小看不见怎么办？
　　自然角：观察蚂蚁工坊
　　科学活动：小蚂蚁的彩色梦
　小蚂蚁的家是什么样子？
　　美术活动：蚂蚁的地下王国
　　建构区：小蚂蚁的"家"
　小蚂蚁吃什么？
　　科学活动：小蚂蚁的美食之旅
　　亲子活动：给小蚂蚁的美食
　　亲子阅读：《小蚂蚁的一天》

小蚂蚁在玩什么？
　数学活动：小蚂蚁过生日
　语言活动：小蚂蚁坐大船
　体能游戏：小蚂蚁大力士
　健康活动：出发吧！小蚂蚁
　美术活动：我和小蚂蚁的故事
　艺术活动：歌表演《蚂蚁搬豆》
　娃娃家：小蚂蚁甜品屋
　美工区：百变小蚂蚁
　科学区：小蚂蚁磁铁迷宫
　亲子阅读：关于小蚂蚁的绘本
　幼儿表征：小蚂蚁有"画"说

四、主题活动方案

活动一：蚂蚁，你在哪里？

幼儿对小蚂蚁的热情持续高涨。为了满足他们的好奇心，激发探索欲望，教师在语言区投放了更多关于小蚂蚁的绘本，希望幼儿能通过阅读初步了解小蚂蚁。几名幼儿在种植角发现了小蚂蚁的踪迹后，更加渴望在生活中全方位地探寻小蚂蚁。于是，教师借助家长的力量，鼓励幼儿在来园途中、假期踏青以及社区附近等不同场域寻找小蚂蚁，以支持幼儿对小蚂蚁的深入探索。

活动目标：

1. 激发对小蚂蚁的浓厚兴趣，积极主动地在大自然中寻找小蚂蚁。

2. 观察蚂蚁的外形特征，并能用语言描述小蚂蚁的样子。

3. 能与同伴分享寻找小蚂蚁的经历和发现，体验分享的乐趣。

活动过程:

1. 自主阅读与交流分享。

(1) 幼儿在语言区自主阅读小蚂蚁主题绘本,寻找关于小蚂蚁的内容。

(2) 围绕"小蚂蚁"展开话题交流。抛出简单问题,如"你在绘本里看到的小蚂蚁是什么样的?"引导幼儿积极发言,分享自己的阅读发现。

(3) 在园外寻找小蚂蚁。分享周末或假期寻找小蚂蚁的过程。

2. 寻找之旅。

园内寻找:准备好小铲子、放大镜、小盒子等工具,带领幼儿分组在园内寻找小蚂蚁。在寻找过程中,提醒幼儿要轻声慢步,不要伤害小蚂蚁和它们的家。当发现小蚂蚁后,引导幼儿用放大镜仔细观察小蚂蚁的外形,鼓励幼儿说一说自己的发现。

3. 制作蚂蚁地图(图 7-1)。

(1) 教师在班级环境主题墙面上划分出"蚂蚁地图"区域,准备好空白地图、彩色贴纸、马克笔等材料。

(2) 幼儿交流"在哪里找到了小蚂蚁?""小蚂蚁生活在什么地方?"根据孩子们的回答,用彩色贴纸在地图上标记出找到的小蚂蚁的地点。

拟解决的问题:

1. 小蚂蚁是住在土里吗?

2. 小蚂蚁长什么样子?

3. 小蚂蚁头上的触角是干什么的?

图 7-1

活动二:小蚂蚁长什么样?

在寻找小蚂蚁的过程中,幼儿总会趴到地上用放大镜追着小蚂蚁看,他们对小蚂蚁具体长什么样子还存在很多疑问。宁宁说:"小蚂蚁有眼睛吗?"

阳阳说："小蚂蚁总是头对头，它们是在说话吗？"

为了满足幼儿的好奇心，帮助他们更全面、深入地了解小蚂蚁，教师在自然角投放了蚂蚁工坊，支持幼儿更近距离的观察。

活动目标：

1. 持续保持对小蚂蚁的探究热情，积极参与到活动中。

2. 尝试运用放大镜等观察工具细致观察小蚂蚁，了解它们的生活习性及身体结构。

3. 能用清晰的语言描述小蚂蚁的特点，与同伴分享观察中的发现。

活动过程：

在观察小蚂蚁的活动中，幼儿表示"蚂蚁太小了，跑得那么快，根本看不清。"因此教师在自然角投放了多种器皿的"蚂蚁工坊"，支持幼儿近距离观察蚂蚁，同时还配套投放了观察和记录工具，如放大镜和照相机，帮助幼儿捕捉记录小蚂蚁的有趣瞬间（图7-2）。鼓励幼儿说一说"你看到了什么？"孩子们用童趣的语言描述着自己的所看、所思、所想。

通过亲自观察并与图片比对，幼儿了解到蚂蚁的身体结构由三部分组成，头顶上有两个触角，胸部有三对足，其中最下面的一对足最长，还有一个椭圆形的大屁股（图7-3）。同时，孩子们对小蚂蚁的触角有着浓厚的兴趣，发现蚂蚁们围在一起的时候会触碰触角；搬运东西的时候会先用触角碰一碰再挪动；当两只小蚂蚁相遇时，也会碰一碰触角；还有的小蚂蚁会找一个安静的角落来回梳理自己的触角。"触角到底有什么作用呢？"孩子们非常好奇。通过阅读绘本和观看视频，他们了解到小蚂蚁碰触角是在"交换信息"，就像人说话一样。幼儿也不由自主地模仿起来，还大胆猜想小蚂蚁在说些什么。

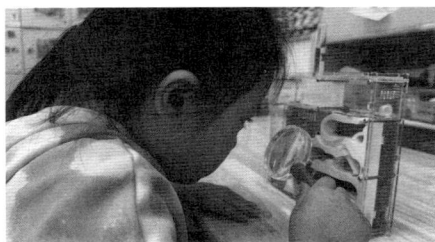

图7-2

图7-3

拟解决的问题：

1. 蚂蚁爱吃什么？

2. 蚂蚁喝水吗？

活动三：小蚂蚁喜欢吃什么？

在自主探究的过程中，幼儿能够在自然角长时间驻足观察小蚂蚁，主动与同伴表达自己的发现。随着对小蚂蚁的深入了解，更多的问题涌现出来："小蚂蚁这么小怎么吃东西？""它们喜欢吃什么东西？"

为了满足幼儿的探索需求，教师让幼儿自己准备食材亲自喂食蚂蚁，探索小蚂蚁喜欢吃什么，在观察发现中解决提出的问题。

活动目标：

1. 喜欢小蚂蚁，感受动手喂蚂蚁的快乐。

2. 能积极大胆地探索小蚂蚁喜欢吃什么食物。

3. 能有序取放、使用操作材料。

活动过程：

1. 播放幼儿观察蚂蚁的视频。

师：看一看发生了什么？小蚂蚁在干什么呢？我们也准备了好多的食物，我们一起去喂蚂蚁，看看蚂蚁爱吃什么。

2. 投喂小蚂蚁。

（1）幼儿来到"种植角"，自由地拿着放大镜在种植园寻找小蚂蚁。

（2）喂小蚂蚁，探索蚂蚁喜欢的食物。

重点指导：发现小蚂蚁后，鼓励幼儿用食物喂蚂蚁，并用放大镜仔细观察哪些食物能吸引小蚂蚁。

（3）教师记录：教师用拍摄照片的方式记录幼儿分组喂食的过程，并记录哪些食物能吸引小蚂蚁。

3. 分享发现。

（1）幼儿收好自己的操作材料，师幼一起整理好种植园的食物残渣，回到班级。

（2）分享交流自己的探索结果。

（3）播放视频、照片，请幼儿仔细观察画面，一起来验证小蚂蚁喜欢的食物。

拟解决的问题：

1. 小蚂蚁把好吃的搬到哪里去了？

2. 小蚂蚁的家长什么样？

活动四：小蚂蚁的家

在投喂小蚂蚁的活动中，幼儿对于许多蚂蚁抬着食物走这个现象很好奇，提出新的问题："小蚂蚁把好吃的搬哪里去了？""小蚂蚁是把食物拿回家了吗？""小蚂蚁的家在哪里？""小蚂蚁有房子吗？""小蚂蚁的家长什么样子？"于是教师继续和孩子们一起寻找蚂蚁的家。

活动目标：

1. 了解蚁穴的特点。

2. 感受团结协作的力量。

活动过程：

幼儿每天进园后便迫不及待地来到"蚂蚁观察站"，看看小蚂蚁起床了没有，洞洞又有什么变化。带着好奇，孩子们观察得更加仔细。他们发现"蚂蚁工坊"中的蓝泥是被小蚂蚁一块一块搬到空地的，两只蚂蚁真的会一起合作搬动大泥块。"老师，这个洞被打通啦！"幼儿每天都会观察并记录蚁穴隧道的变化，并尝试用手机拍照留存，形成《蚂蚁洞穴日记》。幼儿为错综复杂的蚁穴构造所惊叹，通过绘画《小蚂蚁的地下王国》，大胆设计出不同的地下王国并进行分享。同时，幼儿将认知转化成游戏行为，在建筑区和户外自由游戏时，利用多种材料创造属于自己的小洞穴，在边玩边做中丰富对小蚂蚁的认知。

拟解决的问题：

1. 小蚂蚁也会排队吗？

2. 小蚂蚁会在一起做游戏吗？

活动五：出发吧！小蚂蚁

小班幼儿对世界充满好奇，尤其热衷于玩爬的游戏。在"小蚂蚁"主题活动中，孩子们展现出了强烈的观察热情。他们发现小蚂蚁会通过触角交流，还能齐心协力搬东西，这些有趣的习性深深吸引了他们。在日常生活中，幼儿常常兴致勃勃地模仿蚂蚁的动作和同伴互动。他们还提出了"小蚂蚁真的会排着队走吗？""小蚂蚁会在一起做游戏吗？"等充满童真的问题。结合幼儿的这些表现，我精心设计了体育活动"出发吧！小蚂蚁"。活动旨在让幼儿在愉快的游戏中熟练掌握手膝爬动作，锻炼其身体协调性与灵活性。同时，引导幼儿学习小蚂蚁身上团结合作、不怕困难的品质，促进他们在身体和心理上的全面发展。活动中，我会围绕幼儿提出的问题进行引导，进一步激发他们的探索热情，让他们在探索和游戏中收获成长。

活动目标：

1. 喜欢模仿小蚂蚁，在游戏中提升团结合作、不怕困难的品质。

2.能够手膝着地自然协调地向前爬行,尝试从不同的物体上爬过。

3.养成一个跟着一个的运动常规,尝试保持间距。

活动过程:

1.师幼扮演小蚂蚁进行情景热身。

(1)激发幼儿参与游戏的兴趣。

师:"小蚂蚁们"今天要和"蚂蚁妈妈"一起做游戏。快!伸出"小触角",听着音乐,我们开始今天的运动吧!

(2)引导幼儿活动身体关节,做好锻炼前的准备。

"小蚂蚁"和"蚂蚁妈妈"随着音乐一起进行头、肩、腰、腿、膝、脚的动作热身。引导幼儿加大动作幅度,将身体舒展开。

2.通过手膝爬的游戏,锻炼幼儿的身体协调性。

(1)游戏"小蚂蚁学本领"。

播放音乐,模仿小蚂蚁的动作进行爬行练习(图7-4)。提示幼儿抬头向前看,鼓励幼儿用自己的方式爬过"草地"。

重点:巩固手膝着地爬的动作,抬头向前看。

(2)游戏"蚂蚁宝宝爬山坡"。

第一步:通过材料的添加,激发幼儿对爬行的兴趣。鼓励幼儿大胆尝试在有高度、有坡度的器械上爬过。

第二步:鼓励幼儿尝试在不同的器械上爬过,教师关注幼儿在活动中的状况,适时给予心理上的鼓励和动作上的帮助。

重点:鼓励幼儿尝试从不同高度的物体上爬过。

(3)爬过高矮不同的"山坡",完成任务。(增加山坡高度,以收获"美食"的方式确定任务)

图 7-4

(4)大家团结一致将"美食"放在彩虹伞中,合作抬回"家",庆祝成功。

师：小蚂蚁们，你们通过合作，终于运输完了所有的食物，让我们一起庆祝吧！

3. 放松活动：小蚂蚁去郊游。

五、主题活动反思

本次主题活动以绘本阅读为发端，幼儿在阅读时提出的诸多问题如同星星之火，点燃了这场充满趣味与探索的深度探究旅程（图 7-5）。在整个活动过程中，幼儿强烈的问题意识成为推动活动不断前行的核心动力，而教师在不同阶段提供的多元策略给予了幼儿全方位的支持与指导，助力幼儿在探索中实现各方面能力的显著发展。

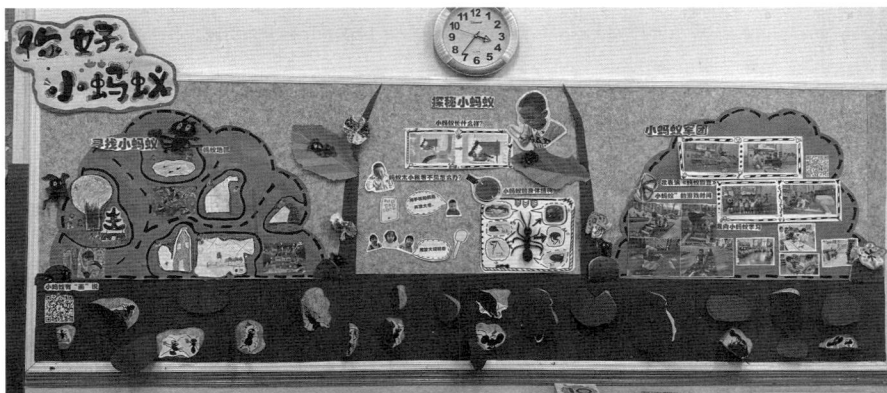

图 7-5

（一）幼儿问题意识——活动推进的核心动力

1. 问题萌发：开启探索之门

活动起源于幼儿阅读《小蚂蚁》绘本时的好奇与疑问。结合画面内容，"蚂蚁这么小，能搬动食物吗？""小蚂蚁的家是什么样的？""它们有好朋友吗？"等问题脱口而出。这些问题反映出幼儿对小蚂蚁生活习性、生存环境及社交关系的浓厚兴趣，展现出他们对未知世界敏锐的感知能力。这份好奇心使他们不满足于绘本的表面故事，而是急切地想要深入了解小蚂蚁的真实世界，从而拉开了本次主题活动的序幕。

2. 问题拓展：深化探索进程

随着活动的逐步开展，幼儿的问题意识愈发强烈且丰富多元。在观察小蚂蚁的实践中，新问题不断涌现，如"小蚂蚁有哪些颜色？""触角有什么特殊功能？""小蚂蚁喜欢吃什么食物？""小蚂蚁把食物搬去哪里了？"等。这表明幼儿在探索过程中观察得愈发细致，思考也愈发深入，不再局限于简单的外在观察，而是深入到小蚂蚁的生理特征、饮食习惯和行为模式等层面。这些源源不断的问题推动着活动从浅入深地发展，促使幼儿不断寻找答案，持续探索小蚂蚁的奥秘。

（二）教师指导策略——全方位支持幼儿探索

1. 情境创设：营造探索氛围

结合小班幼儿的年龄特点，教师巧妙地将绘本中蚂蚁的行为与幼儿的生活紧密相连，精心打造了充满童趣的班级环境。在这个环境里，小蚂蚁以各种生动的拟人化形象出现，它们或是在捉迷藏，或是在寻找食物，或是在欢乐游戏。这样的情境创设极大地激发了幼儿的好奇心和参与热情，让他们仿佛置身于小蚂蚁的奇妙世界，自然而然地融入"小蚂蚁"的角色中。幼儿积极主动地参与到模仿小蚂蚁动作、探索小蚂蚁生活习性等各类相关活动中，在增强体验感的同时，也为深入探究小蚂蚁搭建了一个充满趣味和吸引力的平台。

2. 提供支持性材料：拓展探索途径

为满足幼儿的探究需求，教师提供了丰富多样的支持性材料：有关蚂蚁的绘本、放大镜、相机、蚂蚁工坊等工具，让幼儿能够近距离、多角度地观察小蚂蚁的生活。借助放大镜，幼儿可以清晰地看到小蚂蚁的触角、腿等细微的身体结构；相机帮助他们记录小蚂蚁的精彩瞬间，便于后续回顾和分享；蚂蚁工坊则为幼儿展现了小蚂蚁在巢穴中的生活状态，极大地激发了他们的探究欲望。此外，教师设置了蚂蚁地图，鼓励幼儿标记发现小蚂蚁的地点，这不仅帮助幼儿直观地了解小蚂蚁的分布情况，而且培养了他们的观察能力、比较能力以及初步的信息记录和分析能力，为幼儿的深度探究提供了有力支持。

3. 启发性问题引导：激发思维活力

教师在活动中提出了一系列启发性问题，如"小蚂蚁的触角有什么作用？""蚂蚁的家是什么样子的？"等，扮演着引导者的重要角色。这些问题如同点亮思维的火花，激发了幼儿的自主思考和探索行为。在寻找答案的过程中，孩子们学会运用各种观察方法和思考方式，不断丰富自己对小蚂蚁的认知。同时，教师积极引导幼儿分享观察结果，鼓励他们表达自己的想法和发现，促进了幼儿之间的交流与合作，营造了良好的学习氛围，让幼儿在互动中不断深化对小蚂蚁的认识。

4. 示范与热情感染：传递探索热情

教师的积极参与和热情投入是活动顺利开展的重要因素。在整个活动过程中，无论是在户外观察小蚂蚁，还是在室内讨论和活动，教师始终以饱满的热情和积极的态度引导幼儿。在户外观察时，教师与幼儿一起仔细观察小蚂蚁的行为，积极与他们讨论发现的问题，这种亲身示范让幼儿感受到探索的乐趣和意义，激发了他们参与活动的热情，培养了他们对学习的兴趣和积极性。

5.家园合作：构建协同探索网络

积极借助家长的力量，共同推动幼儿的探究活动。鼓励家长在周末或假期带孩子在社区附近、公园等地方寻找小蚂蚁，并通过照片或视频记录过程。家长还与孩子一起讨论小蚂蚁的相关问题，收集资料，共同绘制《小蚂蚁大世界》图书。家园合作不仅丰富了幼儿的探究资源，而且让家长参与到幼儿的探索之旅中，形成了家庭与幼儿园协同育人的良好局面。

（三）幼儿能力发展：探索活动的丰硕成果

1.问题意识的强化

在整个探究过程中，小班幼儿能结合自己的已有认知不断提出一系列充满好奇的问题，这是他们问题意识的展现。随着活动的推进，幼儿在观察实践中不断涌现新问题，像"小蚂蚁有哪些颜色？""触角有什么特殊功能？"这些问题不再局限于表面，而是深入到小蚂蚁的生理特征和生活习性等方面。这表明幼儿的问题意识在探索过程中愈发强烈，他们已经主动地去挖掘更多未知，不断提出问题，推动着探索活动持续深入发展。

2.思维能力的发展

在思考教师提出的启发性问题以及自主探索的过程中，幼儿的思维能力得到了极大提高。面对"小蚂蚁的触角有什么作用？""蚂蚁的家是什么样子的？"等问题，幼儿开始尝试运用各种思考方式。他们学会了分析，比如在观察小蚂蚁搬运食物时，分析小蚂蚁是如何协作完成任务的；学会了比较，对比不同颜色、大小的小蚂蚁之间的差异；还学会了归纳，将多次观察到的小蚂蚁的行为特点进行归纳总结。通过这些思维活动，幼儿的思维从简单、直观逐渐变得更加活跃和有条理，能够更加深入地思考问题，探索事物的本质。

3.语言表达能力的提升

活动过程为幼儿语言表达能力的提升提供了广阔空间。最初，幼儿或许只是简单地提出问题，但在与同伴和教师分享观察结果、讨论问题的过程中，他们的语言表达逐渐丰富起来。他们能够清晰地描述小蚂蚁的样子，如"小蚂蚁有六条腿，头上还有两个触角"，也能准确地表达自己的发现，比如"我发现小蚂蚁喜欢吃甜食，它们都围在糖果旁边"。在讨论小蚂蚁的生活习性时，幼儿能够有条理地阐述自己的观点，语言表达更加流畅和准确，逐渐从简单的词句表达发展为能够用完整的语句清晰地传达自己的想法和感受。

本次主题活动通过幼儿的问题意识驱动和教师的有效支持指导，为幼儿提供了一个充满趣味和挑战的学习平台，让幼儿在探索小蚂蚁的过程中实现了全面发展，为他们的成长积累了宝贵的经验。

（作者：厉双）

主题二：我爱幼儿园（小班）

一、主题活动背景

《我爱幼儿园》绘本故事讲述了主人公小甜橙体验幼儿园一日生活的故事，她从好奇幼儿园里有什么，到真正地迈入幼儿园，看到不同的环境，认识不同的人，最终慢慢地爱上幼儿园。

对于小班新入园的幼儿来说，初次踏入幼儿园这个新环境，不光是新奇，更多的是陌生，他们会产生"幼儿园里是什么样的？""幼儿园里都有谁？""幼儿园里有朋友吗？"等疑问，面对不熟悉的环境和不熟悉的人，他们会出现不安甚至哭闹等情绪。新入园的幼儿就像《我爱幼儿园》中的小甜橙一样，故事里的一些情节能够引发他们的共鸣。我们引用这本绘本帮助新入园的幼儿在情感上接纳幼儿园，更快地适应幼儿园生活。

二、主题活动目标

1. 加深对幼儿园的热爱和归属感。

2. 逐步适应幼儿园生活，提高社交能力。

3. 激发探索欲望，增强好奇心和学习兴趣。

4. 实现情感、认知、行为等多方面能力的全面发展。

三、主题活动网络图

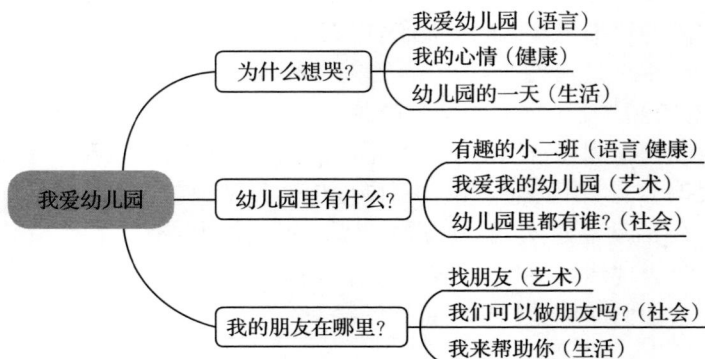

```
                                    我爱幼儿园（语言）
                        为什么想哭？    我的心情（健康）
                                    幼儿园的一天（生活）

                                    有趣的小二班（语言 健康）
        我爱幼儿园      幼儿园里有什么？  我爱我的幼儿园（艺术）
                                    幼儿园里都有谁？（社会）

                                    找朋友（艺术）
                        我的朋友在哪里？  我们可以做朋友吗？（社会）
                                    我来帮助你（生活）
```

四、主题活动方案

活动一：我的心情（健康活动）

初入园这几天，小朋友们的表现各异。柠柠一入园就哇哇大哭，嘴里喊着："找妈妈，找妈妈。"籽言玩了一会儿玩具就开始默默地流起眼泪。馨馨没有哭闹，她坐在小椅子上一动不动，若有所思。天琪不停地问："老师，什么时候回家？"面对幼儿来园的种种表现，我们开展了"我的心情"活动，在为幼儿梳理心情的同时，帮助幼儿熟悉幼儿园的作息安排，减少不安情绪。

活动目标：

1. 能够识别自己的情绪并能简单地表达。
2. 参与集体活动，与同伴和老师建立初步的情感联系。
3. 了解一日作息安排，解决幼儿"几点回家"的问题。

活动过程：

1. 带领幼儿进行手指游戏，导入活动。
2. 师幼谈话，引导幼儿说一说早来园的心情。
3. 引导早来园情绪不稳定的幼儿说一说原因。
4. 教师与幼儿共情，帮助幼儿梳理情绪，并了解一日作息安排。
5. 请开心来园的幼儿说一说自己的心情和想法，影响同伴。
6. 带领幼儿进行音乐律动，结束活动。

活动分析：

初入园的孩子出现哭闹情绪是比较普遍的现象，他们的情绪来自对环境的陌生、与家长的分离和对一切的未知。我们创设温馨的环境，利用谈话活动与孩子共情，带领孩子进行喜欢的手指游戏和律动游戏，利用大量的时间和机会亲近孩子，并让孩子了解幼儿园的时间安排，减轻幼儿对回家时间的顾虑。当孩子情绪逐渐稳定后，他们对经常见面的不同工作的老师们产生了兴趣，经常问出"他们是谁？"的问题。

拟解决的问题：

1. "老师，吃完饭就该回家了吗？"
2. "老师，大门口的叔叔是谁呀？"

活动二：幼儿园里都有谁？（社会活动）

当孩子的情绪逐渐稳定后，他们对经常见面的老师们产生了兴趣。当老师们与孩子打招呼时，孩子经常问出"他们是谁？"的问题。吃饭的时候会问

"这是从外面买的吗？""谁给做的大鸡翅？"等问题。

活动目标：

1. 认识幼儿园里不同工作的教师，初步了解他们的职业。

2. 知道小朋友在园的生活离不开教师的帮助。

3. 激发对教师的尊敬和感激之情，乐意主动与他们打招呼。

活动过程：

1. 出示幼儿常见的各部门教师的照片，请幼儿说一说见过谁，猜一猜他们是做什么的。

2. 对幼儿感兴趣的教师进行重点介绍，知道他们的工作，同时引导幼儿观察他们的着装特点。

3. 了解不同工作岗位的教师为小朋友做的事情。

4. 引导幼儿感恩为他们服务的教师，尝试用语言表达。

活动分析：

通过了解园中为自己服务的教师，孩子们深深地感受到了周围的人对自己的关爱，他们能够主动与保安叔叔、保健老师问好，放下了不安的情绪，在园中变得越发活泼自在（图 7-6，图 7-7）。

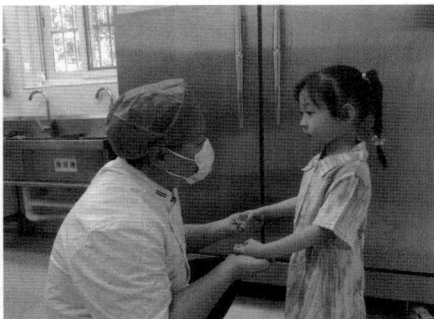 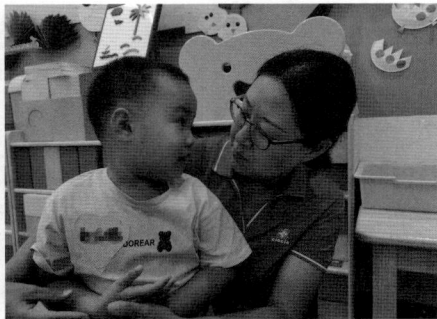

图 7-6   图 7-7

拟解决的问题：

1."老师，穿白衣服的老师是干吗的呀？"

2."我想和医生老师一起玩打针的游戏，可以吗？"

活动三：我们可以做朋友吗？（社会活动）

除了愉悦的环境、师长的关爱以及玩具的吸引，还能促使孩子爱上幼儿园的重要因素莫过于拥有共同游戏的玩伴了。在日常活动中，我们不难发现这样的场景：有的小朋友会拿着自己心爱的玩具轻轻走到另一位小朋友身旁，静静地看着对方玩耍；还有的小朋友满心欢喜地追着自己喜欢的同伴跑来跑去，却不知如何表达内心的想法。孩子们的这些举动让我们感受到他们对朋友的强烈渴望以及对交朋友方法的迫切需求。

活动目标：

1. 通过欣赏故事表演，模仿其中的对话，尝试交朋友的方法。
2. 愿意与同伴互动游戏，体验其中的快乐。

活动过程：

1. 教师通过手偶表演，引出"交朋友"的话题。
2. 鼓励幼儿说一说自己的朋友是谁，是怎样成为朋友的。
3. 通过手偶表演示范交朋友的语言和方法。
4. 请幼儿模仿交朋友的语言和动作。
5. 播放《找朋友》音乐，鼓励幼儿找朋友进行律动，感受与同伴互动的快乐（图 7-8，图 7-9）。

图 7-8　　　　　　　　　　　　　　　　图 7-9

活动分析：

通过这次活动，更多的小朋友不但会使用"问一问"的方法交朋友，还感受到与朋友友好相处的重要性，大家在一起游戏时要轮流和分享，同时乐于帮助他人，这样才能获得更多的朋友。

拟解决的问题：

1. "××，我们可以做朋友吗？"
2. "老师，馨馨能和我一起玩吗？"

五、主题活动反思

（一）主题来源于幼儿的真实需求

新生入园是幼儿人生中的一大挑战，他们面临着与家人的分离、新环境的适应以及社交关系的重建。因此，我们确定的主题活动紧密围绕幼儿的真实需求展开，缓解他们的焦虑情绪，增强他们的安全感。

在活动中，我们设计了"为什么想哭"活动，让幼儿在感受自己真实情绪的同时，学会用语言表达情绪。我们还通过"找朋友"等游戏，帮助幼儿建立初步的社交关系，学会与同伴相处。这些活动都基于幼儿的实际需求，因此取得了显著的效果，幼儿在活动中逐渐放松了心情。

（二）利用绘本故事引发幼儿共鸣

绘本故事不仅能够吸引幼儿的注意力，还能通过生动的情节和形象的角色引发他们的共鸣。在这次主题活动中，我们选择了绘本《我爱幼儿园》，这本绘本让他们直观地认识幼儿园，了解幼儿园的人与事，从而更容易接受幼儿园生活。幼儿在听故事的过程中，仿佛看到了自己的影子，不仅缓解了入园焦虑，而且激发了独立面对幼儿园生活的勇气。

（三）家园共育事半功倍

家园共育是幼儿教育的重要组成部分，它能够促进家园之间的沟通和合作，共同为幼儿的成长创造良好的环境。在这次主题活动中，我们充分发挥了家园共育的作用。活动前，我们通过家长会向家长介绍了活动的目的、内容和意义，推荐了适宜的绘本，建议家长提前在家中与幼儿一起了解相关内容。家长们积极响应，不仅在家中为幼儿营造了良好的入园氛围，还在后续的活动中给予幼儿精神上的支持和鼓励。这种家园共育的方式不仅让活动取得了更好的效果，而且增强了家长对幼儿园教育的信任和支持。

（作者：佟彤）

主题三：嗨，我的朋友（中班）

一、主题活动背景

开学初，孩子们从家里带来了各种各样的绘本。在一次自主阅读活动中，几个小朋友围在一起探讨《好朋友》这本书。有的小朋友提出："它们是不一样的小动物，怎么成为朋友的呢？"有的小朋友则提出："朋友会闹矛盾吗？"

还有的小朋友则对别人提出的问题产生了疑问："什么是朋友？"

幼儿 4 岁左右进入友谊敏感期，开始重视同伴友谊，伙伴关系也由之前的独自游戏或只能两个人一起玩耍逐渐变为三人甚至多人一起游戏，与之相伴随的便是对处理同伴关系的种种困扰。带着这些疑问，我们开展了有关"朋友"这个主题的各种活动，旨在促进幼儿之间正确、健康交往，帮助幼儿树立社交自信，发展社会交往能力。

二、主题活动目标

1.通过仔细阅读绘本《好朋友》，了解什么是好朋友，感受友谊的温暖与力量。

2.知道自己是中班的小朋友了，愿意主动参与各项活动，做力所能及的事情来服务自己和他人，感受成长的快乐。

3.能够注意到他人的情绪，有关心、体贴的表现。

4.活动时愿意接受同伴的建议与意见，尝试自己或在他人帮助下解决问题。

三、主题活动网络图

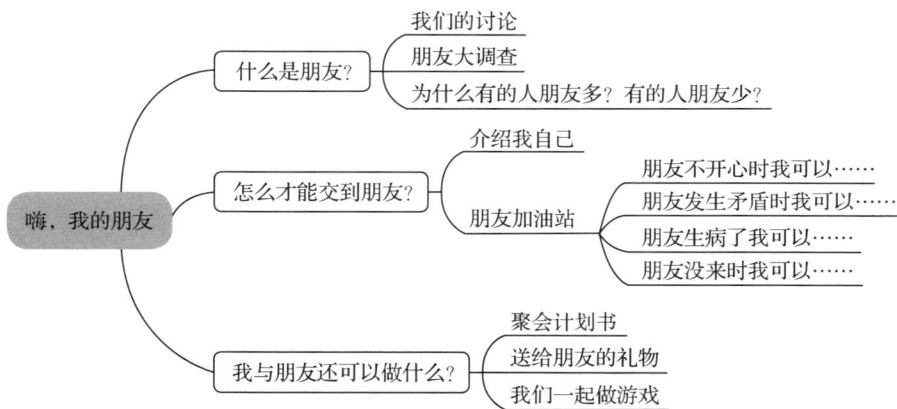

四、主题活动方案

活动一：什么是朋友？（集体活动）

伴随着孩子们在自主阅读中对《好朋友》一书的关注和讨论的话题越来越多，我们利用集体分享的机会一起阅读了这本书。同时，将孩子们在自主阅读过程中提出的问题一起抛给大家,请大家一起来讨论:到底什么是朋友呢?每个小朋友的理解一样吗?王子一说:"我的爸爸就是我的朋友。"阳阳说:"朋友就是天天在一起玩的人。"鲁鲁说:"朋友就是我喜欢他/她,他/她也喜欢我。"乐乐说:"朋友就是总要在一起。"孩子们七嘴八舌地发表了自己的见解,我们也利用录音盒将孩子们对于朋友的想法与认识进行了记录。

活动目标:

1. 通过交流,进一步理解朋友的含义。
2. 乐意与他人交往,感受朋友之间交往的快乐。

活动过程:

1. 分享话题,探讨朋友的含义。
2. 彼此了解自己心中的朋友是谁,并说出喜欢他/她的原因。
3. 开展"找朋友"音乐游戏,感受交往的快乐。

拟解决的问题:

1. 她们两个都是我的朋友,我该怎么办呢?(我该和谁玩呢?)
2. 我为什么不是她/他的朋友?

活动二:朋友大调查(小组活动、个人活动)

通过集体阅读绘本故事,孩子们进一步明确朋友的意义后,便开始纷纷向老师介绍自己的朋友。因此我们利用小组讨论的形式和投票的方法来帮助幼儿明确自己眼中的朋友。

孩子们先用绘画的方式将自己的好朋友画了下来,让老师和其他小朋友来猜一猜自己心中的好朋友。但由于每个幼儿的绘画水平参差不齐,很多人都猜不到,因此孩子们在老师的帮助下又制作了投票调查表。大家先通过沟通的方式把自己的学号写下来,再用绘画加书写学号等形式在朋友那一栏画上属于自己的专属符号或形象来表明自己的朋友都有谁。

活动目标:

1. 了解调查投票方法,知道将自己的标志画在自己好朋友的头像下。
2. 在大调查的过程中,了解到谁把自己当成朋友,自己又喜欢和谁做朋友。

活动过程:

1. 出示调查表,讲解投票方法。
2. 幼儿绘制自己的专属头像,制作调查表。
3. 幼儿根据学号在自己好朋友的头像下画上自己的标志。

4.幼儿点数自己头像下的标志数量，了解谁把自己当朋友。

拟解决的问题：

1.他/她为什么不是我的朋友？

2.我的朋友为什么没有她/他多？

活动三：为什么有的人朋友多？有的人朋友少？（集体活动）

随着调查表的直观呈现，孩子们感受到强烈的对比，有的小朋友头像下有很多标志，而有的小朋友头像下只有一两个标志。于是孩子们又开始讨论道："×××的朋友可真多""×××怎么就一个朋友啊？"

围绕这个话题，我们一起开展了大讨论。对于朋友多的原因，有的小朋友认为是因为他/她很听老师的话，总能被表扬，所以大家都喜欢她/他；有的小朋友觉得是因为他/她很爱笑，很漂亮；有的小朋友觉得是因为他/她能干，总能帮助别人；有的小朋友认为是因为他/她很聪明，总能想到办法和答案……对于朋友少的原因，有的小朋友觉得是因为他总搞破坏；有的小朋友觉得是因为他什么都不会做，总要老师提醒；有的小朋友觉得他/她不和大家在一起，总自己发呆；有的小朋友觉得总被他/她拒绝……

活动目标：

1.进一步了解朋友多少的原因，知道自己好朋友的数量。

2.感知朋友多的小朋友被他人喜欢的原因，愿意让更多人喜欢自己。

活动过程：

1.出示朋友调查表，师幼共同点数每个人的朋友数量。

2.讨论朋友多少的原因。

3.说说自己朋友的数量，想想别人愿意和自己做朋友的原因。

4.说说自己希望和谁做朋友，为什么？

拟解决的问题：

1.怎么让他/她做我的朋友？

2.我邀请他/她了，可他/她还是不愿意怎么办？

活动四：介绍我自己（语言活动）

随着孩子们提出和他人交往的意愿，如何交到朋友又成为孩子们心中的问题。有的小朋友说："她玩什么，我就玩什么呗。"表现出屈从心理来赢得朋友。有的小朋友说："给她带礼物。"表现出用物质来赢得朋友。有的小朋友说："得让他们先了解我。"于是让别人认识自己成为交往的第一步。

活动目标：

1. 能够自信地当众向他人介绍自己，知道自己的名字、年龄、班级。

2. 愿意向他人展示自己的独特之处，通过自己的介绍能够使他人更加了解自己。

3. 体验和同伴交往的乐趣，提高自我认识。

活动过程：

1. 活动前：邀请家长和小朋友在家进行自我介绍练习，鼓励幼儿完整、流畅地介绍自己。

2. 教师示范自我介绍：说出自己的全名、年龄和特长。

3. 邀请幼儿大胆站在台前向他人介绍自己。

4. 彼此分享令自己印象最深刻的小朋友是谁，为什么。

5. 鼓励小朋友大胆向其他班级幼儿介绍自己。

拟解决的问题：

1. 自我介绍可以说些什么能让别人更了解、记住自己？

2. 我们都认识了，还用自我介绍吗？

3. 我介绍的内容和他们了解的不一样怎么办？

活动五：朋友加油站（小组活动、集体活动）

有了第一步的自我介绍，孩子们对向外交往更加自信，但很多小朋友表示，自我介绍更多是对于刚认识的人，对于已经在一起生活了一年的同班小朋友来说，该如何和他们交往呢？

活动目标：

1. 体验与同伴友好相处的快乐。

2. 了解在一些特殊情况下正确对待朋友的方法。

3. 在与他人发生分歧时，尝试换位思考，主动沟通，友好协商。

活动过程：

1. 问题导入：你和朋友发生过矛盾吗？你是怎么做的？

2. 幼儿小组讨论自己在与朋友相处过程中发生过的问题以及自己的处理方法。

3. 幼儿分组分享自己的问题与好方法。

4. 情景联想，现场模拟：朋友不开心时我可以怎么做？朋友没来幼儿园时我可以怎么做？朋友生病了我可以怎么做？

5. 巩固练习，经验迁移。

拟解决的问题：

1. 我的朋友有了新的朋友，不和我一起玩了怎么办？
2. 我们只在幼儿园里做朋友吗？

活动六：聚会计划书（家园合作）

孩子们对于交往场地的问题引发了我的思考，于是我倡议家长和孩子一起制订聚会计划书并在家长群内发起邀请，大家可以根据自己周末的时间安排自愿参加，以此来拓展孩子们的交往空间。比如，孩子们可以提前利用周末时间和家长商量下周想去哪里、邀请谁，然后周一来园找教师拿邀请卡进行绘制和邀请。这样可以帮助孩子更好地进行主动交往，习得分享、等待、包容、理解等优秀品质。

活动目标：

1. 拓展幼儿的交往空间，增加交往机会。
2. 通过多种途径感受交往的快乐。

活动过程：

1. 向家长说明周末聚会活动的含义与目的。
2. 家长自愿在群里发起周末邀约。
3. 幼儿在班上制作周末聚会计划书。
4. 亲子周末聚会，增加幼儿之间的交往机会。

拟解决的问题：

1. 送个礼物邀请她来和我一起玩吧！
2. 她／他喜欢我了吗？

活动七：送给朋友的礼物（个人活动）

在幼儿彼此的交往过程中，最常见的就是把自己喜欢的东西送给朋友。我们班女生占比较高，因此美工区的 DIY 发卡手工制作活动受到孩子们的追捧。

"毛根选用什么配色？我得问问她喜不喜欢。""她喜欢我做的兔耳朵吗？还是喜欢蝴蝶结？"孩子们根据对方的喜好来制作手链、发卡、项链。当对方收到礼物非常开心时，自己也十分开心。

活动目标：

1. 在送礼物的过程中感受祝福与被祝福的喜悦。
2. 通过自制礼物提高动手操作能力。

活动过程：

1. 询问好朋友喜欢的礼物。

2. 尝试自制礼物送给好朋友。

3. 赠送礼物，表达自己对朋友的喜爱之情（图 7-10，图 7-11）。

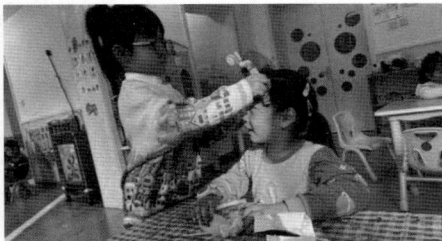

图 7-10

图 7-11

拟解决的问题：

1. 他 / 她喜欢我送的礼物吗？

2. 我们还可以做什么让朋友感到开心？

活动八：我们一起做游戏（自主游戏）

幼儿在园一日生活中，最多的时间就是和朋友一起做游戏，而自主游戏的开展也为幼儿之间的交往搭建了更多的游戏桥梁。在自主游戏中，幼儿不仅锻炼相应的游戏技能、动作技能，而且尝试独立解决交往过程中的问题。

活动目标：

1. 在自主游戏中体验同伴交往的多样方式。

2. 愿意在生活、游戏中与同伴共同协商，体会交往的乐趣。

活动过程：

1. 幼儿自主选择自主游戏的内容。

2. 寻找游戏伙伴，共同开展游戏。

3. 在游戏中发生问题尝试自主解决，当解决不了时寻求教师帮助。

4. 幼儿回顾自己的解决方法，经验共享。

5. 幼儿讨论别人的解决策略对自己的启发。

拟解决的问题：

1. 我们一起做事就是朋友了吗？

2. 在一起玩的就一定是朋友吗？

五、主题活动反思

《3～6岁儿童学习与发展指南》指出，人际交往和社会适应是幼儿社会学习的主要内容，也是其社会性发展的基本途径。幼儿在与同伴交往的过程中，不仅学习如何与人友好相处，而且学习如何看待自己、对待他人，不断发展适应社会生活的能力。因此，本主题活动通过幼儿提出的环环相扣的问题逐层揭开友谊的面纱，促使幼儿正确认识自己和他人，建立与朋友的社会亲近、合作的态度，学习初步的人际交往技能。

（一）从幼儿的问题出发，提升交往的主动性

幼儿学习社会交往技能的前提是有交往的需求。本次主题活动正是抓住幼儿对朋友含义模糊的问题，以绘本为基础开展的探讨、探索活动（图 7-12 ～图 7-14）。用幼儿的答案解决幼儿的问题，用幼儿的答案激励彼此的交往行为，唤醒幼儿交往的积极性与主动性。

（二）营造温馨氛围，层层突破交往障碍

班级友善的交往氛围对幼儿同伴交往有很大的促进作用。同伴的看法、教师的引导、家庭的支持都对幼儿个体与外界的交往起到重要的推动作用。每个幼儿都是独一无二的个体，有善于表达自己的幼儿，他们往往更能交到朋友，而不善言辞的幼儿更需要得到关注。因此在每个活动中，我们都通过小组、个体等不同活动形式将"我需要你""我们需要你"的温馨氛围给到每一名幼儿，

图 7-12

从而引导幼儿积极参与到主题活动当中，感受到自己是班中不可或缺的一分子，在与他人的交往中也更加自信从容。

图 7-13

图 7-14

（三）提供多种机会，拓展幼儿的正确交往行为

幼儿多以模仿获得社会交往经验，因此，在活动中我们利用大量的讨论、实践活动让幼儿身临其境，感受在同伴交往中出现的各种各样的问题。在探讨中寻找解决方法，在尝试中不断练习。幼儿的交往能力也在一次次的交往互动过程中不断提升与深化。

（四）依托家长资源，共促幼儿健康交往

重视家园同步的重要性，利用周末聚会计划书的活动邀请家长为幼儿创设良好的交往环境，帮助幼儿树立信心。同时，适当把孩子带入自己的社交圈，如让幼儿参与接待，学习交往。平时鼓励孩子利用电话与同伴交往，使幼儿逐渐从自己的小家庭走向社会、班级等大家庭。成人也要明确幼儿的成长并非一朝一夕，要有足够的耐心陪伴幼儿。

（作者：张茜）

🔍 主题四：你好，小丑鱼（中班）

一、主题活动背景

中班幼儿在社会交往方面比小班要上一个台阶，大部分幼儿已经开始从平行游戏向联合游戏过渡。上学期，幼儿在图书区请老师一起阅读过《小丑鱼》这本书。起初幼儿是对封面上的三个字感兴趣，幼儿认识"小"和"鱼"，在听到故事的名字叫《小丑鱼》时问道："为什么是小丑鱼呢？谁给它起的名字？小丑鱼长得丑吗？"在幼儿自主阅读的过程中，我发现幼儿不仅对书中的海底世界感兴趣，而且对里面简单的人物关系产生了兴趣。结合幼儿对此绘本的兴趣以及中班幼儿交往和自我认知关键期的特点，师幼共同开展此主题，旨在通过幼儿的问题引发活动，培养幼儿欣赏他人、认同自己的社会情感，从而促进幼儿间的友好交往。

二、主题活动目标

1.喜欢阅读《小丑鱼》的绘本故事，了解故事线索，可以用自己的语言讲述故事。

2.通过各领域活动获得欣赏他人、接纳自己的社会情感。

3.了解小丑鱼的特点、生活习性等相关知识。

4.尝试饲养小鱼，体验照顾小鱼，培养责任感。

三、主题活动网络图

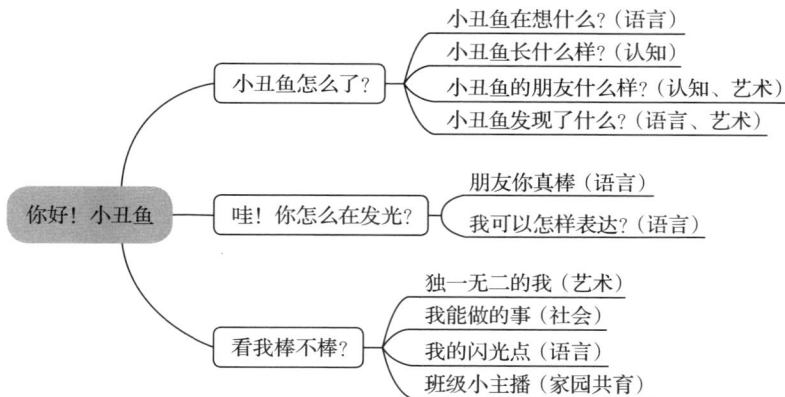

```
                                    小丑鱼在想什么？（语言）
                                    小丑鱼长什么样？（认知）
                    小丑鱼怎么了？
                                    小丑鱼的朋友什么样？（认知、艺术）
                                    小丑鱼发现了什么？（语言、艺术）

                                    朋友你真棒（语言）
    你好！小丑鱼    哇！你怎么在发光？
                                    我可以怎样表达？（语言）

                                    独一无二的我（艺术）
                                    我能做的事（社会）
                    看我棒不棒？
                                    我的闪光点（语言）
                                    班级小主播（家园共育）
```

四、主题活动方案

活动一：小丑鱼怎么了？

图书区里一本色彩斑斓的绘本《小丑鱼》吸引了悠悠和翊翊的注意。她们兴奋地翻开绘本，开始阅读起来。故事中的小丑鱼原本应该生活在五彩斑斓的海底世界中，但画面上的小丑鱼却显得异常沮丧，眉头紧锁，眼神中透露出不开心。悠悠和翊翊感到非常好奇："小丑鱼怎么了？""为什么它看起来不开心？"她们仔细观察绘本中的每一页，试图找到小丑鱼不开心的原因。

活动目标：

通过阅读绘本故事，初步了解绘本内容，激发幼儿主动寻找答案的愿望。

活动过程：

1. 幼儿在阅读中发现小丑鱼不开心，有了了解小丑鱼的愿望。

2. 在活动中围绕"小丑鱼"的话题交流分享。"小丑鱼怎么了？它看起来不开心。""你看它躲起来了，是不是没有小鱼跟它玩呀？"幼儿在交流的过程中发现了小丑鱼的表情，从而猜测小丑鱼不开心的原因。

3. 教师把幼儿的发现记录下来，便于下次活动的开展。

"小丑鱼觉得别人都比自己漂亮。""它想出去玩，怕被嘲笑。""小丑鱼想出去玩，但是它不好意思。""小丑鱼觉得自己和别人不一样！""小丑鱼觉得自己长得太丑了"……孩子们你一言我一语地回答，原来小丑鱼的内心有这么多想法。

拟解决的问题：

1. 小丑鱼长什么样？

2. 小丑鱼丑吗？

3. 为什么小丑鱼不和其他小鱼一起玩？

活动二：小丑鱼长什么样？

随着对故事的熟悉，在第二次阅读绘本的过程中，幼儿观察画面时更加注重细节，于是又产生了新的问题（图 7-15）。朗朗问道："这两条小丑鱼为什么长得不一样？"这一发现激发了幼儿对故事主角的浓厚兴趣。

活动目标：

1. 进一步了解故事内容，发现小丑鱼独一无二的特点。

2. 愿意用语言表达自己的发现，并尝试说出自己的理由。

活动过程：

1. 从故事中，幼儿知道两条小丑鱼在外形上的不同，但并不能从故事中找到他们问题的答案。于是，在自主游戏时，幼儿与教师一起查阅资料寻找答案。

2. 通过查阅资料，幼儿发现小丑鱼大多是红色或橘红色的身体，身上有白色的花纹。但是小丑鱼也有很多不同的种类，如黑边公子、金双带小丑、银线小丑、鞍背小丑等。

3. 幼儿在自主游戏中用绘画的方式绘制小丑鱼，表达对小丑鱼的喜爱。

拟解决的问题：

小丑鱼会变色吗？

图 7-15

活动三：小丑鱼会变色吗？

通过几次阅读，幼儿对于小丑鱼更加喜爱，经常谈论起关于小丑鱼的话题。一天，在故事分享环节，悠悠说道："我和爸爸妈妈去海洋馆的时候看到了黑色的小丑鱼。"壮壮反驳道："哪儿有黑色的呀！书上的和电影里的小丑鱼都是橘色的，没有黑色的小丑鱼。"其他幼儿也附和道："对呀！小丑鱼都是橘色的。"这时，晚晚提出了一个猜想："难道小丑鱼像变色龙一样会变色吗？"她的话吸引了其他幼儿的注意，孩子们自发地回家和家人一起查阅资料，结果发现有的小丑鱼是黑色的，有的小丑鱼是橘色的。

活动过程：

1. 幼儿分成两组，针对这一问题展开讨论。

（1）第一组：小丑鱼不会变色。

幼儿1：我觉得小丑鱼不会变色，因为书里的小丑鱼和动画电影里的小丑鱼都是橘色的身体。

幼儿2：爸爸妈妈带我去海底世界的时候，我看到的小丑鱼就和书里的一样。

幼儿3：小丑鱼没有魔法，不会变色。

（2）第二组：小丑鱼会变色。

幼儿4：我在电视上看到过小丑鱼游到不同的地方，它的颜色就变了。

幼儿5：我家里的海洋书里爸爸给我讲过，它变色是在保护自己。

2. 讨论结束后，我们一起看了一段科普视频后得知，小丑鱼的体色变化与它的生存环境有关，它们通常栖息在珊瑚礁和岩礁地区，幼鱼时常与大的海葵、海胆或小的珊瑚生活在一起。小丑鱼身上的颜色变化可以帮助它们更好地隐藏和保护自己，避免被发现。

3. 活动结束后，幼儿自发地用多种材料制作小丑鱼。

拟解决的问题：

1. 小丑鱼找到朋友了吗？
2. 其他小鱼喜欢小丑鱼吗？

活动四：小丑鱼找到朋友了吗？

活动目标：

1. 通过小丑鱼的神情动作大胆想象小丑鱼的语言和内心感受，认识到自己的独特与美好。

2. 尝试通过观察绘本画面寻找问题的答案，愿意用自己的方式表达对故事的理解，敢于在集体面前表达自己的想法。

活动过程：

1. 引导幼儿重点阅读 P10-P15，感受小丑鱼对外面世界的渴望。

引导幼儿模仿 P10 和 P11 小丑鱼的神态与动作，感受小丑鱼内心对外界的渴望。

2. 重点阅读 P12-P15，感受小丑鱼的矛盾心理。

3. 观察绘本中小丑鱼的情绪变化，大胆猜测并表达小丑鱼是否找到了好朋友。

4. 鼓励幼儿大胆表达对故事的理解。

5. 调动生活中的交往经验，感受朋友的重要性。

拟解决的问题：

1. 为什么翊翊有那么多好朋友？

2. 猜猜我的好朋友是谁？

活动五：为什么你有这么多好朋友？

幼儿之间开始有自发的互帮互助行为，如在午睡环节脱衣服时，有的幼儿的扣子太靠上了不好解开，这时会有小朋友主动去帮忙。在得到小朋友的帮助后，我发现孩子们之间的交往也发生了变化。

活动目标：

发现好朋友身上的优点，能够认同他人。

活动过程：

1. 利用过渡环节对"我的好朋友"这一话题开展交流分享，说一说自己的好朋友。

2. 尝试表达喜欢好朋友的原因，发现好朋友的闪光点。

拟解决的问题：

1. 翊翊怎么会讲这么多故事？

2. 什么是好朋友？

活动六：我的好朋友

在幼儿日常的聊天和游戏中，经常能听到关于"好朋友"的话题。在表征时，大部分幼儿都会记录自己和好朋友愉快的瞬间。幼儿通过图画和简短的话语展现着对好朋友的喜爱和赞美。这一行为不仅加深了幼儿对朋友之间情感的理解，也促使他们在日常生活中更加关注同伴的优点，学会欣赏他人，能够将自己的赞美之词勇敢地表达出来，让好朋友感受到自己的认可和喜爱。

活动目标：

1.能画出好朋友的正面像并用不同的线条进行装饰，初步学会表现好朋友的主要特征。

2.能向同伴介绍自己的作品，愿意表达对好朋友的喜爱之情。

活动过程：

1.播放歌曲视频《找朋友》，鼓励幼儿找到自己的好朋友并模仿其动作。

2.引导幼儿初步观察好朋友的形象特征，并思考如何用绘画的方式表现。

3.幼儿运用不同形状、线条绘画"我的好朋友"。

活动七：好朋友的优点

孩子们升入中班后，独立性增强，愿意帮助同伴、老师做力所能及的事，经常能够看到孩子们互帮互助的瞬间。同时，幼儿的交往意识正在萌发，愿意与同伴一起游戏。

活动目标：

1.培养幼儿对朋友的欣赏与赞美之情，学会发现并肯定他人的优点。

2.通过活动，提高语言表达能力和倾听能力，学习使用正面语言赞美朋友。

3.愿意在日常生活中多观察、赞美他人，形成良好的人际交往氛围。

活动过程：

1.鼓励幼儿讨论"什么是优点？"

2.尝试发现自己的优点，并大胆地用多种方式进行表达。

3.游戏"给你一个赞"，记住同伴的优点。

4.讨论：可以怎样称赞好朋友？

拟解决的问题：

1.为什么有的小朋友不喜欢我？

2.为什么她会，但是我不会？

活动八：独一无二的我

通过一系列的活动，幼儿能够发现同伴的闪光点，能够在特定情景下给予同伴肯定，如好朋友帮助自己、同伴做了自己不能做的事、同伴挑战自己等，进而由他人转向自己，发现自己的优点，认同自己。

活动目标：

1. 了解自己的外貌特点，能说出自己五官的具体样子。

2. 通过讨论，了解自己的性格特点。

3. 大胆表达，说出自己的闪光点和不足之处，并接受、认可自己。

活动过程：

1. 幼儿观察自己的外貌特征，并尝试用语言进行表达。

2. 这是我的性格。说说图上的小朋友在做什么。

3. 围绕"我的闪光点"这一话题进行交流。

4. 绘制自画像。

五、主题活动反思

《3～6岁儿童学习与发展指南》中指出，幼儿期是培养幼儿良好阅读习惯的关键期，要致力于幼儿的阅读培养，为幼儿今后的阅读好习惯奠定基础。在培养幼儿的阅读习惯时，要注重培养幼儿的问题意识，让幼儿边阅读边设问，带着疑问去阅读，积极思考，形成实效性的阅读过程。同时，创设敢提问、能思考问题、解决问题的环境，提升幼儿的自主学习能力。

（一）坚持儿童本位，关注幼儿的兴趣与需求

教师在日常活动中发现幼儿感兴趣的话题，捕捉幼儿对绘本的好奇心，根据幼儿的需求与发展生成主题活动，并跟随幼儿推进主题活动。

（二）创设阅读环境，支持幼儿敢提问、爱提问

在实施绘本阅读的过程中，环境可以有效激发幼儿提问的内驱力，适宜、温馨、充满童趣的阅读氛围能够激发幼儿阅读绘本的兴趣。阅读环境的创设体现在物质环境和心理环境两个方面。适宜的氛围是幼儿提问行为的基本心理条件，他们会对一些新奇的事物产生好奇心，进而提出"为什么"。

（三）开展互动阅读，引导幼儿会提问、能提问

在绘本阅读中，互动式阅读能够有效引导幼儿提出问题。教师可以与幼儿一起阅读绘本，通过提问、讨论等方式激发幼儿的思维。教师在阅读的不同阶段进行开放性的提问，启发幼儿思考。组织幼儿进行小组讨论，让幼儿分享自己对绘本的理解和疑问。在同伴的交流中，幼儿能够受到启发，提出更多的问题。

（作者：殷琪）

主题五：我家漂亮的尺子（大班）

一、主题活动背景

自主阅读时间，绘本《我家漂亮的尺子》引发了幼儿的热议："我的胳膊有 5 个手这么长。""我的手还能量身体的温度，我摸摸你的脑门……""这个字好奇怪——度，念什么呀？"绘本《我家漂亮的尺子》通过家庭对话的情境引导孩子们体验故事中主人公成长的奇妙过程，包括身高增长、衣物变小以及妈妈使用手尺进行测量等趣味活动。

《3 ～ 6 岁儿童学习与发展指南》指出：幼儿初步感知数学的有用和有趣。在阅读过程中，孩子们会注意到自己的园服尺寸发生了显著变化——袖子变短了。这激发了他们的好奇心：园服是不是缩水了？还是我们真的长高了？故事中的主人公与孩子们的经历不谋而合，当妈妈向她展示如何使用"手尺"进行测量时，她产生了对测量家中各种物品的兴趣，这正好与大班孩子的认知发展水平相契合。基于此，我们开展了"我家漂亮的尺子"主题活动，通过引导幼儿提出问题，支持幼儿在自主探索、解决问题的过程提升问题意识。

二、主题活动目标

1. 通过深度阅读《我家漂亮的尺子》，了解"身体尺"的测量方法，并提出与测量相关的问题。

2. 喜欢测量物品，愿意测量生活中规则形状的物品或场地。

3. 感受身体的不同用处，养成爱思考、爱提问的学习品质。

4. 感受解决生活中遇到的实际问题带来的快乐。

三、主题活动网络图

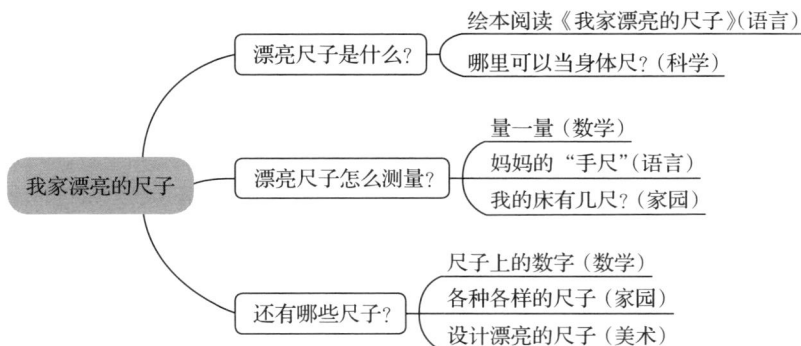

```
                              绘本阅读《我家漂亮的尺子》(语言)
            漂亮尺子是什么？
                              哪里可以当身体尺？（科学）

                              量一量（数学）
我家漂亮的尺子  漂亮尺子怎么测量？  妈妈的"手尺"（语言）
                              我的床有几尺？（家园）

                              尺子上的数字（数学）
            还有哪些尺子？     各种各样的尺子（家园）
                              设计漂亮的尺子（美术）
```

四、主题活动方案

活动一：我家漂亮的尺子

离园前，孩子们一直在图书柜前围着一本书探讨：这手尺是什么东西？我们有吗？怎么量衣服？大家纷纷伸出手，照着绘本上的手势在衣服上"量"来"量"去。不一会儿，越来越多的小朋友一起围在涛涛的后面阅读这本书。小朋友们最后拿着书走到老师面前提出了请求："老师，您能给我们讲讲这本书吗？到底怎么测量的呀？我们看不太懂。"

投放才一周的书，竟然有5个书签，可见孩子们对这本书的兴趣浓厚，同时还标记了许多问题页面。鉴于此，我们进行了集体阅读，重点帮助孩子们理解"漂亮的尺子"其实是自己的身体（图7-16，图7-17）。

图 7-16

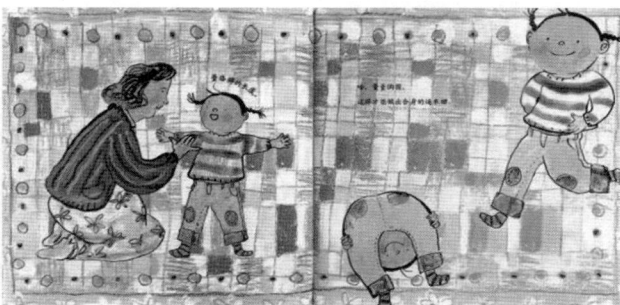

图 7-17

活动目标：

1. 能够整体阅读绘本，大概了解故事内容。
2. 对自己感兴趣的画面进行标记，勇于提出自己的问题。

活动过程：

1. 教师出示 PPT，引导幼儿逐页进行观察、猜测。
2. 尝试联系前后页推断故事内容。
3. 小组内共同阅读，讨论故事的大概内容。
4. 利用书签提出自己不明白的问题。

拟解决的问题：

1. 为什么尺子是漂亮的？
2. 漂亮尺子在哪儿呢？

活动二：我家漂亮的尺子

活动目标：

1. 通过再次阅读，解决在第一次阅读中遇到的问题。
2. 阅读绘本细节，通过细节推断"漂亮尺子"的秘密。
3. 能够主动提出自己的观点并说出理由。

活动过程：

1. 再次阅读绘本。

通过再次集体阅读绘本，小朋友提出了不同的观点：漂亮尺子是妈妈的手，漂亮尺子是小女孩。

2. 反复阅读，观点辩论。

根据不同的观点，我们将小朋友分成两组，每组从书中寻找对方问题的答案，最后进行辩论。孩子们通过搜集画面线索、分析前后页面发现：小女孩心中"漂亮的尺子"是妈妈的手，妈妈心中"漂亮的尺子"是爱测量的小女孩。

拟解决的问题：

1. 每个人的身体长得都不一样，长度也不一样，大家测出来的结果不一样，怎么能叫尺子呢？
2. 给木头标上数字就是尺子了吗？

这是一个由绘本引发的问题，孩子们对"手尺"的测量方式产生了质疑，认为尺子应该都是一样长的，这也是孩子们在将自然物测量和标准物测量作比较。

活动三：探秘古代的测量工具

戴圣和把问题带回了家中与爸爸讨论，爸爸利用古人修长城的故事告诉戴圣和：在尺子出现以前，都是用自然物测量的。我们国家很多建筑物就是在没有尺子的情况下建造的，并没有出现两边高度不同的问题。戴圣和把爸爸告诉他的故事讲给了大家。

活动分析：

孩子们针对自己提出的问题"漂亮尺子是什么？"产生了一系列的思考与讨论，并用辩论、家园共育等多种方法帮助自己解决问题。这充分体现出孩子是有能力的学习者，支持孩子自主进行设问探究能够有效地提升孩子的问题意识。

拟解决的问题：

1."漂亮的尺子"只有"手尺"吗？

2.还有哪里可以当"身体尺"呢？

活动四：探秘"身体尺"

通过第一部分的探究，孩子们对"身体尺"有着强烈的探究愿望，也想尝试用身体当尺子。在体验"手尺"后，孩子们提出：还有哪里可以当尺子呢？于是我们开展了科学活动"漂亮的身体尺"。

活动目标：

1.理解身体可以作为测量工具，认识不同身体部位的长度差异。

2.通过动手制作，培养动手能力、空间感知能力和创造力。

活动过程：

1.故事导入。讲述一个关于小动物们寻找神奇尺子测量家园的故事，引出"身体就是最好的尺子"的主题（图7-18）。

2.身体测量游戏。教师示范如何用手掌、手指、手臂等身体部位测量教室里的物品，如书本、桌子的长度，激发幼儿的兴趣。

3.认识身体尺。

（1）让幼儿尝试用自己的身体部位（如手掌、手臂、脚）测量教室里的其他物品，感受将身体作为测量工具的乐趣（图7-19）。

（2）讨论不同身体部位的长度差异，如手臂比手掌长，手指比脚趾长等。

图7-18

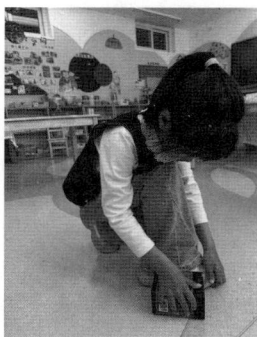

图7-19

活动分析：

孩子们通过亲身体验"身体尺"，感受到测量工具的作用，同时也认识了身体各部位的不同，例如，脚方便挪动，可以迈开测量较长的物体等。通过一系列的操作，孩子们验证了自己提出的问题，还提升了思考问题的水平和能力。

拟解决的问题：

1."身体尺"怎么测量呢？

2.可以用不同的"身体尺"测量同一个东西吗？

活动五：量一量

小朋友们通过实践了解到每个人都有漂亮的"身体尺"，更加好奇应该怎么测量一个物品或场地。于是孩子们开始了自然测量的探索。

活动目标：

1.初步理解测量单位的概念，能够通过移动测量的方法进行简单的测量，并准确地记录测量结果。

2.能够在活动中大胆提问，将自己在测量中遇到的问题用语言表达出来。

活动过程：

1.教师设置购买桌布的情境，提出请幼儿帮助测量桌子的长度。

2.请幼儿说一说可以怎样知道桌子的长度。

3.幼儿分为两人一组，尝试用"身体尺"测量的办法。

4.观察幼儿测量过程，鼓励幼儿提出疑问。

5.尝试利用工具解决留有空隙的问题。

6.幼儿再次尝试，利用首尾相接做标记的方法进行自主测量。

活动分析：

孩子们在观察同伴测量的过程中提出了较多疑问："你这样数对吗？""你的手动了，不准确呀！""你没有量到终点吧？"……孩子们的疑问表明了他们对测量活动的兴趣和关注，也是他们解决自己提出的问题的过程。

拟解决的问题：

"身体尺"这么方便，为什么还要发明尺子呢？

活动六：我的床有几尺？

小朋友在幼儿园进行过自然测量后，对测量的兴趣持续高涨，于是继续在家里进行一系列的测量活动。孩子们把测量目标进行分组，其中选择测量床的小朋友数量最多。

"床太长了，用手尺不方便呀！"孩子们在这次活动中开始对测量物是否方便有了觉察，开始筛选测量物。

活动目标：

1. 自主选择测量物品，并能够理解首尾相接的测量方法。

2. 在自主测量中尝试做记录并分享。

活动过程：

1. 幼儿自主测量家中的物品（图 7-20）。

2. 利用"身体尺"进行自主测量并记录结果。

3. 家长利用视频记录孩子的测量过程，并进行简单分享。

活动分析：

孩子在测量的过程中，家长能够在旁边进行指导，同时发现孩子感知数学的过程。陈思宇爸爸在看到孩子测量过程时这样评价：孩子总是问为什么，过了一会儿，孩子又通过操作解决了自己的为什么。孩子通过反复操作验证自己的结果，原来孩子的学习品质就蕴藏在实践中呀！

拟解决的问题：

1. 为什么一定要这样（大拇指和小拇指连起来）操作呢？

2. 这样测量和用尺子测量有什么不同？

图 7-20

活动七：尺子上的数字

通过搜集尺子，大家发现尺子上都有数字，这些数字代表什么呢？对于孩子来说，数与连续量的结合是一个非常抽象的概念。通过认识数字，联系生活实际帮助孩子感知数字在不同位置代表的不同意义。

活动目标：

1. 认识并能准确说出数字 1 ～ 10 对应的符号，理解其基本含义。

2. 理解数字在不同位置有不同的含义。

3. 激发对数学的兴趣，培养耐心和细心解决问题的品质。

活动过程：

1. 故事导入。讲述一个关于数字王国里符号小精灵的故事，引出学习主题——认识符号 1 ～ 10。

2. 热身游戏。教师出示数字卡片 1 ～ 10，幼儿快速说出对应的数字，并尝试用手指表示出来。

3. 切换场景，感受不同场景中数字的不同含义。

4. 总结回顾：与幼儿一起回顾今天学习的符号及其含义，强调符号在数学中的重要性。

活动延展：

表扬幼儿在活动中的表现，鼓励他们在日常生活中多观察、多思考，发现身边的数学现象。

活动分析：

通过一段时间的测量，孩子们开始对身边的尺子有所关注。拿到尺子后，孩子们却不太能准确地测量，一部分原因就是不太理解数字代表的意义。通过此次活动，孩子们知道了数字在不同位置有不同的含义。

拟解决的问题：

尺子都是直线的吗？有没有其他形状的尺子？

活动八：设计漂亮的尺子

通过在家里搜集各种尺子，孩子们发现尺子有各种形状、各种图案，于是设计漂亮的尺子就成为班里女孩子近期的创作热点。

活动过程：

1. 小朋友搜集到各种形状的尺子后，观察尺子上的共同点：数字和刻度。

2. 绘画尺子。

3. 使用冰棍棍、KT 板等制作尺子。

活动分析：

孩子们在绘画刻度时遇到了很多问题，例如：怎么才能把刻度画小？怎么才能画的一样长？看似简单的设计里藏着孩子们对问题的探究与解决。绘画尺子的活动也激发了更多小朋友创作尺子的愿望（图 7-21，图 7-22）。

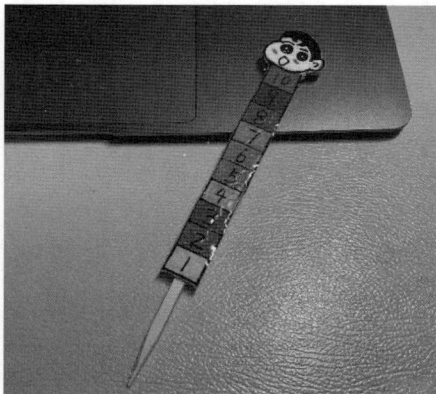

图 7-21

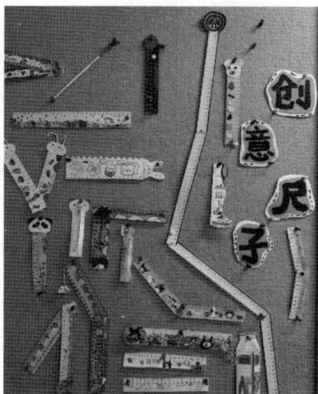

图 7-22

五、主题活动反思

"我家漂亮的尺子"是由绘本引发的主题活动，通过阅读活动抓住孩子的兴趣点进行一系列的衍生活动和探究。

（一）主题贴近幼儿生活

衣服是孩子们日常生活中不可或缺的，特别是在大班幼儿的生长高峰期，许多孩子都能直观地感受到身高增长导致衣服变小的变化。绘本中妈妈进行测量的场景能够激发幼儿的好奇心和探索欲望。在实际的活动过程中，幼儿对各种自然测量活动表现出浓厚的兴趣，都喜欢测量自己身边的物品。

（二）活动形式丰富多样

由绘本引发，却又不止绘本阅读，更大程度上体现了五育并举的教育理念，激发幼儿将问题意识带到更多的领域和活动当中。

在活动过程中，我们还特别注重培养幼儿的动手操作能力。通过让孩子们亲手制作各种与主题相关的物品，如制作"我家漂亮的尺子"，孩子们不仅能够更好地理解测量的概念，而且能够提高动手能力和创造力。此外，我们还设计了一些与数学相关的游戏，如通过符号与数字结合的游戏，让孩子们在游戏中学习数学知识，激发对数学的兴趣。

在活动的最后，我们组织了一次分享与展示活动，让孩子们将自己制作的尺子和在活动中获得的成果展示给家长和同伴。这不仅增强了孩子们的自信心，而且让他们学会了如何表达和分享自己的想法。通过这样的活动，我们希望孩子们能够在快乐中学习，在学习中成长，真正实现寓教于乐。

（三）提升幼儿生活中的问题意识

在活动的开展过程中，我们还特别注重培养幼儿的观察力和思考能力。通过自然测量引导孩子们观察日常生活中的各种现象，如植物生长、裁缝铺游戏等。我们鼓励他们提出问题，并尝试自己寻找答案。例如，小朋友在移植绿萝时，都说自己的绿萝长高了，并通过自然测量、利用"身体尺"测量的方式验证了自己和同伴的猜想。通过这样的观察和讨论，孩子们不仅学会了如何提出问题，而且学会了如何通过观察和实验来寻找答案。

此外，我们还设计了一些情景模拟游戏，让孩子们在模拟的情境中扮演不同的角色，如裁缝、定制商等。在这些角色扮演中，孩子们需要解决各种问题，如如何合理收费、顾客投诉怎么办等。通过这些活动，孩子们不仅能够提升自己的问题意识，而且能够学会如何在实际生活中运用所学知识解决问题。

总之，通过一系列精心设计的活动，我们希望孩子们能够在轻松愉快的氛围中逐步提升问题意识，培养独立思考和解决问题的能力。我们相信，这些能力的培养将对孩子们未来的学习和生活产生深远的影响。

（作者：林育华）

主题六：一条神奇的线（大班）

一、主题活动背景

教师在图书区投放了一本关于线的绘本——《一条神奇的线》。绘本内容以一条很神奇的线作为线索贯穿整个故事。幼儿在阅读的过程中对这条神奇的线产生了浓厚的兴趣，产生了很多关于线的小问题，如："这条线是从哪里来的呢？""这条线怎么这么长？""这条线是不是可以画线描装饰画？""还有哪里有这种线？"……结合孩子们的问题以及大班幼儿的年龄特点，我们从绘本出发，结合幼儿的实际生活经验，鼓励幼儿探索生活中各种有意思的线，了解线和绳在人们生活中的重要作用，探索线的多种玩法，进而延伸到学习跳绳。

二、主题活动目标

1. 探索线和绳在生活中各种各样的用处和玩法。
2. 提高发现问题、大胆提出问题和积极探究解决问题的能力。
3. 萌发对跳绳的兴趣，大胆挑战自己。
4. 能够利用点、线、面进行大胆创作。

三、主题活动网络图

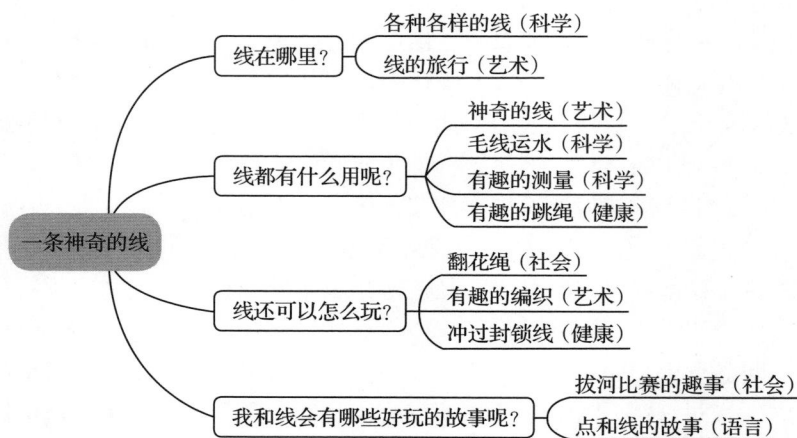

```
                              各种各样的线（科学）
                  线在哪里？
                              线的旅行（艺术）

                              神奇的线（艺术）
                              毛线运水（科学）
                  线都有什么用呢？
                              有趣的测量（科学）
                              有趣的跳绳（健康）
   一条神奇的线
                              翻花绳（社会）
                  线还可以怎么玩？  有趣的编织（艺术）
                              冲过封锁线（健康）

                                    拔河比赛的趣事（社会）
                  我和线会有哪些好玩的故事呢？
                                    点和线的故事（语言）
```

四、主题活动方案

活动一：线在哪里？

孩子们在日常生活中发现很多有意思的线，有的是挂起来的线，有的是系起来的线，有的是编出来的线，还有的是玩出来的线。他们针对"线"提出各种不同的问题，教师根据孩子提出的问题，引导他们探索线的各种秘密。

活动目标：

1. 发现生活中的各种线，了解线的作用。

2. 感受各种线的不同及作用。

3. 能够大胆提出问题并积极探索找到答案。

活动过程：

1. 认识各种各样的线。

（1）在班里和家里寻找各种线，通过观察和触摸了解线的质地是不一样的。

（2）对于不认识的线，鼓励幼儿寻求爸爸妈妈的帮助查询资料，并在班级中与同伴进行分享，了解更多生活中的线（图7-23）。

（3）在自主游戏中能够绘画出各种简单的线条装饰画面（图7-24）。

（4）对线条展开大胆想象，进行添画。

2. 线还在哪里？

（1）教师舞动彩带，幼儿观察彩带的变化。

（2）听音乐，幼儿自主舞动彩带。

（3）观看视频，幼儿大胆猜想并提问，感受借形想象的魅力。

（4）根据音乐的速度和旋律，尝试用线条作画。

（5）请幼儿讲述线条旅行的故事。

（6）听音乐，幼儿分组创作线条画并大胆想象添画。

图 7-23

图 7-24

拟解决的问题：

1. 为什么有的线颜色不一样？

2. 除了挂东西，线还有什么用啊？

3. 线还可以怎么组合变成更多好看的线？

活动二：线都有什么用呢？

幼儿发现生活中到处都有各种不同的线。有些幼儿通过观察知道，班级环创中的有些线是装饰线，能够让作品更好看（图 7-25），挂起来的线可以起到垂吊物品和固定的作用，班里的电话线可以通电和外界进行联系等。教师引导幼儿按照装饰、工具、运动等类别对这些线进行简单分类，并一起探索线的更多秘密。

活动目标：

1. 通过积极探索，发现生活中不同线的作用。

2. 感受线的多种组合并能够大胆表达自己的问题和观点。

3. 体验大胆想象、创作的乐趣。

活动过程：

1. 神奇的线。

（1）欣赏 PPT 课件，感知用线进行艺术表现的独特方式。

（2）幼儿猜想线还在哪里，做了哪些有意思的事。

（3）创意制作，体验用线创作的乐趣。

（4）欣赏作品，鼓励幼儿大胆介绍自己的作品，感受线条艺术的美丽。

2. 毛线运水。

（1）出示带线的花盆，引导幼儿关注花盆中的线。

（2）幼儿猜想花盆里的线有什么用。

（3）幼儿动手操作小实验"毛线运水比赛"。

（4）感知线有吸水的作用，并说说日常生活中还见过哪些吸水的线。

3. 科学有趣的测量。

幼儿在自主游戏中用线拼摆各种图案，感知线的长短与拼摆的图案有关系；在探索中发现可以用线简单地测量图案的尺寸，这样就知道线的长短够不够拼摆对应的图形了。教师在益智科学区中也投放了长短不同的线，鼓励幼儿用线进行简单的测量游戏。

4. 有趣的跳绳。

（1）带领寻找可以锻炼身体的线和绳，激发幼儿学习跳绳的积极性。

（2）幼儿自主探索跳绳的方法。

（3）请会跳绳的幼儿将方法介绍大家，同伴间进行学习。

（4）教师示范跳绳的正确方法。

（5）鼓励幼儿大胆尝试跳绳，勇于挑战自己（图7-26）。

图 7-25　　　　　　　　　　　　　图 7-26

拟解决的问题：

线还能怎么玩？

活动三：线还可以怎么玩？

通过活动，幼儿感受到线有很多秘密，提出了更多有趣的猜想和问题，比如"线还能怎么玩呢？""能不能找一根长绳子玩拔河游戏？""是不是可以进行跳绳比赛？"教师鼓励他们探索线绳的多种玩法。

活动目标：

1. 探索线和绳的多种玩法，并大胆创新。

2. 能够将自己在游戏中遇到的问题大胆提出来，并提高解决问题的能力。

活动过程：

1. 翻花绳。

（1）出示花绳，请幼儿猜想这个绳可以怎么玩。

（2）教师示范翻花绳的步骤，幼儿观察并学习。

（3）幼儿分组进行互动体验，感受同伴配合默契的快乐。

（4）鼓励幼儿翻花绳。

2. 毛线还可以怎么玩？

幼儿在探索各种不同材质的线的活动中，发现毛线有很多鲜艳的颜色，教师引导幼儿深入探究毛线的更多玩法。

3. 有趣的编织（自主游戏）。

教师在美工区投放了各色毛线，幼儿能够选择并尝试体验毛线的玩法。有的幼儿将线在图画纸上拼摆作画，有的幼儿通过自己的已有经验把毛线当成头发，开始梳头编小辫，还有的幼儿选择纸板或树枝进行平面缠绕，再通过自己的大胆想象，贴两只眼睛变成小鱼或猫头鹰。孩子们通过自己的想象创造出了各种有趣的玩法，并将玩法进行同伴分享，让更多的幼儿参与到玩线的活动中（图 7-27）。

图 7-27

4. 冲过封锁线。

（1）情境引入，师幼共同做热身活动。

（2）通过"冲过封锁线"的游戏，学习匍匐前进的方法，掌握其要领。

（3）游戏"炸碉堡"。

匍匐前进要做到手肘膝盖着地，如果碰到封锁线就返回起点重新开始。每次只能拿一枚炸弹，任务完成必须和下一名"小士兵"拍手，下一名"小士兵"方可出发。

（4）进行第二遍游戏，激发幼儿再次游戏的愿望，鼓励幼儿大胆尝试，敢于克服困难，完成游戏任务。

（5）放松活动，收拾"战场"。

拟解决的问题：

1. 能不能找一根长绳子，咱们玩拔河游戏？

2. 咱们是不是可以进行跳绳比赛？

3. 我不会跳绳怎么办？

活动四：我和线会有哪些好玩的故事呢？

幼儿在体验了各种不同的线绳游戏后，发现在游戏中总会失败，失败后会提出"为什么我们组总是输？""有没有胜利的好办法？"等问题。教师引导幼儿想办法解决问题，并将解决问题的过程用绘画等方式记录下来，制作成《我和线的好玩故事》绘本，放在图书区供幼儿自主阅读。

活动目标：

1. 乐于发现并解决问题。

2. 能够正确面对失败。

活动过程：

1. 拔河比赛的趣事。

出示拔河比赛的照片，引导幼儿观察照片上的人在做什么。

（1）引导幼儿发现问题，说说他们怎么了。

（2）鼓励幼儿大胆发言，讲述自己在拔河游戏中的故事。

（3）引导幼儿正确面对失败，积极解决问题，并敢于多次尝试，体验成功的喜悦。

（4）幼儿大胆发挥想象力，用连环画的形式描述自己玩线绳的有趣故事。

2. 点和线的相遇。

（1）幼儿阅读绘本《点和线的相遇》，观察绘本中点和线的特点。

（2）引导幼儿猜想点和线还能怎么相遇。

（3）鼓励幼儿大胆将自己想象的点和线相遇的故事完整表达出来。

（4）自制《点和线的相遇》绘本。

活动分析：

在本次活动中，我们观察到幼儿在面对挑战时表现出的积极态度和初步解决问题的能力。通过跳绳比赛等活动，孩子们不仅锻炼了身体，而且学会了分析失败的原因，并在教师的引导下找到改进的方法。例如，孩子们通过观察同伴的跳绳技巧，调整自己的姿势和节奏，进而增加了跳绳的次数。此外，绘画连环画的环节让孩子们有机会将自己解决问题的过程以视觉形式展现出来，这不仅增强了他们的表达能力，而且激发了创造力和想象力。孩子们在阅读区互相分享自己的作品，这种互动不仅增进了彼此之间的友谊，而且体验到了分享和合作的乐趣。然而，在活动过程中我们也发现了一些需要改进的地方。例如，部分幼儿在面对失败时仍然表现出一定的挫败感，这提示我们在今后的活动中需要更多关注幼儿的情感教育，帮助他们保持更加积极的心态。此外，我们还可以引入更多种类的线和绳游戏，以丰富活动内容，进一步激发幼儿的探索兴趣。

五、主题活动反思

语言是交流和思维的工具。幼儿的语言能力是在交流和运用的过程中发展起来的。应为幼儿创设自由、宽松的语言交往环境，鼓励和支持幼儿与成人、同伴交流，让他们想说、敢说、喜欢说，并能得到积极的回应。提供丰富、适宜的低幼读物，经常和幼儿一起看图书、讲故事，有利于丰富其语言表达能力，培养良好的阅读兴趣和习惯，进一步拓展学习经验。

（一）增强幼儿对阅读的兴趣，感受阅读的快乐

创设良好的阅读氛围、投放多种类型的书、设置自主阅读和集体阅读的环节、鼓励幼儿自己带图书与同伴分享、故事大王、阅读打卡等方法都可以调动幼儿阅读图书的积极性，让幼儿慢慢喜欢上阅读，感受阅读的快乐。

（二）提高幼儿的观察能力，鼓励猜想和提问

在日常生活中，教师可以引导幼儿多关注周围动植物的变化，可以通过观察、对比试验等方法提高对细节的关注。在自主游戏和过渡环节，幼儿能够通过绘本阅读、找不同、迷宫和拼图游戏等提高观察细节的能力，并能够大胆进行猜想和提问，萌发问题意识。

（三）鼓励幼儿大胆质疑和发问，并进行探索

鼓励幼儿大胆发问并自主探究答案，获得知识经验的积累。本次主题活动"一条神奇的线"由幼儿在阅读绘本过程中的一系列问题引发，形成了问题链。教师将这一系列问题进行梳理，并带领幼儿一起带着问题在活动中探索线在生活中的各种秘密并发现答案。如通过彩带游戏、观看视频、音乐作画等活动，孩子们的想象力得到了充分的激发，他们能够大胆地表达自己的想法，并在创作中展现出独特的个性。

（作者：李秋月）

案例一：巧用谜语激发幼儿的阅读兴趣

【观察实录】

今天是孩子们第一次集体阅读《小猪变形记》（图 8-1）。老师的谜语刚说完，孩子们纷纷说道"是小猪""是会噜噜叫的小猪"……然后老师神秘地拿出大书："啊，真的是一只小猪呢！"孩子们开心地拍起了小手。老师马上又指着封面上的小猪，好奇地问道："这只小猪和我们平时看到的小猪有什么不同吗？"孩子们纷纷凑了上来（图 8-2）。昊昊第一个发出疑问："老师，它怎么有翅膀啊？"苏苏也紧接着问道："它后边还有个羽毛尾巴，怎么回事呀？"说完捂着嘴咯咯地笑了起来。瞳瞳也被逗乐了，对苏苏说："有翅膀想飞啊，它要去哪里呢？"……"你们发现了这么多有趣的地方，我也想知道这只小猪的故事，我们一起读一读好不好？"老师请孩子们回到座位，一起阅读图画书。

图 8-1

图 8-2

【问题分析】

序号	问题	评估指标	分析
1	昊昊："老师，它怎么有翅膀啊？"	【觉察与发现】敏感性—水平 2	幼儿通过观察、与日常生活经验作对比，发现并提出了疑问。反映了他对绘本中小猪形象的关注，也体现了他对小猪翅膀的好奇心。
2	苏苏："它后边还有个羽毛尾巴，怎么回事？"	【觉察与发现】专注力—水平 2	幼儿通过细致观察发现了小猪尾巴处的羽毛并提出了疑问。说明幼儿与已有认知经验中小猪的形象作了对比，并产生了认知的碰撞。
3	苏苏："小猪有翅膀想飞。它要去哪里呢？"	【觉察与发现】敏感性—水平 3	孩子的问题引发同伴的呼应，这是教育最好的时机，瞳瞳不仅回答了苏苏的问题，还进一步提出了新问题。

【支持策略】

1. 具象化感知

针对昊昊对于翅膀的疑惑，开展"身体变形模仿"游戏，提供羽毛披风、纸箱翅膀等低结构材料，让幼儿通过肢体动作表现小猪变形的过程。结合"猜猜我是谁"游戏，用"我的翅膀能扇动吗？""羽毛尾巴走路会怎样？"等具体问题引发具身认知。

2. 趣味探索

针对苏苏对于装饰物的兴趣，在美工区投放彩羽、亮片等材料，开展"百变尾巴"创意活动。投放镜子让幼儿观察自己变形后的模样，鼓励用"我的尾巴可以……"句式描述，转化为幼儿的创造性表达。

3. 留下悬念

面对幼儿对小猪形象的质疑，老师没有直接给出答案，而是鼓励幼儿在阅读中寻找答案。

（作者：厉双）

案例二：利用互动类图书（洞洞书）激发幼儿的问题意识

【观察实录】

逸逸和元宝先后来到图书区，拿了绘本《谁吃了我的苹果》（图 8-3）以及绘本故事中含有的小老鼠、长颈鹿、鳄鱼、长臂猿、丹顶鹤、蛇、大象等动物卡片。逸逸指着封面笑着自言自语地说："苹果被别人吃了。"接着两个人一页一页地翻看起来。在翻看过程中，两个人时不时地学一学小动物的样子。看了一会儿后，逸逸翻看起来动物卡片，对元宝说：“好多小动物，看看是谁偷吃了苹果。”于是两人摆弄起了卡片，并翻到洞口这一页。逸逸摆弄时自言自语地说：“肯定不是长颈鹿，太高了吧。”然后从中挑选出猴子卡片，说着：“是猴子拿的吗？没准是猴子拿的，手这么长肯定能够到。”说着将猴子放在洞口的位置不断挪动，反复试了几次后说：“够不到洞里的苹果。”此时的元宝放下手里的卡片说：“诶？大猴子，我试试。”

图 8-3

逸逸又拿起蛇的卡片对元宝说：“我觉得蛇可以，蛇挺长的，能吃到苹果。”元宝指着画面笑着说：“卡在洞口了。”逸逸也跟着笑了起来，但还是试着将蛇的卡片放在洞口。接着元宝拿出鳄鱼对逸逸说：“鳄鱼，长长的大嘴巴。”逸逸接过鳄鱼放在洞口并不断移动位置，皱着眉说：“嘴巴也太宽了吧，都张不开了。”随后噘着嘴说：“到底谁偷吃的啊？我都生气了。”终于，在几次操作后，逸逸拿起大象卡片放在洞口，说：“吃到啦！”然后又将卡片调整了一下，再次大声对元宝说：“就是他偷吃的！”元宝也试了试说：“是它吃的。”

【问题分析】

序号	问题	评估指标	分析
1	逸逸拿起猴子卡片，说着：“是猴子拿的吗？没准是猴子拿的，手这么长肯定能够到。”	【联结与思考】因果推理—水平 2	在幼儿语言发展的初期阶段，常常会出现自问自答的现象，而“没准”一词，代表着幼儿的猜想和不确定性。从提问到猜测再到最后对答案的肯定，可以看出该幼儿的思考顺序：大胆猜想和简单的依据，根据猴子的身体特征进行逻辑推理，最终验证答案。
2	逸逸：“到底谁偷吃的啊？我都生气了。”	【觉察与发现】专注力—水平 3	这一问题充满了好奇心和求知欲。幼儿在操作与对比中不断有新的问题产生，但几番寻找后，并未找到真正的“偷吃者”，迫切地想知道“偷吃者”是谁，所以会表现出挫败感和急切想要找到答案的情绪，这也是小班幼儿情绪化的特点。

（续）

序号	问题	评估指标	分析
3	逸逸拿起大象卡片放在洞口，说："吃到啦！"然后又将卡片调整了一下，再次大声对元宝说："就是他偷吃的。"	【表达与解决】解决策略—水平2	"又将卡片调整了一下"体现了一种幼儿特有的质疑方式，调整的过程也是探索与自我确认的过程，说明在动手操作中，幼儿的好奇心与对问题的探索欲望较强。幼儿找到答案后会第一时间与同伴分享，表现了他在社交互动与同伴学习等方面的能力。

【支持策略】

1. 给予幼儿猜想验证的空间

基于逸逸反复测试动物卡片的行为，在图书角投放带有魔术贴的立体洞洞书页，配套可伸缩的动物卡片（如能弯曲的大象鼻子、可折叠的蛇身）。当幼儿像逸逸一样提出"大象能吃到"时，引导其将卡片插入特制测量尺（标有红绿警示区），通过拉伸大象鼻子，观察能否触及苹果所在的位置。设置"侦探记录板"，用图示符号（ ✔ 代表验证成功 ❓ 代表存疑）让幼儿自主记录每个假设的验证结果，将无意识摆弄转化为系统性探究。

2. 鼓励幼儿提出问题

鼓励幼儿在阅读、游戏或日常生活中提出问题，无论是关于故事情节、动物特征还是其他任何他们感兴趣的问题。逸逸在案例中通过自言自语以及与元宝的讨论，不断地提出问题并尝试解答。教师在此过程中不加以打断，给予幼儿思考和提出问题的机会，有助于培养幼儿的问题意识。

3. 设置问题链探秘身体

顺应幼儿用身体模仿动物的兴趣，开展"身体量量看"探究活动。在阅读区地面铺设等比例放大的洞洞地毯，旁边悬挂带有动物特征的测量工具：软尺做成的"长颈鹿脖子"、PVC管拼接的"大象鼻子"。当逸逸尝试用大象卡片时，邀请他躺在地毯上，用充气棒模拟鼻子："你的'鼻子'要伸长多少厘米才能碰到苹果？"在墙面设置"问题链爬藤架"，将幼儿提出的问题（如"鳄鱼的嘴张多大"）写在叶片上，每解决一个问题就延伸一节藤蔓，最终延伸到隐藏的"真相苹果"奖励盒。

（作者：曹海萌）

案例三：借同伴之力，探绘本之谜

【观察实录】

紫伊来到书架前寻找着自己想读的书。她拿出了《肚子里的肚子里的肚子里有老鼠》这本书，然后坐在小椅子上，一页一页翻看起来。

看到第五页时，她向左扭过身体问旁边的阳阳："阳阳，这是你带的书吗？"阳阳看了看，点点头，说："对，他们都被吃了。"紫伊将第五页推到阳阳身边，问："怎么有那么多小动物，谁在谁的肚子里啊？我看不懂了，你能给我讲讲吗？"阳阳把自己的书合了起来，挪了挪椅子靠近紫伊，有模有样地当起了小老师（图8-4）。紫伊指着书问道："小老鼠被猫吃进了肚子里，猫又在谁的肚子里？"阳阳不紧不慢地说："是的，猫又被狮子吃了，你看猫在狮子的肚子里啊。""那狮子呢？""为什么大家吃了那么多都吃不饱呢？"……

图 8-4

【问题分析】

序号	问题	评估指标	分析
1	紫伊将第五页推到阳阳身边，问"怎么有那么多小动物，谁在谁的肚子里啊？我看不懂了，你能给我讲讲吗？"	【觉察与发现】敏感性—水平3	将没有看懂的地方讲给同伴，希望得到帮助。
2	紫伊指着书问道："小老鼠被猫吃进了肚子里，猫又在谁的肚子里？"	【觉察与发现】专注力—水平2	尝试运用推理来思考问题，但还是依赖同伴的帮助。
3	紫伊："那狮子呢？""为什么大家吃了那么多都吃不饱呢？"……	【联结与思考】因果推理—水平3	紫伊的问题开始从具象思维转变成发散思维，说明阳阳的帮助激发了紫伊提问的欲望。紫伊不断地提问，也是对陪伴阅读的渴望。

【支持策略】

1. 发挥同伴陪伴阅读的作用

同伴陪伴阅读可以给予幼儿充分分享、交流和探讨的机会。幼儿之间的交流、讨论又能够促进彼此对阅读内容的进一步理解与思考，同时增进幼儿的社会性交往。教师可以对紫伊和阳阳的共同阅读行为给予肯定，并鼓励其他幼儿一起对绘本的内容进行探索。

2. 为紫伊提供分享阅读收获的机会

在倾听回顾环节中，可以给予幼儿分享阅读收获的机会，让紫伊把自己对故事的理解用自己的语言表达出来，从而进一步提高幼儿的语言表达能力、逻辑思维能力以及当众表达的自信心。

3. 发挥亲子阅读对幼儿深入阅读的引领作用

鼓励紫伊和阳阳回到家和爸爸妈妈一起讲一讲今天阅读的绘本内容，邀请家长一起阅读绘本。鼓励家长在家中确定固定的亲子阅读时间，通过亲子共读增进亲子关系，同时帮助幼儿提高阅读能力、语言表达能力，为前阅读打下基础，更好地为幼小衔接做准备。

（作者：张茜）

案例四：捕捉幼儿关键问题，帮助幼儿链接问题链

【观察实录】

几名幼儿来到图书角选择了绘本《我妈妈》（图 8-5）。打开绘本，对着上面的画面说道："哇！好漂亮！妈妈的衣服上到处都是花。"诺诺指了指各个页面中妈妈的图片，说："都是这样的花朵。"诺诺翻到书中描绘妈妈成为舞者的那一页时，突然停下了翻页的手，眉头微微皱起。尔涵向老师问道："老师，为什么书里的妈妈可以跳得那么高，像飞一样？我妈妈不是这样跳舞的。"尔涵提出问题后，小朋友们纷纷说道："老师，我妈妈也是这样的。"面对尔涵的提问，老师将孩子们召集到身边，说："小朋友们，绘本里的妈妈在怎样

图 8-5

跳舞呢？为什么这样跳舞？"孩子们转了转小眼珠，用他们的小手尝试比画着图片中妈妈的动作，晃了晃自己的小脑袋，嘟囔着："是这样吗？是这样吗？""一定是因为妈妈这样很美丽，妈妈这样非常厉害。"然后孩子们接着翻开绘本，纷纷说着："妈妈为什么是超人呢？""一定是妈妈很厉害，会干很多事。"老师不时地向孩子们点头，鼓励孩子们继续表达自己的想法。他们开始更加认真地翻阅绘本，关注图片中的细节。一个小朋友兴奋地举手问道："妈妈能

够将我的玩具都变出来吗？""那你觉得妈妈有魔法吗？"老师笑着问道。"妈妈一定拥有魔法，能够给我变出玩具，我爱妈妈！"老师给孩子点了一个大大的赞。

【问题分析】

序号	问题	评估指标	分析
1	诺诺突然停下了翻页的手，眉头微微皱起。	【觉察与发现】敏感性—水平2	通过幼儿的微表情和动作，可以看出幼儿在阅读过程中产生了困惑。
2	尔涵："为什么书里的妈妈可以跳得那么高，像飞一样？我妈妈不是这样跳舞的。"	【表达与解决】问题表征—水平2	低年龄段的幼儿在阅读绘本时容易依托实际生活经验，当与自己的已知经验出现矛盾时就会产生问题。
3	孩子们纷纷问道："妈妈为什么是超人呢？"	【表达与解决】问题表征—水平2	小班幼儿的再造想象占据主体地位，具有复制性和模仿性，所以幼儿能想象到妈妈跳出不同的舞蹈，却不能理解会变成超人。
4	"妈妈能够将我的玩具都变出来吗？"	【联结与思考】因果推理—水平3	小班幼儿的自我意识表现尤为突出，问题常常以自我为中心。

【支持策略】

1. 动态模仿联结生活经验

小班幼儿的思维依赖动作与直观体验，教师可即时将绘本中的超现实画面转化为可操作的肢体游戏。当幼儿质疑"妈妈为什么能飞"时，教师带领幼儿踮脚伸展双臂，用纱巾模拟裙摆飘动，提问："像不像小鸟起飞？妈妈的脚尖是不是像小火箭要发射？"通过动作模仿与问题引导，帮助幼儿在亲身体验中理解艺术表达的夸张，同时引导其关注绘本画面与真实生活的联系。

2. 积极回应，有效引导

面对幼儿的提问，应保持积极的态度，给予及时的回应和鼓励，激发幼儿继续探索的热情。教师在引导的过程中要依托幼儿的问题和兴趣，如当幼儿对"不一样的妈妈"这一话题感兴趣时，要捕捉问题点"不一样"引导幼儿进行深入讨论。

3. 正面引导，树立榜样

教师在回答问题的过程中要传递正能量，强调每个妈妈的独特性和伟大之处，引导幼儿发现妈妈为我们做的事情，进一步感受爱、理解爱，鼓励幼儿用自己的方式表达爱。

（作者：谢雨彬）

案例五：通过反差性故事形象激发幼儿的问题意识

【观察实录】

在集体阅读《小老虎的大屁股》（图 8-6）一书之前，我引导孩子们先观察封面，并鼓励他们和身边的同伴说一说："你看到了什么？你觉得会发生什么有趣的故事？"芯瑜对身边的晗钰说："我觉得小老虎在撅着屁股逗小朋友笑。"晗钰说："不对不对，我觉得是其他小动物在嘲笑小老虎。""为什么大家要嘲笑小老虎呢？"芯瑜问道。晗钰回答："因为小老虎的屁股很大呀！"两位小朋友你一言我一语地讨论着（图 8-7）。看到我过来，晗钰指着封面上的字问我："老师，这写的是什么字呀？"我告诉她写的是"小老虎的大屁股"，晗钰听后重复了一遍书名，接着一边笑一边指着老虎屁股对我说："我也觉得它的大屁股好搞笑。"

图 8-6

图 8-7

【问题分析】

序号	问题	评估指标	分析
1	晗钰说："不对不对，我觉得是其他小动物在嘲笑小老虎。""为什么大家要嘲笑小老虎呢？"芯瑜问道。	【联想与思考】因果推理—水平 3	晗钰提出不同的想法，芯瑜又进行了更细节性地反问，说明他们的思维已经开始向逻辑性和可逆性发展。通过观察同样的画面、相同的动作，幼儿会有不同的理解和想象。
2	晗钰指着封面上的字问我："老师，这写的是什么字呀？"	【表达与解决】问题表征—水平 2	晗钰在观察封面时，观察到封面不只有图画还有文字，开始对不认识的字产生好奇，从而提出问题。

（续）

序号	问题	评估指标	分析
3	晗钰听后重复了一遍书名，接着一边笑一边指着老虎屁股对我说："我也觉得它的大屁股好搞笑。"	【联结与思考】 经验联结—水平 2	晗钰能将文字与图画进行结合，而夸张的动物形象"搞笑的大屁股"更加激发了幼儿的阅读兴趣。

【支持策略】

1. 同伴共读引发阅读兴趣

晗钰与芯瑜在阅读的过程中共同讨论和思考绘本内容，体现出幼儿之间的头脑风暴更容易擦出火花，所以在阅读开始前，教师鼓励幼儿与同伴共同观察讨论。当幼儿有了不同的想法和猜测时，教师要及时鼓励，激发幼儿更多的想象。

2. 了解幼儿的兴趣点，激发幼儿的阅读兴趣

小班幼儿对"大"而"陌生"的东西更容易产生好奇，比如晗钰观察到封面上大大的文字并产生疑问，但是在阅读绘本的过程中对内页中的文字反而不会关注。在重复读书名的过程中，幼儿能初步将文字和画面结合，所以教师下次可以引导幼儿结合封面内容猜测书名或在阅读结束后给绘本起名字。

（作者：杨静溪）

案例六：阅读记录对幼儿问题意识萌发的帮助

【观察实录】

自主阅读开始前，我鼓励孩子们在看绘本《小老虎的大屁股》时将不明白的画面或自己觉得有意思的画面通过绘画的方式记录下来，作为一次阅读记录。旭旭快速地从绘本的第一页翻看到最后一页，看完后用画笔进行绘画记录。她画着画着突然皱起眉头，将手里的水彩笔放下又拿起，接着又把已经合上的书往回翻。琪琪也在一页一页地翻读，但是她比阳阳的速度慢了很多。在翻看的过程中，琪琪有时看看旁边的小朋友，有时看看自己空白的画纸，看了一会儿就动笔绘画，画完继续看书（图 8-8）。我问琪琪："这是你画的问题吗？"她冲我点了点头说："这是我画的大洞，为什么地上会有一个洞？"说完，她

图 8-8

把这张纸夹在这一页后继续往后看，翻了几页后又拿起一张纸进行绘画记录。

【问题分析】

序号	问题	评估指标	分析
1	旭旭快速从绘本的第一页翻看到最后一页，看完后用画笔进行绘画记录，画着画着突然皱起眉头，将手里的水彩笔放下又拿起，接着又把已经合上的书往回翻。	【觉察与发现】专注力—水平 4	显然旭旭在记录时忘记了自己想记录的内容，所以才会有"皱眉""放下又拿起""往回翻"的微表情和举动。
2	琪琪说："这是我画的大洞，为什么地上会有一个洞？"	【表达与解决】问题表征—水平 3	在教师引导幼儿进行绘画记录后，琪琪对其画面内容产生了疑问。
3	说完她把这张纸夹在这一页后继续往后看，翻了几页后又拿起一张纸进行记录。	【表达与解决】问题表征—水平 3	琪琪和旭旭记录的方式是不一样的：琪琪在产生问题的当下便在纸上画下来并夹在有问题的那一页中，也能很快说出纸上记录的内容；而旭旭则是在全部看完后进行记录。

【支持策略】

1. 集体分享与讨论

鼓励旭旭和琪琪分享自己的记录内容，将两位小朋友不同的记录方式在集体中进行讨论，寻找出更加便捷和易于小朋友进行回顾的记录方法，并在班级中推行尝试。

2. 师幼共同阅读

教师对幼儿进行一对一倾听，以便更加了解幼儿的阅读水平和当下对绘本的理解。鼓励幼儿说一说自己记录的内容，在集体阅读后与幼儿共同探讨问题的答案。

3. 针对幼儿不同的阅读习惯，给予针对性的指导

当观察到旭旭快速翻阅后反复回翻时，教师轻声提示："旭旭发现小老虎的屁股变颜色了吗？可以用这个星星贴纸做个记号哦！"引导其建立"标记—回看—记录"的探究路径。对于易受干扰的琪琪，教师在其停顿观察时介入："琪琪画的大洞旁边还有脚印呢，猜猜是谁踩出来的？"通过聚焦画面细节的方式进行启发，帮助其将注意力从同伴转向绘本内容。

（作者：杨静溪）

案例七：巧妙运用阅读经验解决游戏中的实际问题

【观察实录】

近期，班里组织了一次《老狐狸开超市》的绘本阅读活动（图 8-9）。到了第二天，果果、紫馨和芭乐在区域游戏时间选择了文具店。紫馨对他俩说："今天我们怎么分配啊？咱们可不能像老狐狸那样骗顾客，把他们都吓走了，待会儿可就该营业赚钱了。"文具店的周围已经有三三两两的小朋友在询问："我们要进去买文具了，什么时候能开店啊？我有钱。"果果向外探出头，对大家说："请大家安静一下，我们正在设计，请等一等。"听到果果的话，人群渐渐散了。

图 8-9

芭乐问果果："我们用什么活动吸引顾客呢？"果果嘟了嘟嘴，想了想说："要不然学老狐狸那本书里的方法，咱们买一赠一？"芭乐和馨馨面对面说："那不会有顾客觉得我们骗他们吧，买一个送一个别的。"说着他和芭乐哈哈大笑起来。果果没有继续说话，托着脑袋。紫馨突然转向他们，兴奋地说："哎，我想到了！咱们可以做一个开业大抽奖的活动，只要进店买东西的顾客都可以抽一次奖，抽到什么就给他们什么。""这个方法不错，而且咱们还要明码标价，诚信经营。我们一定要比老狐狸贝瓦挣得多！"芭乐听了果果和王紫馨的话后，点头表示赞同："对，诚信经营，不能学那只老狐狸。你们的这个主意太好了！"果果也表示赞同，频频点头说："好，那我们就这么定了。""我们是不是得赶紧制作海报和抽奖箱，让他们赶紧进店啊？"三人说定，开始忙碌起来……

【问题分析】

序号	问题	评估指标	分析
1	紫馨："今天我们怎么分配啊？咱们可不能像老狐狸那样骗顾客，把他们都吓走了，待会儿可就该营业赚钱了。"	【联结与思考】经验联结—水平 3	大班幼儿已有一定的合作经验，紫馨能借鉴绘本中的经验主动询问分工，体现知识迁移与合作意识，符合此阶段幼儿的社会交往发展特点。

（续）

序号	问题	评估指标	分析
2	果果："我们用什么活动吸引顾客呢？"	【表达与解决】问题表征—水平 3	这表明果果思维活跃，通过提问引发同伴思考，推动游戏开展，是大班幼儿在游戏中常见的积极互动表现。
3	果果："要不然学老狐狸那本书里的方法，咱们买一赠一？"	【表达与解决】解决策略—水平 4	说明幼儿能从绘本中提取信息并引发讨论，显示其对商业促销概念的初步理解，与大班幼儿的认知发展水平相契合。
4	紫馨："我们是不是得赶紧制作海报和抽奖箱，让他们赶紧进店啊？"	【表达与解决】解决策略—水平 4	其协商语气和分工意图明确，引导后续操作，反映大班幼儿在自主游戏中有计划和组织能力。

【支持策略】

1. 提供自主空间

根据《3～6岁儿童学习与发展指南》社会领域中"鼓励幼儿自主决定，独立做事，增强其自尊心和自信心"的要求，教师应给予幼儿真实的自主游戏空间，并在旁观察引导。如幼儿自主分配角色和任务时，教师不过多干涉，仅在必要时提供安全保障和适当提醒，让幼儿充分发挥自主性，培养独立解决问题的能力。

2. 创设情境参与游戏

教师可创设丰富多样的购物情境，邀请更多幼儿扮演不同类型的顾客。如提出购买文具店没有的特殊文具，要求幼儿想办法解决，这符合《3～6岁儿童学习与发展指南》中科学领域"激发幼儿的好奇心和探究欲望，发展认识能力"的精神。通过设置难度适宜的挑战，促使幼儿运用已有知识和经验，如寻找替代文具或记录顾客需求后续补货等，提升解决实际问题的能力和思维的灵活性。

3. 领域融合引导

在游戏中自然融入数学领域的知识，如计算成本、利润，测量文具的尺寸，称重等。关注幼儿在交易过程中的心理体验，鼓励幼儿表达感受和想法。例如，当幼儿计算价格出现错误时，教师引导其重新核算，帮助幼儿巩固数学运算能力，同时培养幼儿在实际情境中运用数学知识的能，促进幼儿的全面发展。

（作者：董蕊）

🔍 案例八：幼儿在自主阅读中表现出的问题意识

【观察实录】

晨僖专注地翻阅着《小猫咪皮鲁》。我经过他的身边摸了摸他的头，小声说："抬起头看。"晨僖扭了扭身体换了换姿势，继续看书。

翻到第九页时，他的小手停了下来，轻轻摸索着书页的边缘，眉头紧蹙，着急地自语道："皮鲁，你要干什么？哎呀！"右手快速地翻过，眼睛着急地在下一页寻找。突然，他开心地拍了拍十一页出现的小蝴蝶，小眉头也舒展开了，也加快了翻书的速度。过了一会儿，他好像发现了什么，想了想，举起第十五页的画面问旁边的我："老师，他这样能修好吗？"小手在空中比画着，模仿着皮鲁的动作。还没等我回应，他又继续看书了。

【问题分析】

序号	问题	评估指标	分析
1	他的小手停了下来，轻轻摸索着书页的边缘，眉头紧蹙。	【觉察与发现】敏感性—水平3	晨僖良好的阅读专注度和对情节的情感反应，说明大班幼儿在阅读中能深入理解内容，感受情感变化，符合其语言和情感发展水平。
2	晨僖自语："皮鲁，你要干什么？"	【觉察与发现】敏感性—水平4	表明他好奇心强，试图自主解决问题，反映出大班幼儿在阅读中积极思考、探索的特点，有一定的自主学习能力。
3	他好像发现了什么，想了想，举起第十五页的画面问老师。	【表达与解决】解决策略—水平1	说明遇到超出自身理解范围的问题时，晨僖能主动寻求帮助，展现大班幼儿初步的问题解决策略和人际交往意识。
4	"老师，他这样能修好吗？"	【联结与思考】因果推理—水平3	其对内容的质疑源于认知冲突，主动向老师提问，符合大班幼儿思维发展中开始对事物进行批判性思考的趋势。

【支持策略】

1. 建立问题交流平台

针对晨僖在绘本阅读中能够大胆提问的特点，老师可以设置"问题墙"或"思考角"，将幼儿在阅读中的疑问记录下来进行展示，形成讨论话题。例如，定期组织幼儿围绕问题墙的问题交流分享，鼓励幼儿发表观点、互相解答，这能促进幼儿语言表达能力和社会交往能力的发展，培养合作学习意识，符合《3～6岁儿童学习与发展指南》社会领域中培养幼儿"愿意与人交往，能与同伴友好相处，具有自尊、自信、自主的表现"的目标。

2. 小组合作阅读

鼓励晨僖与同伴合作阅读，增加互动交流机会。如在小组中安排不同阅读水平的幼儿，让能力强的幼儿带动能力较弱的幼儿，共同讨论问题、分享见解。教师适时引导，帮助幼儿学会倾听、表达和合作，提升综合能力，遵循《3～6岁儿童学习与发展指南》中关于培养幼儿合作学习和语言发展的指导原则。

3. 实践探索答案

针对晨僖提出的与生活相关的问题，如绘本中物品的修理问题，教师引导幼儿利用玩具、手工材料等模拟情境，进行角色扮演或简单实验。如用积木搭建类似物品尝试修理，通过亲身体验寻找答案，培养幼儿的动手能力和解决问题的能力，体现《3～6岁儿童学习与发展指南》科学领域中"引导幼儿通过观察、比较、操作、实验等方法，学习发现问题、分析问题和解决问题"的精神。

（作者：丁一龙）

案例九：结合幼儿生活实际思考绘本中的辩证性提问

【观察实录】

我们围坐在一桌，小朋友们都注视着图画书的封面。一位认识字的小朋友直接把书名《让谁先吃好呢？》念了出来（图8-10）。小梁盯着封面和我说："老师，这是一本关于谁先吃的故事吗？我猜肯定是小虫子，你看它都吃上了。"听到小梁的话，其他小朋友也纷纷开始发言。田田用手挠了挠嘴角说："用什么来决定吃的顺序呢？"我继续翻开图画书，翻到扉页，小梁说："谁先吃，应该是个人或者动物，怎么扉页画的是一个苹果呀？扉页不应该是最重要的角色吗？"我点了点头，说："那我们继续看下去，看看是不是作者搞错了。"于是我们开始逐页阅读图画书，读到动物们量身高的画面时，小梁指着河马的脚下说："嘿，它还踮脚尖了，这不会不公平吗？（图8-11）"田田说："什么是

图8-10

公平？它们在用大树量身高呢。你说的是多重，需要用公平秤。"小梁说："不是，我是说河马踮脚尖了，而其他动物没有踮脚尖。"我说："噢！老师给你念念其他动物说了什么。"我继续往下念的时候，小梁又指着画面说："老师，长颈鹿肯定没事，因为它比河马高那么多，但是比它矮的小动物就会吃亏了。您给我念念后面的这个犀牛。"念完后，小梁说："果然，犀牛也发现了河马踮脚尖的事情。"

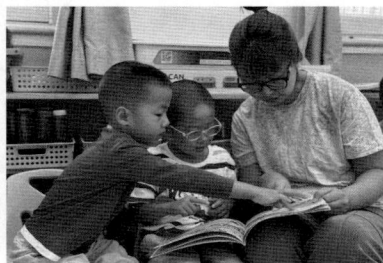

图 8-11

【问题分析】

序号	问题	评估指标	分析
1	田田："用什么来决定吃的顺序呢？"	【觉察与发现】敏感性—水平3	田田能紧跟故事线索思考关键问题，反映大班幼儿的逻辑思维开始发展，对故事结构和情节发展有一定的敏感度，积极参与阅读互动。
2	小梁："嘿，它还踮脚尖了，这不会不公平吗？"	【觉察与发现】敏感性—水平3	小梁对"公平"有直观的理解，善于观察细节并大胆提问，体现此阶段幼儿道德认知和社会判断能力的初步发展，能将生活中的公平概念迁移到绘本阅读中。
3	田田说："什么是公平？它们在用大树量身高呢。你说的是多重，需要用公平秤。"	【联结与思考】经验联结—水平3	说明绘本内容激发了田田对新词汇和概念的思考，体现出大班幼儿在阅读中不断拓展认知边界、积极探索未知的特点。

【支持策略】

1. 组织小组讨论

针对几名幼儿提出的"公平"话题，教师组织幼儿分组讨论，引导幼儿结合绘本前后线索深入探究。如提供图表让幼儿记录测量动物身高的方式和可能存在的不公平点，鼓励幼儿用简单的语言表达观点，促进幼儿逻辑思维和语言表达能力的发展。

2. 一对一倾听引导

与小梁一对一交流，倾听他对公平的理解，引导其回顾发现问题的过程。教师通过提问启发幼儿思考，如"你为什么觉得河马踮脚尖不公平？还有哪些地方可能不公平？"帮助幼儿梳理思路，提升问题意识和分析能力。

3. 回顾反思阅读问题

读完绘本后，教师带领幼儿回顾问题，梳理故事线索，重新审视"公平"问题。例如，通过故事地图的形式呈现情节发展和公平问题的解决过程，让幼儿更清晰地理解故事内涵，巩固知识经验，培养幼儿的总结归纳和反思能力。

（作者：林育华）

案例十：支持幼儿在阅读中通过大胆猜测寻找问题答案

【观察实录】

我们围坐在一起准备阅读绘本《变大变小的狮子》。认识字的子墨指着封面对我说："老师，这是一个关于狮子怎么变大变小的故事吗？"听到子墨的话，欣妍摸了摸鼻子说："狮子为什么会变大变小呢？"子墨挠挠头说："可能有魔法吧。"然后我们开始一起逐页阅读绘本。当看到特鲁鲁第一次变小的画面时，欣妍说："哇，狮子变小了，它为什么变小呀？"子墨说："是不是遇到危险了，所以变小躲起来？"梓欣猜测道："也许它累了，变小可以休息，就可以用小树叶当被子了。"接着，画面中出现特鲁鲁和小老鼠一起玩的画面，子墨惊讶地说："狮子变得好小呀，它是为了和小老鼠做朋友吗？"梓欣说："肯定不是！我可从来没见过狮子和小老鼠做朋友。"子墨却摇摇头说："可能它们就是好朋友。特鲁鲁怕吓到小老鼠才会变小的。"欣妍在一旁皱着眉头，小手不停地往后翻页，企图从后面的画面中找出原因。当画面中出现特鲁鲁变大的场景时，欣妍"哇"了一声并问道："是因为特鲁鲁生气了，所以就会变大吗？""肯定是为了保护小老鼠。"梓欣说道。随着故事的推进，幼儿逐渐了解到特鲁鲁变小是因为害怕，变大是为了保护朋友。子墨说："老师，我觉得特鲁鲁好勇敢，它能变大变小，我也想像特鲁鲁一样！"

【问题分析】

序号	问题	评估指标	分析
1	欣妍："狮子为什么会变大变小呢？"	【觉察与发现】敏感性—水平3	此问题反映出大班幼儿对新奇事物的好奇心，是引发阅读兴趣和推动阅读的关键因素，体现了幼儿积极探索的天性。
2	子墨："是不是遇到危险了，所以变小躲起来？"	【联结与思考】经验联结—水平4	表明幼儿能结合生活经验对故事现象进行合理推测，展示其初步的逻辑思维和知识迁移能力，是大班幼儿在阅读中常见的思维活动。

（续）

序号	问题	评估指标	分析
3	欣妍："是因为特鲁鲁生气了，所以就会变大吗？"	【联结与思考】经验联结—水平4	说明她在阅读过程中持续观察思考，不断尝试解释故事发展，有助于深入理解情节，符合大班幼儿思维发展的活跃性和连贯性特点。
4	子墨："狮子变得好小呀，它是为了和小老鼠做朋友吗？"	【联结与思考】因果推理—水平4	显示幼儿在阅读互动中思维的灵活性和开放性，能根据新情节调整和提出新观点，促进小组讨论的深入开展，对培养幼儿的批判性思维和创新能力有重要作用。

【支持策略】

1. 引导提问技巧

教师适时引导子墨和欣妍用"为什么""你是怎么想的""还有其他可能吗"等提问方式深入探讨。如在他们争论狮子变小的原因时，教师介入问："我们怎么才能确定狮子到底为什么变小呢？还有什么细节我们没注意到？"帮助他们学会质疑、思考和寻求证据，提升思维的深度和逻辑性。

2. 鼓励深入探究

当子墨和欣妍观点不同时，教师鼓励他们再次阅读、观察画面或小组讨论。可以说："大家的想法都很有趣，我们再仔细看看书里的画面，说不定能找到新线索哦！"引导他们自主寻找答案，培养探究精神和自主学习能力。

3. 总结拓展延伸

阅读结束后，教师总结子墨和欣妍的观点和问题，肯定其思考和提问。如："你们都很有想法，想出了这么多可能的原因，这就是思考的力量。"同时提出拓展问题，如"如果是你，你会像特鲁鲁一样变大变小去帮助朋友吗？为什么？"引导他们进一步思考故事中蕴含的价值观和生活启示，促进幼儿情感、社会认知和语言表达能力的发展。

（作者：高子娇）

案例十一：在同伴阅读中激发幼儿的问题意识

【观察实录】

图书区里，一祎很快就拿着自己想看的书回到桌旁翻看起来，小郎在书架前左看看右看看，徘徊了好一会儿，最后拿起了一本《我们做朋友吧》走回桌旁，开始从前往后一页一页地看。他时而眼睛睁得大大的，时而露出惊喜的表情，还会用手指轻轻点着图片上的人物（图 8-12），嘴里小声说着："这只小蜥蜴好厉害呀！"

不一会儿，小郎皱起了眉头，指着书上的一个字问一祎："这个字是什么？"一祎看了看摇了摇头。于是，小郎拿着书来到我面前，问道："高老师，这个字读什么？"我并没有马上告诉他这个字的读音和意思，而是请他尝试用自己的话讲一讲这个字所在的画面以及前后两页画面的大致故事情节。之后，我给小郎讲了一次，同时将他问到的那个字的读音告诉了他。"原来是瘫呀，就是它被吓了一跳坐到地上了呗。"我点点头，小郎笑着走回座位，又把刚刚那一页的情节给一祎讲了一遍……

图 8-12

过了一会儿，一祎又选了另外一本书在小郎旁边坐下。小郎看到一祎的书后，身体微微前倾，脑袋凑过去问道："你这本书讲的什么呀？"一祎把书往小郎面前挪了挪，说："讲的小牛和小红球的故事。你看，这是小牛的魔法红球。"小郎歪着脑袋看了看，眼睛里满是好奇。他指着一祎书上的小牛说："它的小球是有魔法吗？能变大水枪吗？"说着，他用手比画着水枪的样子。一祎笑着说："不是，这个小红球是小牛的宝贝，可以帮助小牛。"一祎也伸出小手抱了抱自己。他们一边说一边比画着，脸上洋溢着开心的笑容。

【问题分析】

序号	问题	评估指标	分析
1	小郎问一祎："你这本书讲的什么呀？"	【表达与解决】问题表征—水平 2	体现小郎对同伴阅读内容的关注和积极交往的意愿，是幼儿在图书区社交互动的重要表现，有助于拓展阅读视野和培养分享交流的习惯。
2	小郎指着一祎书上的画面问："他的小球是有魔法吗？能变大水枪吗？"	【联结与思考】经验联结—水平 3	表明他能捕捉关键信息并结合自身经验联想提问，反映出大班幼儿思维活跃、富有想象力的特点，在阅读交流中能创造性地表达想法，促进思维和语言发展。
3	小郎拿着书来问我："高老师，这个字读什么？"	【表达与解决】解决策略—水平 1	说明小郎在阅读中遇到问题能主动寻求帮助，先同伴后老师，有一定的解决问题的策略，但需要进一步积累方法，符合大班幼儿在学习过程中逐渐发展自主解决问题能力的趋势。

【支持策略】

1. 优化图书配置

根据一祎和小郎近期的阅读兴趣，提供丰富多样、难度层次分明的图书。如增加科普类与故事类结合的图书，如《动物的神奇本领》，既有趣味故事又蕴含科学知识，满足他们对动物的探索需求，激发其阅读热情。

2. 全过程培养阅读能力

引导一祎和小郎观察图片细节、预测故事发展、尝试讲述内容。如在阅读前让他们观察封面猜故事，阅读中进行引导式提问，如"接下来可能会发生什么"，读完后鼓励幼儿简单复述。通过这些活动培养幼儿的想象力、语言表达和逻辑思维能力，提升阅读效果。

3. 开展小组阅读活动

组织小组阅读，鼓励幼儿分享对故事和图画的理解与感受。教师可设置小组讨论任务，如"故事里哪个地方最有趣？为什么？"引导幼儿积极交流，学会倾听和尊重他人的意见，增强语言表达能力和社交能力，促进幼儿社会性的发展。

4. 提升问题解决能力

当小郎遇到识字等问题时，教师引导其尝试多种解决方法，如引导他根据图片、上下文猜字；如遇到不理解的词语，鼓励幼儿用近义词、反义词或联系生活实际理解。通过日常经验的积累，提高幼儿自主解决问题的能力，培养学习的独立性和自信心。

（作者：高雅）

案例十二：同伴提问强化深度阅读，促进问题意识的产生

【观察实录】

图 8-13

在阅读区活动中，葭宝和诺诺一同挑选了一本绘本《小丑鱼》（图 8-13）。两个人边看封面边指着上面的小鱼笑，葭宝问诺诺："诺诺，这个封面讲的是关于什么的故事呢？"诺诺指着封面上的"大海"说："你看上面有蓝色的大海，还有小鱼，应该是讲小鱼找朋友的故事吧？"葭宝点点头表示同意。诺诺又对葭宝说："那咱们俩一起看看这本书吧？"葭宝回答："好的，咱俩一起看吧！"

在阅读过程中，葭宝认真阅读每一页，遇到

看不懂的地方会不时地来回翻看，还会主动
问诺诺："为什么这条小鱼要藏起来啊？"
诺诺会和她一起仔细观察图片上的细节，然
后一起找到答案（图 8-14）。在分享环节，
她们都分享了自己最喜欢的故事情节和角
色，还和大家一起猜测了故事的后续发展。
莨宝还提议再一次阅读绘本，以巩固对故事
内容的理解。她带领诺诺重新翻阅绘本，逐
一讲解每个故事情节。

图 8-14

【问题分析】

序号	问题	评估指标	分析
1	莨宝："这个封面讲的是关于什么的故事呢？"	【表达与解决】问题表征—水平 2	幼儿能够观察到绘本封面上的内容，但没有看懂封面比较突出的重点内容，于是寻求同伴帮助，并提出和同伴一起看书的想法。
2	诺诺："你看上面有蓝色的大海，还有小鱼，应该是讲小鱼找朋友的故事吧？"	【联结与思考】经验联结—水平 2	幼儿通过仔细观察绘本封面中的重点细节"小鱼"，大胆猜想并说出自己理解的绘本内容。
3	莨宝："为什么这条小鱼要藏起来啊？"	【察觉与发现】敏感性—水平 3	幼儿在阅读过程中对小鱼藏起来的画面产生了疑问，与同伴仔细阅读绘本中"小鱼藏起来"的细节，找到原因。

【支持策略】

1.为了满足不同幼儿的阅读兴趣，可以在阅读区提供更多丰富多样的绘
本供幼儿选择。同时，鼓励幼儿自带图书与同伴分享阅读，并与幼儿进行简单
的图书分类，幼儿可以根据自己的喜好选择不同种类的图书进行阅读。

2.游戏回顾环节时，肯定莨宝和诺诺一起阅读的行为。引导她们将故事
的内容分享给班里其他幼儿。在分享过程中出现争议点时，鼓励幼儿进行讨
论，大胆表达自己的想法。通过同伴一起阅读的方式一起寻找其中的秘密，感
受合作阅读的快乐。

3.在区域内投放拼图、迷宫、找不同等游戏类图书，培养幼儿认真观察
画面细节的能力。

（作者：李秋月）

🔍 案例十三：绘本画面解析对于幼儿问题意识培养的重要性

【观察实录】

杉杉在图书区选择了绘本《好朋友》，米粒坐过来和她一起看（图8-15，图8-16）。当翻看到小猪、小鸡、小老鼠去"远航"时，一直没说话的米粒突然指着小猪兴奋地说："看，小猪当海盗了！"杉杉对她说："不是，这是它的眼镜。"边说边点头。米粒噘着反驳道："不是，就是海盗，你看它还拿着刀呢。"杉杉低下头往近凑了凑，不再说什么了。杉杉接着翻看，时不时地和米粒讲着画面中的内容。又翻了几页后，米粒连忙按住书，眉头皱了皱，指着鸭子的屁股问道："它怎么屁股在上面，头扎进去了？"杉杉回答道："哎呀，肯定是躲船呢啊，你看鹅都飞走了，马上就开过来了。"这次换米粒把头凑了过去，杉杉也停下来等着米粒。等米粒把低着的头抬起来后，她们又继续翻阅起来。当翻看到下一页时，两个孩子都停下来，一直没有往后翻，于是我上前问道："咦？发生什么事了？"米粒抢先回答道："船翻了，你看，船翻了。"杉杉也紧随其后回答道："对，它们的船翻了。"我接着问道："哦，那船怎么会翻了呢？"这次换杉

图 8-15

图 8-16

杉抢答："它们撞到石头了。"米粒说："不对，它们太沉了！"我把书又翻回到前面一页，指着鸭飞鹅跳的画面问道："这里发生了什么？"米粒说："它们的船和小鸭撞在一起了。"我笑了笑说："哦！"于是又把书翻回到船翻了的这一页。杉杉说道："对，它们撞车了。"两个人面对面笑了笑，接着往后看了起来。

【问题分析】

序号	问题	评估指标	分析
1	杉杉："不是，这是它的眼镜。"边说边点头。米粒噘着小嘴反驳道："不是，就是海盗，你看它还拿着刀呢！"	【联结与思考】经验联结—水平2	幼儿能够将自身经验与画面细节相结合来验证自己的想法。

（续）

序号	问题	评估指标	分析
2	米粒："它怎么屁股在上面，头扎进去了？"	【觉察与发现】敏感性—水平3	能够仔细观察画面内容，寻求同伴的解答。
3	当翻看到下一页时，两个孩子都停下来，一直没有往后翻。	【觉察与发现】专注力—水平4	对于故事内容之间的联系不够到位，导致不理解该页内容。

【支持策略】

1. 鼓励同伴共读，激发幼儿阅读兴趣

在阅读过程中，两个人共看一本书，能够彼此迁就、等待，学习同伴共读的方法。在他人对画面产生问题时，能够积极给予回应，并且大胆说出自己对画面的不同理解。

2. 教师的耐心观察与适时介入

在杉杉和米粒遇到问题时，教师要能及时识别幼儿当下面临的问题是否需要教师的介入帮助，从而引导她们自己发现绘本中的问题与答案。

3. 合理挖掘绘本资源，与班级主题活动建立联系

教师需要为幼儿提供与主题相关的绘本资源。同时，利用班级环境展示绘本中的问题，以帮助幼儿在独立阅读时通过环境互动更快、更准确地找到绘本中的难点与答案。

4. 提供阅读后的分享展示平台，激励幼儿自主梳理阅读逻辑

鼓励并肯定杉杉和米粒之间共读的方式和交往方法，在活动区结束后邀请她们进行阅读分享，把自己对绘本的理解讲出来。同时，激励班级中更多幼儿参与到绘本阅读当中，在角色区利用表演的形式将杉杉和米粒对故事的理解表达出来。

（作者：张茜）

案例十四：巧妙捕捉有效提问，促进幼儿深度思考

【观察实录】

博恒从书架上抽出一本《从窗外送来的礼物》轻轻地放在桌上（图8-17）。他先看了一眼封面，目光停留在躺在床上的小猫脸上，并用食指点了点小猫的头，然后就向后翻页。当翻到画面中有圣诞老人拿着黑白条纹围巾的一页时，他停顿了一下，用小手摸了摸画面上的围巾。然后，他歪着头仔

图 8-17

细观察着右边一页中镂空的"窗口",自言自语道:"嘿,这窗户里一条黑一条白,肯定是斑马的家。"说着他向后翻了一页。当画面中出现三只大白鹅挺立着脖子卧在床上睡大觉的画面时,他的眼睛都瞪圆了,嘴巴也张成了"O"型。"哇!这什么情况?怎么一眨眼就变样了?这是玩的什么把戏啊?"他愣了一会儿,又赶紧翻回到前一页,目光紧紧盯着那一条黑一条白的镂空"窗口"。然后又嗖的一下向后翻页,皱着眉疑惑地说道:"哎

呀,这回怎么又是白鹅了?太神奇了吧!"就这样,他左手紧紧攥着那一页,来来回回地翻了五次。他频繁翻书的动作和自言自语吸引了许多小朋友围过来看。

【问题分析】

序号	问题	评估指标	分析
1	博恒用小手指快速点了一下画面上的小猫就往后翻页。当翻到画有圣诞老人拿着黑白条纹围巾的一页时,他用小手摸了摸画面上的围巾,自言自语道:"嘿,这窗户里一条黑一条白,肯定是斑马的家!"	【联结与思考】经验联结—水平 3	幼儿在阅读过程中产生细微的动作与言语反应。首先,他快速轻点小猫头像,反映出幼儿对绘本的兴趣和好奇。紧接着,触摸围巾的行为意味着幼儿进一步探索画面细节,被围巾的某些特征所吸引。自言自语的行为表现出幼儿对画面内容做出的初步判断或联想。以上行为表现出了幼儿的思维过程。
2	博恒:"哇!这什么情况?怎么一眨眼就变样了?这是玩的什么把戏啊?"	【觉察与发现】敏感性—水平 3	当博恒从屋外看到镂空的"窗口"中呈现出黑白条纹的画面时,便认为是斑马的家。但当他翻页后看到的是三只白色长脖子大白鹅时,产生了认知冲突,继而提出了疑问。幼儿通过观察、猜测和翻页验证的方式关注并发现画面前后页之间的变化。
3	博恒:"哎呀,这回怎么又是白鹅了?太神奇了吧!"	【觉察与发现】专注力—水平 3	在他看着三只大白鹅愣了一会儿后,采取了向前翻看的策略,试图解开心中的疑惑。但两页中截然不同的画面令他依旧困惑。

（续）

序号	问题	评估指标	分析
4	博恒左手紧紧攥着那一页，来来回回地翻了五次。	【觉察与发现】专注力—水平4	他对比前后页画面的方式并未解开心中的疑惑，但他并未放弃，而是继续重复翻页、对比观察、思考的方式，试图解开心中的疑惑，体现了其探究意识和坚持性。

【支持策略】

1. 对幼儿的提问行为给予及时鼓励与肯定

利用积极反馈来增强博恒提问的自信心，同时向其他幼儿传递提问是被赞赏的行为，激发幼儿提问的欲望。

2. 利用个别疑问，引发全体幼儿对该问题的思考和探究

对于博恒提出的问题，不要急于给出答案，而是引导其他幼儿一起思考和讨论，激发全体幼儿的思维活力，培养幼儿的问题意识和思考能力。

3. 选择贴近幼儿生活经验、具有启发性、能引发幼儿认知冲突的绘本

有利于激发幼儿的好奇心，提出问题并尝试运用经验迁移、联想、对比等策略理解问题。

4. 请博恒示范将内心疑问外显化的方法

如有疑问时怎么提问、疑问句怎么说，鼓励、带动更多幼儿敢提问、会提问。

5. 引导幼儿运用不同的阅读策略，提高阅读理解能力

可以灵活运用观察细节、预测、前后对比、推理、归纳等阅读策略。

6. 鼓励幼儿记录疑问

引导博恒将自己在阅读中产生的疑问记录下来，作为后续阅读的线索，培养他持续学习和探索的习惯。

（作者：田毅）

🔍 案例十五：同伴提问引发思考，激发问题意识

【观察实录】

幼儿认真地翻阅着绘本《肚子里有个火车站》（图8-18）。牛角第一个发现并提出疑问："老师，这是小精灵的家吗？"老师说："你觉得这个是小精灵的家吗？"其他幼儿也被这个问题吸引过来一起观察。牛角回答道："我觉得

图 8-18

是，你看有的小精灵躺着，有的小精灵好像在找房间。咦？这么多小精灵，他们要怎样找到自己的家呢？"墨涵回答道："可以在房间门口写上房间号，这不就能找到了嘛。"妙仁说道："可以在门上设立二维码，如果扫一下是无效二维码就证明不是自己的家，如果是自己的家就会噔的一下开门。"牛角说："洞洞都一样，随便找一个就可以进。"潇翎说："可以弄个门，回家的时候用钥匙打开正确的门。"芨芨补充道："钥匙容易混，可以在钥匙上贴上自己的编号。"……

【问题分析】

序号	问题	等级	分析
1	牛角："老师，这是小精灵的家吗？"	【联结与思考】经验联结—水平 2	这个问题是牛角根据画面上小精灵在洞洞里面休息的场景直接产生的关于画面内容的疑问。他只是对这个场景提出了最基本的询问，没有涉及更深层次的思考，如小精灵的生活方式、居住规则等。这是幼儿在观察绘本画面初期想要确认画面基本信息的典型问题。
2	牛角："这么多小精灵，他们要怎样找到自己的家呢？"	【联结与思考】经验联结—水平 3	牛角在解决了不是小精灵的家的问题后，进一步深入思考，提出了小精灵如何找到自己家的问题。这个问题不再是简单的对画面内容的确认，而涉及小精灵居住的逻辑关系。这表明他在思考画面背后可能存在的更多故事元素，是在基础认知之上的深入探究。

【支持策略】

1. 积极倾听与回应

教师要认真倾听幼儿的每一个想法和观点，并给予及时的回应和反馈，如一个微笑或点头等，让幼儿感受到被肯定和尊重。同时，还要为幼儿营造一个轻松愉快的提问氛围。氛围的营造在于日常，平时教师要认真聆听幼儿的想法，面对幼儿的提问要给予正面反馈，表扬幼儿能大胆提出问题，共性的问题可以让幼儿分享给其他幼儿，大家一起讨论解决。久而久之，班级中好奇好问、勇于提问的氛围就会形成。

2. 引导深入思考

通过进一步提问，牛角第一个发现并提出疑问："老师，这是小精灵的家吗？"教师并没有给予正面回答，而是反问，让牛角来思考，并引导其他幼儿也参与到讨论中。牛角回答道："我觉得是，你看有的小精灵躺着，有的小精灵好像在找房间。咦？这么多小精灵，他们要怎样找到自己的家呢？"面对牛角的提问，教师并没有回答，而是让其他幼儿一起思考，分享自己的想法。教师要针对对话内容及时反问，如"为什么你会这样想呢""还有没有其他可能的方法"等，引导幼儿更深入地思考问题。

3. 提供思维工具

幼儿在针对某一页绘本进行提问和讨论时，教师可以适时提供一些思维工具，如利用多媒体技术插入图片，利用绘画等幼儿能够理解的方式为幼儿制作思维导图、图表等。在讨论结束时，帮助孩子们总结和提炼重要的观点和结论，加深理解。为绘本阅读增加乐趣也能激发幼儿提问的兴趣。

（作者：石建兴）

第九章

幼儿问题意识培养的教学实践经验

🔍 案例一：基于自主阅读提升幼儿提问能力的实践研究

（一）通过创设环境鼓励幼儿发问

幼儿是否进行深度思考，主动发问并深度质疑是一个重要的衡量标准。教师要创设环境，支持、鼓励幼儿在自主阅读的过程中主动发问，并依据幼儿提出的问题，分析幼儿在自主阅读中的关注点、难点，以此为起点，设置目标并开展阅读活动。一些幼儿园制订"安静"的阅读区规则，限制了幼儿阅读时的发问。因此，教师需要通过一些环境、规则的调整，鼓励幼儿在阅读中主动发问。

1. 重定阅读规则

教师应重新制订阅读区的规则，使用"基于学前儿童前阅读核心经验的阅读区规则"，内容包括：从封面开始阅读；用心观察画面；轻声细语；逐页翻看；想一想发生了什么事；记一记你的发现和问题。新的规则规范了幼儿的阅读行为、方法，并且允许幼儿在阅读时发声、与同伴讨论。最重要的是，教师鼓励幼儿记录自己在阅读中的发现和问题，这是对幼儿在阅读过程中发问无法获得即时回应的有效弥补。值得注意的是，教师需要在实践中以增强幼儿的积极情绪体验为前提，持续地跟进、强化，才有可能慢慢将规则转变为幼儿的行为自觉。

2. 书写并展示幼儿的记录

教师应鼓励幼儿用绘画的方式来记录阅读过程中的问题。幼儿的心理年龄特点决定了他们对自身行为的价值判断来自成人的反馈。教师的支持性行为可以有效地强化幼儿的记录行为。教师的支持性行为有两种：一是帮助幼儿用书写的方式将绘画式"提问"转录成文字。这对幼儿来说是充满意义的时刻，可以给幼儿带来强烈的认同感。二是支持幼儿在活动室的显眼位置展示他们的记录。这是幼儿确认记录价值的重要手段。

（二）师幼共同解读问题——分析问题类型

倾听幼儿在自主阅读后提出的问题，可以帮助教师了解幼儿在阅读图画书时的关注点、难点，分析幼儿的阅读水平。根据提问的切入点，可以将幼儿的问题分为以下 5 个类别。

1. 针对个体经验的问题

即幼儿提出的问题与图画书主题无关，而与幼儿的个体经验相关。例如，幼儿读《彩虹的尽头》封面后提问："为什么獾的脚底下有一块是红色的，它是不是流血了呀？"幼儿结合自身经验，提出了与图画书故事情节无关的问题。这类问题提示我们，幼儿可能不理解图画书的内容，但能关注画面细节。

2. 针对单幅画面的问题

即幼儿基于对单幅画面的观察提出的问题。例如，"为什么鸭妈妈和自己宝宝身上的颜色不一样？"这类问题显示幼儿缺乏相关的生活经验。

3. 针对画面设计的问题

即幼儿提出的问题与图画的画面设计有关。例如，"为什么这页的獾和狐狸看起来这么大，后面一页的獾和狐狸看起来这么小？"幼儿往往会注意到我们成人忽视的画面远近、透视等图画书创作的问题。画面设计是图画书创作的一个极其重要的元素，值得关注。

4. 针对故事情节的问题

即幼儿经过连续阅读前后页面，提出与情节发展有关的问题。这类问题通常是幼儿对故事情节的推测。例如，"小松鼠、鸭妈妈、兔爷爷的宝贝都不一样，那到底什么是宝贝？"这类问题不但关涉主旨并且具有较高的思考价值，由于没有确定的画面信息佐证，答案十分开放，因此有讨论的价值。

5. 针对故事主题的问题

即幼儿在完整阅读、理解故事情节的基础上提出的与图画书主题相关的问题，带有个人评判色彩。例如，"为什么獾和狐狸一开始都因为没找到宝贝感到不开心，后来又突然高兴地说自己找到了呢？"这是幼儿在阅读整本书后提出的一个问题。"不开心"与"高兴"均是幼儿个人对图画书中主人公情感的评判。这类问题涉及图画书要传达的主题思想，是较为高阶的问题。

（三）提示关键信息，鼓励幼儿自我释疑

支持幼儿关注细节，完整阅读。当自主阅读水平较低时，幼儿阅读图画书后提出的问题较为浅层。有的幼儿没有完整阅读就开始提问；有的幼儿虽然看完了图画书，但不能将前后页的画面联系起来理解。这种情况下，帮助幼儿学会完整阅读和联系上下文阅读就是释疑的主要途径。因此，教师要有意识地为幼儿提供关键信息，引导幼儿通过自助的方式来释疑，支持幼儿在释疑的过程中获得成就感，强化有效的阅读行为。

例如，在集体阅读《彩虹的尽头》时，教师利用课件的局部观察功能发展

幼儿的完整表达能力。课件的局部观察功能可以把一幅画面中的重点部分或者不易观察到的细节凸显出来，把孩子的注意力都集中在一起。教师使用手电筒的聚光效果、局部放大、用红笔圈出来等功能，这样幼儿就可以完整地表达出观察部分的概况。

（四）创造互动空间，引导同伴释疑

幼儿深度学习的特征之一表现在社会变化层面，强调人际互动中的沟通与支持。同伴是幼儿自主学习活动中非常有价值的资源。教师要有意识地为幼儿创设互动空间，鼓励幼儿与同伴交换意见，协同释疑。幼儿在此过程中能进一步理解阅读内容，还有机会反思并分享阅读策略。在集体阅读《彩虹的尽头》时，我设计了一个现场采访环节，孩子们可以采访在场的两个人（老师或小朋友），问一问他们的宝贝是什么，和宝贝在一起的心情怎么样。这个环节可以帮助幼儿初步了解宝贝的含义，知道宝贝能带来幸福和快乐。

问题是思维、学习、研究、开拓创新的起点，独立地观察、提出、分析、解决问题，正是积极而富有成效的思维活动的全过程，因为问题、思维、创造在相当程度上是同步推进的。因此，我们一定要鼓励幼儿多提问。教师要能够"看见"幼儿，相信幼儿的能力，鼓励幼儿在阅读中发问，倾听幼儿的问题，深度解读幼儿的提问，基于幼儿的阅读能力和思考水平与幼儿"对话"。幼儿在教师的引导下形成适宜的阅读策略，在思辨中建构个体新经验。

（作者：孙岩）

🔍 案例二：探究绘本教学提问策略，提升幼儿提问能力

绘本是幼儿园教学中一种常用的材料。提问是教师开展绘本教学直接且常用的教学手段。幼儿参与活动的兴趣和对活动内容的理解很大程度上取决于教师如何进行提问。提问在幼儿园绘本阅读中的意义在于让幼儿在绘本阅读中想说、敢说、喜欢说、有机会说并能积极应答，引导幼儿多角度地理解绘本作品。因此，本文聚焦于教师如何提问才能让幼儿在积极健康的互动中做到想问、敢问、有效问。

（一）包容式提问让儿想问、敢问

在绘本阅读活动中，幼儿与绘本、教师、同伴进行多层次及多维度的互动，但在此过程中起关键作用的是教师。活动的氛围能够直接影响活动参与者的情绪与状态。只有在轻松、和谐、愉悦的氛围中，幼儿才能积极思考，大胆与同伴及教师交流、讨论问题，敢于、乐于提出问题、回答问题。

一是需要容错。想让幼儿敢于表达，就要大胆容错。所谓容错，即容忍、

包容、欣赏幼儿的"错误"。在绘本阅读活动中，受认知水平、生活经验和思维方式的限制，幼儿有时出现错误是正常的。"错中学"也是幼儿学习与发展的特点，有了"容错"的氛围，就意味着幼儿再也不用因提出了"错误"问题或回答"错误"而担惊受怕。

二是正面鼓励。如果大胆"容错"指的是不随意批评幼儿，让幼儿敢问，那么正面鼓励指的是不管幼儿的发问质量如何，都应给予正面的肯定与鼓励，让幼儿爱问。对于幼儿的主动发问，积极地引导和鼓励会激发他们发问的热情。因此，在幼儿主动发问时，教师应根据幼儿的发问给予具体而明确的回应，以便更好地培养幼儿好学好问的习惯。当幼儿能够根据绘本提出有意义的问题时，教师可以用肯定的语言鼓励他，如竖起大拇指对幼儿说："你思考很认真，问题问得很好！"当幼儿在发问过程中比较犹豫而且不够大胆时，一个专注的眼神或鼓励的微笑也能给予幼儿信心和勇气。教师可以微笑地看着幼儿说："别着急，我们都在耐心地等着你。""说错了不要紧，重要的是把你的想法和问题说出来。"……让幼儿主动发问的目的在于利用幼儿的发问促进幼儿的发展，教师宜顺着幼儿的思路去探求幼儿真实的想法，或与幼儿一起探寻问题的答案，即引导幼儿从"好问"走向"好学"。

如在《好饿的毛毛虫》绘本阅读活动中，有的幼儿主动发问："毛毛虫有牙齿吗？""毛毛虫有几条腿？"……针对幼儿提出的问题，教师应提供机会让幼儿自己去观察、探索、发现问题的答案。

（二）开放式提问让幼儿有所问

幼儿绘本阅读活动中的提问要讲究开放性，也就是将单一的问题变为多样性的问题，引导幼儿整体把握所学内容。在绘本阅读中，教师的提问要把握幼儿感兴趣的话题，引导幼儿展开讨论，运用符合他们思维特点的表达方式去表达自己的感受、意愿、思想。在以往的阅读活动中，教师讲完故事后，总是会问幼儿这样的一些问题，如"故事的题目是什么？故事里有谁？故事讲了一件什么事？说明了什么道理？"这些问题可能用多种语言描述，但答案只有一个。问法不同，能使幼儿学会多种提问方式，从多种角度了解事物，因此教师的提问就要将"怎么说的、怎么做的"改成"会说些什么、可能怎么做"等。提问的内容不同，没有固定的答案，也不局限于故事原文，可以鼓励幼儿敢说，不怕说错。

（三）递进引导式提问让幼儿会问、有效问

递进式提问是一种循序渐进、逐层深入的提问方式，着重培养幼儿的思维逻辑性，增强思维活动的密度和深度并形成完整的语言。这种提问对幼儿有一定的挑战性。由浅入深的提问，不仅开阔幼儿的思路，而且有助于提高幼儿

的语言组织能力和连贯表达能力。一些过于简单、琐碎、缺乏思维价值的问题，如"是不是""对不对""好不好"看似简单，表面上气氛活跃，但实际不仅激发不了幼儿思维的积极性，反而养成了思维的惰性。因此，在绘本阅读活动中，教师应通过适当的时机和有效的指导策略培养幼儿会问、善问的能力。

一是阅读前通过设疑，引导幼儿发问。每本绘本的名字和封面都有一定的指向性并蕴含着丰富的信息，能引发幼儿的遐想。对书名和封面设疑，能培养幼儿的想象力，激发幼儿阅读的兴趣。如在阅读《蚯蚓的日记》时，教师可以有目的地引导幼儿观察封面并设计问题："看了这个封面，你有什么问题要问老师或同伴呢？"有了教师的启发与鼓励，幼儿就有可能主动发问："蚯蚓怎么会写字？""蚯蚓在写什么？""蚯蚓也要做作业吗？""它用尾巴拿笔写了很多很多字，它的尾巴会累吗？""这是一只爱学习的蚯蚓吗？"……阅读前的设疑，既可以引导幼儿主动发问，又可以有效地引导幼儿解读书名、带着猜想去阅读全书。

二是阅读中通过生疑，鼓励幼儿发问。在阅读中生疑，主要是引导幼儿根据自己对绘本画面的观察和理解，积极发问。幼儿的问题既可以是针对看不懂的画面提出的，又可以是由画面引发的想象等。

在绘本阅读活动中，教师可以提供有颜色的贴图，让幼儿将阅读中遇到的有问题的画面标记出来，并向教师或同伴发问；或由教师提供纸和笔，鼓励幼儿运用绘画的方式记录自己在阅读中的想法或问题，然后根据自己的记录展开分享交流。在阅读中生疑，就是鼓励幼儿寻找问题，并将问题呈现出来，让大家共同寻找问题的答案。

三是阅读后通过追疑，支持幼儿发问。绘本阅读活动之后，并不意味着阅读的结束，教师还可以进行阅读后的追疑，支持幼儿主动发问，即对绘本进行回顾性思考并提出后续的问题。引导幼儿开展阅读后的追疑，有助于幼儿对绘本内容进行回顾与梳理，并引发新的思考，帮助幼儿加深对绘本内容的理解。

总而言之，我们在绘本教学中进行提问设计时，要注意提问的策略和方式，有效促进幼儿思维、语言、学习品质等方面的发展，最重要的是让幼儿成为有能力的阅读者、思考者。

（作者：宋梦欣）

🔍 案例三：解锁真实情境问题，促进中班幼儿社会性发展

中班幼儿以自我为中心的行为倾向逐渐减弱，他们开始将关注的目光投向周围的同伴，热衷于与同伴共同开展形式多样、趣味盎然的游戏和活动。然而，在这一积极的交往过程中，幼儿之间也暴露出诸多问题。具体而言，中班

幼儿虽在语言表达能力上有了显著进步，但情绪调控能力仍相对薄弱，且缺乏正确且有效的交往方法。鉴于此，帮助幼儿意识、梳理、解决交往中的问题对幼儿社会性发展有着至关重要的现实意义。因此，本文针对幼儿与同伴交往过程中产生的各类问题形成了具体的指导策略。

（一）倾听观察，鉴别"真问题"

交往冲突是幼儿认知社会规则的实践场域，问题解决过程能够有效促进幼儿同理心与责任感的形成。但只有真实问题才能激发幼儿主动思考与反思。真实情景的问题，其本质体现在"真"上。对于幼儿来说，它是自己在生活中切实遇到的问题，是自己感兴趣的问题，是自己想要探究的问题，是真实需要解决的问题。

寻找真实问题，需要教师做有心人，因为幼儿的真实问题就在一日生活中。教师要倾听自然状态下幼儿之间的交谈，才能了解幼儿，发现幼儿的真实问题。通过观察与梳理，我班幼儿在交往过程中的问题主要有以下三类。第一，资源争夺类。例如，幼儿在游戏过程中争夺玩具，或在一日生活中出现因空间占用引发的纠纷："这是我的座位！""我先站在这里的！"等等。第二，规则认知类。例如，幼儿在游戏过程中会出现游戏违规现象，但他们不明白"为什么不能插队？"第三，情感冲突类。例如，评价其他幼儿的作品"太丑了"，引发对方的不开心等。

（二）借助绘本，代入式分析问题

在观察到幼儿在同伴交往过程中出现的种种状况后，我意识到需要借助更为生动、形象且富有教育意义的方式来引导幼儿深入分析问题，从而提升他们的交往能力。经过精心筛选，我选择了图画书《好朋友》作为重要的教育载体，深入挖掘这本绘本所蕴含的丰富价值。

在绘本阅读活动中，我围绕绘本内容精心设计了一系列具有启发性的问题，引导幼儿深入思考好朋友之间的相处之道。首先，我向幼儿提问："故事中的主人公都有谁呀？他们在一起会做些什么有趣的事情呢？"问题迅速激发了幼儿的兴趣，他们纷纷开动脑筋，回忆绘本中的情节，积极举手发言，描述主人公们一起玩游戏、分享美食等欢乐场景。接着，我进一步追问："那他们为什么会成为好朋友呢？"这个问题促使幼儿从表面的行为描述深入到对友谊本质的思考。有的幼儿说因为他们一起玩得很开心，有的幼儿提到他们会互相帮助，还有的幼儿认为他们懂得分享。通过这些回答，可以看出幼儿已经开始初步感知到好朋友之间应该具备的一些特质。然后，我又提出："在这么多主人公里，你最喜欢谁呀？为什么呢？"这个问题给予了幼儿充分表达个人喜好和观点的机会，让他们能够结合自己对绘本的理解，阐述喜欢某个主人公的原因。有的幼儿喜欢那个勇敢保护朋友的角色，觉得他很有正义感；有的幼儿则钟情于那个总是温柔安慰别人的角色，认为她很善良。

通过这几个连续且层层递进的问题，帮助幼儿逐步梳理到底什么是好朋友。在这个过程中，幼儿进一步了解到好朋友之间要一起做决定，遇到事情时要商量；要公平对待彼此，不能偏心；还要相互帮助，在对方遇到困难时伸出援手。通过代入式地分析问题，幼儿仿佛置身于绘本的故事情境中，更深刻地体会到友谊的真谛。

（三）创设开放情境，引导问题发现

在班级日常活动中，我敏锐地观察到幼儿开始关注好朋友数量的差异。有的孩子身边总是围绕着一群小伙伴，欢声笑语不断；而有的孩子却常常独自玩耍，显得有些孤单。这一现象引发了我的思考，我决定以此为契机，引导幼儿发现问题背后的原因。于是，我组织了一场关于"为什么有的人朋友多，有的人没朋友"的讨论活动。在讨论过程中，孩子们各抒己见，有的说朋友多是因为长得好看，有的说是因为会很多本领。为了让幼儿更直观、全面地了解其中的原因，教师商量决定使用信息化手段进行记录和分析。

我们选择班里朋友最多的小朋友作为观察对象，利用拍照和录像的方式对他一日生活中的不同行为进行了详细记录。从早上入园时他热情地和老师、小伙伴打招呼，到主动帮助小伙伴整理玩具，到积极参与活动讨论，分享自己的想法，再到户外活动时关心照顾好朋友，每一个细节都被捕捉下来。在记录了一段时间后，我将这些照片和视频进行整理后在班级中进行了展示。当一幅幅生动的画面呈现在孩子们眼前时，他们开始仔细观察并思考。很快，小朋友们就发现，这位朋友多的小朋友每天都是开开心心的，脸上总是洋溢着灿烂的笑容，让人感觉特别亲切。而且，他总是主动帮助别人，无论是谁遇到困难，他都会毫不犹豫地伸出援手。在梳理这些观察结果的过程中，孩子们逐渐发现了同伴身上的良好品质，如乐观开朗、乐于助人、懂得分享等。

为了让幼儿更深刻地体会这些品质在交往中的重要性，我们采用了情境表演的方式。我们设置了一些常见的交往场景，如有人摔倒、争抢玩具等，让幼儿分别扮演不同的角色，亲身体验不同行为下的交往结果。通过情境表演，幼儿更加直观地感受到，当自己表现出友好、善良、乐于助人的行为时，能够赢得同伴的喜爱和信任，从而交到更多的朋友；而如果总是自私、任性、发脾气，就会让同伴疏远自己。这种亲身体验的方式让幼儿在轻松愉快的氛围中学会了如何与他人友好相处，进一步提升了交往能力和社会认知水平。

（四）搭建对话平台，促进问题分析

班中定期召开"好朋友问题圆桌会"。引导幼儿采用照片、文字、绘画、

大调查、家园谈话等各种方式及时记录问题结果，共同梳理、共享经验。例如，在探究好朋友相处的问题时，有的幼儿觉得朋友越多越快乐，有的幼儿觉得有一两个朋友就很好。于是我们针对这个问题开展辩论活动，充分鼓励幼儿表达自己的想法，倾听他人的意见。同时还结合孩子们提出的"他说我不能和谁谁做朋友，我就不能么""朋友说了伤害我的话怎么办"等开展各种辩论赛。支持幼儿通过多种方式展示在问题讨论过程中获得的经验与经历。

家园共同关注幼儿交往中的想法。教师和家长之间进行积极的反馈和沟通，了解幼儿与家长对于朋友的想法，及时带领幼儿再次梳理反馈。比如，当幼儿提出"我的朋友怎么越来越少了"时，和幼儿一起讨论面对这种事情，心情什么样，为什么会这样，接下来可以怎么做，帮助幼儿巩固自己的朋友关系。又如，齐齐焦虑地说自己的好朋友今天没有和自己打招呼就不是自己的朋友了，我们对此展开讨论，才发现原来好朋友有事情的时候需要我们耐心地等一等。

问题驱动下开展的活动才是幼儿自己的活动。教师通过创设真实的问题情境，引导幼儿在矛盾中发现、分析与解决问题，让活动呈现螺旋式的推进，使幼儿在活动中获得更全面的发展。

（作者：要斌）

案例四：小班晨谈环节中问题意识的破茧之旅

3～4岁幼儿正处于认知发展的关键期，他们的好奇心旺盛，开始对周围世界产生强烈的探索欲望，常常通过提问来满足求知欲。然而，在幼儿园的日常互动中，尤其是晨谈环节，幼儿的问题意识却往往被"教师主导—幼儿应答"的模式所抑制。具体而言，小班幼儿虽具备初步的语言表达能力，但主动提问的意愿较弱，且问题类型多局限于生活需求（如"老师，我要喝水"），而较少涉及探究性思考（如"为什么树叶会掉下来？"）。这一现象不仅限制了幼儿思维的发展，也影响了师幼互动的深度。因此，如何通过晨谈活动激发幼儿的问题意识，引导他们从"被动应答"转向"主动发问"，成为幼儿语言与认知发展中的重要课题。本文基于小班幼儿的年龄特点，结合实践案例，探讨教师如何通过环境创设、策略引导和回应技巧，帮助幼儿打破思维束缚，实现问题意识的"破茧成蝶"。

（一）环境创设：打造"问题友好型"晨谈圈

1. 物质环境：让环境成为"提问的引路人"

为了激发小班幼儿与生俱来的好奇心，我们将晨谈区打造成一个充满探索趣味的"问题乐园"，让每一处细节都成为引发思考的契机。在晨谈区的一角，我创设了一个会"呼吸"的探索空间。在自然探索区里，蜗牛壳的螺旋纹路、形态各异的树叶、自由滚动的圆球，都在无声地邀请孩子们去触摸、观察；在科学小实验区，磁铁的神秘吸力、光影的奇妙变幻，像魔法般吸引着他们的小手去尝试；而生活问题箱则像一个小小的"秘密基地"，孩子们可以把自己的疑问投进去，比如"为什么蚂蚁在下雨前要搬家？"这些材料不仅是视觉的吸引，更是问题的种子，等待在晨谈中发芽。在教室一面低矮的空白墙面上，我设计了一棵枝繁叶茂的"问题树"，孩子们可以用稚嫩的笔触画出疑问，或用彩纸剪贴出好奇。比如，一只歪歪扭扭的小鸟图片旁写着："小鸟怎么睡觉？"一片飘落的树叶下贴着："叶子为什么会掉下来？"每天，我会挑选1～2个问题作为晨谈的话题，让每个提问的孩子感受到"我的问题很重要"。

2. 心理环境：让每个声音都被温柔倾听

小班幼儿常常因为害怕"说错"而把问题藏在心里，因此，我和搭班教师一起用心编织一张安全的情感网，让他们敢于开口、乐于表达。当我们向孩子们抛出一个问题后，会静静地等待至少3秒。这短暂的停顿，是留给孩子们组织语言的宝贵时间。实践发现，这样的等待能让小班幼儿的回答更完整，提问更深入。我们也和孩子们一起制订了一条特别的规则："在这里，任何问题都可以问，老师永远不会说'不对'。"面对天马行空或重复的提问，教师会用"你的想法真有趣"或"我们再一起找找答案吧"来回应，让每个孩子都感受到被尊重。

这样的晨谈圈，不仅是物理空间的改造，更是心理环境的滋养。在这里，每个问题都被珍视，每个声音都被倾听，好奇的种子便会悄悄生长。

（二）策略创新：提问支架的梯度搭建

1. 初级支架——"魔术袋"游戏：从观察走向提问

针对小班幼儿思维的具体形象性，我采用"神秘物品"来激发其好奇心。例如，每天晨谈时出示一个"魔术袋"，里面装一件与当前季节或主题相关的物品（如杨树吊儿、会发声的玩具、湿沙子等），让幼儿摸一摸、闻一闻、猜一猜。在初始阶段，我会示范性提问，如"这是什么？""它摸起来怎么样？"在进阶阶段，我鼓励幼儿自己问，如"为什么杨树吊毛茸茸的？""沙子怎么粘在手上了？"在一次晨谈中，我拿出一块冰块，小班幼儿最初只问"冰是冷的吗？"经过引导后，会有幼儿问："冰为什么会变小？""它是不是在哭？"说明幼儿发现了融化现象，并产生了问题意识。

2. 中级支架——"问题接力棒"：让提问流动起来

为了打破个别幼儿主导提问的局面，我又采用"接力棒"机制促进集体参与。例如，我会使用一个实物（如玩具话筒、魔法棒）作为我的"提问权杖"，拿到它的幼儿就可以说"我想问……"，然后传递给下一个同伴。在没使用前，仅少数活跃幼儿提问，其他幼儿则是观望。在使用后，80% 的幼儿逐渐愿意尝试提问，甚至出现"抢话筒"现象。我也会有意识地对性格偏内向的幼儿降低难度，如允许他们小声提问，或由我来复述一遍问题。而对于小班幼儿善于模仿的年龄特点，会出现重复性问题，我会用"还有不同的问题吗？"引导其进行深入思考。

3. 高级支架——"问题漂流瓶"：从提问到探究

当幼儿具备一定的提问能力后，我便引导他们持续关注问题的答案。我将前一天未解决的问题写在纸条上放入"漂流瓶"。第二天晨谈时，由一名"小专家"（可以是我或邀请一名幼儿）抽取并尝试解答。若无人能回答，则成为"本周探索任务"，通过翻阅图画书、操作小实验或户外观察去寻找答案。例如，当幼儿问："为什么蜗牛爬过的地方有亮亮的线？"我没有直接回答，而是带幼儿走到户外去观察蜗牛，并用放大镜看黏液痕迹，最终得出"黏液帮助蜗牛爬行"的结论。

（三）回应艺术：点燃思维火花的反馈技术

在幼儿的探索世界里，教师的每一句回应都像一粒种子——有的可能轻轻落地，无声无息；而有的却能深深扎根，萌发出蓬勃的思考。我知道，简单的"对"或"错"会无形中修剪孩子提问的翅膀，因此，我以更开放、更温暖的回应方式，让幼儿的问题不仅得到解答，而且延展成一片思维的森林。例如，当幼儿问"树叶黄了吗？"，我会以"你觉得它为什么变黄？"引导其深入观察。在幼儿发现植物角里的花死了时，我会追问"可能是什么原因？我们下次怎么照顾？"将问题转化为行动契机。当孩子们提出"鱼为什么不会淹死"时，我便用思维导图串联问题链，将其分解为鱼—呼吸—鳃（图片）—对比人类呼吸—设计模拟实验几个步骤，以帮助幼儿建立逻辑联系。在面对"太阳去哪儿了"的提问时，我会积极回应"你觉得呢？"鼓励幼儿自主思考。面对问题"蜗牛有牙齿吗？"我会回复"我们可以怎么找答案？"，来培养幼儿的探究能力。这些策略让教师从"答案提供者"转变为"思维引导者"，使每个问题都成为幼儿探索的起点。通过开放式对话、可视化工具和反向提问，我们呵护着幼儿的好奇心，让提问成为他们认识世界的钥匙。

问题驱动下的晨谈活动能真正激发小班幼儿的主动思考。通过"环境—策略—回应"的三重变革，晨谈活动从"教师问幼儿答"的机械对话，转变为"幼儿主动发现问题—教师支架引导—共同探究"的深度学习过程。围绕幼儿"真问题"的生成与解决、新问题的延伸与深化，晨谈活动呈现递进式的发展脉络。这一"破茧"历程不仅培养了幼儿的提问能力，而且促进了其观察力、逻辑思维能力和科学探究意识的全面发展。教师需要敏锐捕捉幼儿的每一个"为什么"，在保护其好奇心的同时，为其终身学习奠定良好的思维基础。

（作者：张海青）

案例五：基于大班测量活动培养幼儿问题意识的实践研究

在自主游戏过程中，幼儿不断萌发好奇心，提出各种问题，产生一种本能的探究兴趣。《3～6岁儿童学习与发展指南》（以下简称《指南》）指出，成人要善于发现和保护幼儿的好奇心，充分利用自然和实际生活机会，引导幼儿通过观察、比较、操作、实验等方法，学习发现问题、分析问题和解决问题；帮助幼儿不断积累经验，并运用于新的学习活动，形成受益终身的学习态度和能力。

（一）搜集幼儿提问，甄别探究问题

1. 倾听提问，明晰幼儿的兴趣

深度学习始于兴趣，而提问是兴趣的一种表征。倾听幼儿提问，就是关注幼儿的兴趣，肯定幼儿的好奇心，尊重幼儿的天性。例如，孩子们用身高墙测量身高时，歆宁站得笔直，眼睛紧盯着老师移动的身高尺，说："哇，我又长高啦！"她的欢呼引来小伙伴们羡慕的目光。旁边的梓萱看着软尺上的刻度，一脸困惑："尺子上的这些小线是干什么的？""我自己量身高的时候看不见数字呀！"带着这些问题，孩子们开启了一场探索之旅。

2. 解读提问，确定探究的问题

对于幼儿的提问，教师需要解读其教育价值，因为并不是幼儿的每个问题都需要开展深入探究活动。有的问题可以通过资料解决，有的问题可以通过集体谈话或者阅读绘本来解决，只有好问题才需要深入探究。好问题需要满足以下几点要求。一是贴合幼儿的兴趣。兴趣是探究的内驱力，有了兴趣，幼儿才会有探究的意愿。二是解决问题的可能性。以幼儿的已有经验为基础，在教师的支持下有解决问题的可能性。三是内容的适宜性。探究活动的内容要符合该年龄段幼儿的能力水平，结合《指南》中该年龄段幼儿的发展目标，开展适宜的活动，促进幼儿发展。四是探究方法的多样性。解决问题的方法并不是单一的，而是多种多样的。五是问题的关联性。为解决一个问题而持续生发出一系列相关联的问题，从而助推探究活动的持续深入，激发幼儿深度学习的意愿。《幼儿园保育教育质量评估指南》强调，要善于发现各种偶发的教育契机，能抓住活动中幼儿感兴趣或有意义的问题和情境，能识别幼儿以新的方式主动

学习，及时给予有效支持。基于以上思考，教师确定"量自己的身高"是一个值得深入探究的好问题。

（二）支持问题解决，引发深入探究

幼儿深度学习，即幼儿在与周围环境互动的过程中，通过自己特有的学习方式，主动学习新知识，探索真实世界，并将这些知识和经验纳入原有的认知结构，迁移到新的情境中，以提升问题解决能力、沟通交流能力、合作能力、创新能力和批判性思维等。《指南》指出，幼儿的学习是以直接经验为基础，在游戏和日常生活中进行的。教师要创设丰富的教育环境，合理安排一日生活，最大限度地支持和满足幼儿通过直接感知、实际操作和亲身体验获取经验的需要。有了明确的探究问题还不够，在解决问题的过程中，教师需要有效支持幼儿与材料、环境、同伴等进行互动，鼓励幼儿通过直接感知、实践操作、亲身体验获得经验，并利用经验解决问题，从而引发深入探究。

1. 问题支持，助力探究

教师通过提问了解幼儿关于测量身高的看法，同时调动幼儿的已有经验去解决问题，用问题"自己怎么测量身高？"引导幼儿寻找测量身高的办法。

提问支持	解决办法
如何给自己测量身高？	1. 躺在地上看看有几块砖的长度，再量一量。 2. 靠着墙站，然后在头后面的墙上画一条线，从线到地面的高度就是我的身高。
使用哪些工具？	粉笔、尺子、书、玩具……

2. 材料支持，深入探究

随着测量活动的开展，孩子们陆续收集了许多测量工具，他们自愿分组去测量教室里的物品，有的测量桌子的长度，有的测量玩偶的高度。熙昱用直尺量桌子时，发现直尺不够长，急得大喊："郭老师，这尺子太短了，怎么量呀？"旁边用软尺量玩偶腰围的钦合也遇到了难题，软尺绕来绕去，数字都看不清了。这时，有的孩子灵机一动，拿着跳绳说："用这个试试！"在活动区游戏结束后的讨论环节，问题接二连三地冒出来。"郭老师，除了尺子，还有别的测量工具吗？""我看妈妈做衣服用那种弯弯的尺子，它和我们的直尺有什么不同？""跳绳、纸条能当测量工具，那还有什么东西也能用来测量呢？""是不是软尺只能量软的东西，直尺只能量硬的？"我请孩子们将这些问题一一记录下来，笑着说："大家提的问题都很棒，接下来我们一起寻找答案，看看测量工具到底有哪些，它们都最适合测量什么。"随后，孩子们带着疑惑，开启了探索不同测量工具的奇妙之旅。孩子们纷纷从家中带来皮尺、裁缝尺等，主动尝试测量书本、水杯甚至是教室的面积，不断拓展对测量工具的认知。然后组织对比讨论，引导幼儿分享用不同工具测量同一物体的差异，总结各自的特点，如卷尺拉伸长，方便测长的物体，绳子柔软可贴合曲线，但读数难。还可拓展至生活中，让幼儿回家留意父母用的测量工具，回班交流，全方位引导大班幼儿探索测量工具的特点与用途。

3. 反思交流支持，聚焦探究难点

在测量活动中，毛毛看到教室角落里的塑料积塑玩具，灵机一动。他和同伴用首尾相接的方法测量桌子，一边操作一边数："1个、2个……"最后发现桌子的长度是 20 个塑料积塑玩具那么长。他们兴奋地向老师和其他同伴展示："看，玩具也能测量桌子，而且还很好玩！"旁边的乐嘉看到后也迫不及待地加入游戏，他也用塑料积塑玩具当测量工具，同样用首尾相接的方法测量桌子，一边操作一边数："1个、2个……"最后发现桌子的长度是 21 个积塑玩具那么长。毛毛说："不对吧，你测的怎么是 21 个那么长？你是不是记错了，或者没有首尾衔接好？"乐嘉半信半疑地说："那你给我看一下，我们一起再数一次。"毛毛点点头。于是乐嘉操作，两人一起计数，结果还是 21 个那么长，于是跑过来对我说："郭老师，我们都是测量的这张桌子，但是结果怎么不一样？"我说："如果你们的测量方法没有问题的话，想一想为什么会有不一样的结果呢？"毛毛看看自己手里的积塑玩具，又看看乐嘉手里的积塑玩具，然后把两块积塑玩具放到一起，毛毛恍然大悟："原来两个积塑玩具的长度有一点不一样。"乐嘉也看出了其中的秘密："测量同一张桌子的时候，用短一点的积塑玩具测量的次数就会多一些，用长一点的塑料积塑玩具测量的次数就会少一些。"两个人对视着哈哈大笑起来。

（三）助推持续探究，产生深度学习

通过这次测量活动，幼儿不仅学会了简单的测量方法，更重要的是，他们的问题意识得到了极大的激发。在不断提出问题和尝试解决问题的过程中，幼儿的逻辑思维、空间思维以及动手能力都得到了锻炼和提升。他们开始理解物体的长度是可以通过一定的工具和方法进行量化比较的，这为今后学习更复杂的数学知识奠定了基础。因此，在未来的教育教学工作中，我们要做到：

1. 创设丰富的问题情境

无论是测量活动还是绘本教学，教师都应通过创设具体、有趣的情境，自然地引出问题，激发幼儿的好奇心和探索欲望。教师应善于利用生活中的各种资源和教育契机，为幼儿营造充满问题的学习环境。

2. 鼓励幼儿提问与表达

教师要给予幼儿充分的提问机会，尊重他们的每一个问题，并用积极的反馈鼓励幼儿大胆表达自己的想法。同时，教师通过追问、反问等方式，引导幼儿进一步思考问题，深化他们的思维过程。

设置"问题区"促进思维发展。幼儿通过绘画表征记录的方式表达了用积木、绳子等测量物体的步骤图以及测量的好方法等。幼儿思考不同测量工具的异同，锻炼比较、分析能力；对比用脚步量操场和用卷尺量操场的结果，探索计数差异的原因，提升逻辑思维。

3. 引导幼儿自主探究与合作学习

在活动中，教师鼓励幼儿自主尝试解决问题，并提供必要的支持和指导。同时，组织幼儿进行小组合作学习，让他们在交流与互动中分享观点、互相启发，共同解决问题，培养合作精神和团队意识，进一步促进思维的发展。开辟"关于测量你还发现了什么秘密？"板块，幼儿可写下或画下测量成果、问题，如"量水杯的高度时直尺易滑怎么办""测量同一种物体时，测量工具的长度与计数结果之间的关系"……通过交流讨论，分享经验、解决疑惑，提高团队协作与表达能力。

在幼儿教育中，教师可以通过精心设计测量活动、创设与测量相关的适宜问题情境、积极引导幼儿在测量过程中提问与探究等策略，有效地激发幼儿的问题意识，促进其思维的发展。通过测量身高、物品大小等实际问题，幼儿不仅学会了具体的测量方法，而且在不断探索和尝试中提高了逻辑思维和空间思维能力。这种通过测量活动促进思维发展的方式，不但有助于幼儿在当前阶段更好地理解和掌握数学概念与技能，更为他们今后的学习和生活培养了良好的思维习惯和问题解决能力。教师应在设计测量活动时，激发幼儿的好奇心与探究欲，为他们提供更多思考和探索的机会，进而为幼儿的全面成长和终身发展奠定坚实的基础。

（作者：郭佳）

案例六：在建构游戏中培养幼儿问题意识的策略研究

建构游戏是幼儿通过操作各种建构材料，如积木、积塑等，进行物体造型和空间搭建的游戏活动。在自主游戏的背景下，建构游戏能够充分发挥幼儿的自主性和创造性。问题意识是指个体在认识活动中，经常意识到一些难以解决或疑惑的实际问题及理论问题，并产生一种怀疑、困惑、焦虑、探究的心理状态。培养幼儿在建构游戏中的问题意识，有助于提高幼儿的思维能力、问题解决能力和创造力。然而，目前幼儿园建构游戏的开展还存在一些问题，幼儿的问题意识也有待进一步培养。因此，研究教师如何在建构游戏中培养幼儿的问题意识具有重要的现实意义。

（一）幼儿园建构游戏现状分析

1. 游戏材料方面

部分幼儿园建构游戏材料种类单一，数量有限，不能满足幼儿多样化的建构需求。材料的投放缺乏系统性和层次性，没有根据幼儿的年龄特点和发展水平进行合理配置。例如，小班幼儿可能更需要简单、易操作的材料，而大班幼儿则需要更具挑战性和开放性的材料。

2. 教师指导方面

一些教师在建构游戏中存在指导过度或指导不足的问题。指导过度会限制幼儿的自主性和创造性，使幼儿习惯于依赖教师的指令；指导不足则无法及时给予幼儿必要的支持和引导，导致幼儿在遇到问题时难以解决，影响游戏的深入开展。

3. 幼儿表现方面

幼儿在建构游戏中的表现存在个体差异。部分幼儿缺乏主动探索和尝试的精神，习惯于按照固定的模式进行搭建，问题意识淡薄。在遇到问题时，他们往往缺乏独立思考和解决问题的能力，容易放弃。

（二）幼儿在建构游戏中问题意识的表现程度

1. 小班幼儿

小班幼儿在建构游戏中问题意识较弱。他们更多的是对建构材料本身感兴趣，进行简单的堆叠和拼搭。当遇到问题时，如积木倒塌、无法连接等，他们可能会表现出困惑和沮丧，但很少主动思考解决问题的方法，往往需要教师或同伴的帮助。

2. 中班幼儿

中班幼儿的问题意识有所发展。他们开始尝试用不同的方法进行搭建，遇到问题时会表现出一定的探索欲望。例如，当搭建的建筑物不够稳定时，他们会尝试调整积木的位置或增加支撑物。但他们的问题解决能力还比较有限，需要教师的适当引导。

3. 大班幼儿

大班幼儿的问题意识相对较强。他们在建构游戏中能够提出一些具有挑战性的问题，如如何搭建更高、更复杂的建筑物，如何解决空间布局的问题等。他们会主动寻找解决问题的方法，尝试与同伴合作，共同解决困难。

（三）教师发现幼儿问题的方法

1. 观察法

教师要善于观察幼儿在建构游戏中的行为表现，观察幼儿的搭建方法、遇到的困难、与同伴的互动等。例如，当幼儿长时间停留在一个步骤，反复尝试却无法成功时，可能意味着他们遇到了问题。教师通过观察还可以了解幼儿的兴趣点和关注点，为后续的指导提供依据。

2. 倾听法

倾听幼儿在游戏中的对话和讨论。幼儿在交流过程中可能会表达出自己的困惑和问题。教师要耐心倾听，从中发现幼儿的问题意识和思维过程。例如，幼儿在讨论如何搭建一座桥时，会提出一些关于桥的结构和稳定性的问题，教师可以从中了解幼儿的思考方向。

3. 提问法

教师可以通过提问的方式引导幼儿发现问题。例如，在幼儿搭建完一个作品后，教师可以问："你觉得这个作品还有哪些地方可以改进？""如果要让这个建筑物更坚固，你有什么办法？"通过这些问题，激发幼儿的思考，促使他们发现自己作品中存在的问题。

（四）培养不同年龄班幼儿问题意识的策略

1. 小班

（1）营造安全宽松的游戏氛围

小班幼儿刚进入幼儿园，对环境比较陌生，需要一个安全、宽松的游戏氛围来放松心情，大胆探索。教师要鼓励幼儿自由选择材料，尝试不同的搭建方法，不要对幼儿的作品进行过多的评价和批评。当幼儿遇到问题时，教师要给予安慰和鼓励，让他们感受到教师的支持。

（2）引导幼儿关注问题

在游戏过程中，教师可以通过示范和引导，让幼儿关注一些常见的问题。例如，教师在搭建时故意让积木倒塌，然后问幼儿："哎呀，积木怎么倒了呢？我们一起来想想办法让它不倒吧。"通过这种方式，引导幼儿发现问题，并激发他们解决问题的兴趣。

（3）提供简单的解决问题的方法

小班幼儿的认知能力和动手能力有限，教师要提供一些简单、易操作的解决问题的方法。例如，当幼儿搭建的积木不稳定时，教师可以教他们将积木的底部放平，或者在底部增加一些支撑物，让幼儿在实践中体验解决问题的乐趣，增强他们的自信心。

2. 中班

（1）鼓励幼儿自主探索

中班幼儿已经有了一定的建构经验和动手能力，教师要鼓励他们自主探索，尝试用不同的方法解决问题。当幼儿遇到问题时，教师不要急于告诉他们答案，而是要引导他们自己思考，如问幼儿："你觉得可以怎么做来解决这个问题呢？"让幼儿在探索中逐渐提高问题解决能力。

（2）组织小组讨论

组织幼儿进行小组讨论，让他们分享自己在建构游戏中遇到的问题和解决方法。通过讨论，幼儿可以从同伴那里获得不同的思路和启发，拓宽自己的思维方式。例如，在讨论如何搭建一个能够承受重量的塔时，幼儿可以提出不同的建议，如增加塔的底部面积、使用更坚固的材料等。

（3）提供多样化的材料和挑战

为中班幼儿提供多样化的建构材料，如废旧物品、自然材料等，让他们有更多的选择和创造空间。同时，教师可以提出一些具有挑战性的任务，如搭建一个具有特定功能的建筑物，激发幼儿的问题意识和探索欲望。

3. 大班

（1）引导幼儿深入思考问题

大班幼儿的思维能力已经有了较大的发展，教师要引导他们深入思考问题，分析问题的本质。例如，在幼儿搭建一座桥梁时，教师可以问："为什么有些桥是拱形的，而有些是平的呢？拱形桥有什么优点？"通过这些问题，引导幼儿从不同的角度思考问题，培养他们的逻辑思维能力。

（2）鼓励幼儿进行合作探究

大班幼儿具有较强的合作意识，教师要鼓励他们进行合作探究，共同解决复杂的问题。在合作过程中，幼儿可以分工合作，发挥各自的优势，共同完成一个建构任务。例如，在搭建一个大型的城市模型时，幼儿可以分别负责不同的区域，如商业区、住宅区、公园等，通过合作解决模型的布局、连接等问题。

（3）开展建构游戏评价活动

开展建构游戏评价活动，让幼儿对自己和同伴的作品进行评价。在评价过程中，幼儿可以发现自己和同伴作品中的优点和不足，提出改进的建议。通过评价活动，幼儿可以学会反思自己的建构过程，提高问题意识和自我评价能力。

在幼儿园建构游戏中，培养幼儿的问题意识是促进幼儿全面发展的重要途径。教师要充分认识到培养幼儿问题意识的重要性，了解当前建构游戏的现状和幼儿问题意识的表现程度，掌握发现幼儿问题的方法，并针对不同年龄班幼儿的特点采取相应的教育策略。通过营造良好的游戏氛围、引导幼儿自主探索、组织小组讨论、提供多样化的材料和挑战等方式，激发幼儿的问题意识，提高幼儿的思维能力和解决问题的能力，让幼儿在建构游戏中获得更大的发展。

（作者：石菲凡）

案例七：培养幼儿问题意识的教师支持策略

幼儿是积极的活动者和主动的学习者。幼儿有着与生俱来的好奇心和探究欲望。好奇心、探究欲望一个常见的表现是幼儿的各种提问。当幼儿在好奇心和探究欲望的驱使下，对周围世界中任何新颖、陌生或难以理解的事物有疑问时，都会提出他们的问题，并尝试以自己的方式与周围世界相互作用。因此，本文聚焦于师幼互动中的具体阶段，总结教师培养幼儿问题意识的支持策略。

（一）鼓励幼儿提问，帮助幼儿保持好奇

由于幼儿天生就是积极的活动者和主动的学习者。在探索世界的过程中会有新的体验、新的发现、新的问题。也由于年龄小、生活经验少等原因，幼儿对于生活、学习中的很多现象、事物总是充满了好奇。一个常见的表现就是他们总爱问："这是什么？""为什么？""为什么不可以呢？""有什么不一样吗？"等等。

珍视幼儿提问的价值，鼓励幼儿积极提问，帮助幼儿保持好奇。实践中我会特别珍视幼儿的每一次提问，把他们的每一次提问都当成他们主动找寻学习线索、寻求帮助的重要契机。每当幼儿说"老师，我有一个问题"的时候，我总是及时回应"请说"，并固定地补充一句"会提问的孩子是最棒的"。随后我会认真倾听幼儿的问题，听听他们的想法，和他们一起分析、寻找解决问题的方法或是尝试从不同的角度来理解事物，解除幼儿心中的困惑和担忧。

正是我每一次一边竖起大拇指一边说"会提问的孩子是最棒的"，让班级幼儿知道了会观察、会思考、会提问是会学习的表现，从而愿意把心中的疑问说出来。久而久之，乐于提问、善于提问成了班级幼儿的典型特点，也为他们的后续学习奠定了坚实基础。

（二）尊重幼儿提问，了解幼儿的真实想法

问题没有高低之分，接纳尊重是基础。班级幼儿养成了善于提问的习惯，他们不但关注自己的提问，也对别人的问题充满了好奇。但是有一阵子，孩子们之间出现了评判问题好坏、高低的现象。

一天，乐乐一边观察着地球仪一边问天天："我听我妈妈说过，有中国、美国、英国、泰国，那外国在哪儿呢？"天天一边笑一边回答说："哈哈，你这么问也太逗了吧！外国就是除了中国以外的其他国家，都叫外国。"乐乐好像明白了，但眼睛低沉了下去，不好意思地埋下了头。看到这个情景，听到他们的对话，我微笑着抚摸着天天的头说："乐乐你真棒啊！还知道美国、英国、泰国这么多除了咱们中国之外的国家呢。"听到我的赞扬，乐乐慢慢抬起了头。我接着说："你问的问题特别棒！刘老师小时候也问过同样的问题。一会儿英

国一会儿美国，一会儿外国，它们都在哪儿啊？能把自己心里的疑问说出来，并得到答案就是最棒的。"乐乐微笑着点点头，眼睛发亮地看着我，指着地球仪告诉我这里就是中国。随后在当天的一对一倾听、集体回溯环节，我让乐乐给全班幼儿讲了"外国的故事"。天天也表示，他只是随口一说，没想到可能会让小伙伴伤心，以后一定会尊重同伴的提问。

的确如此，无论是师幼之间还是幼儿之间，面对提出的问题，我们一定要秉承尊重的基本原则。每个人的生活经验不同，看待问题的角度和知识储备不同，就会有不同的想法和认知。只有在尊重的前提下，才能通过幼儿的提问了解幼儿的真实想法。

（三）平等面对幼儿，深入分析问题本质

"先开花后长叶""不对，就是先长叶才开花"。谈话时间，美美和欣欣争执不休。原来，她们都在画自己眼中的春天，美美坚持春天就是先开花再长叶。可欣欣说不对，她看到的就是先长叶才开花。这吸引了其他小伙伴的围观。有的说美美说得对，有的说欣欣说得对。大鹏走过来叫我："老师，美美和欣欣之间有问题。"

明白了事情缘由后，我一边认真听孩子们的表述，一边追问，一边记录。我问她们："你看到的什么植物是先开花后长叶的？""你看到的什么植物是先长叶才开花的？""那有没有一边开花一边长叶的植物呢？"带着好奇，我想听听孩子观察到了什么，是怎么思考的，还有没有其他的可能。通过对话，我了解到美美看到的玉兰花是先开花再长叶，欣欣看到的苹果树是先长叶再开花。她们的认知是基于对周围环境中植物的认真观察。由于观察的不是同一种植物，所以结论不同，这很正常。

大鹏来叫我就是想让我作为一名评判官去给大家一个正确的结论，到底是美美对还是欣欣对。大鹏能把全班幼儿争执不休的问题提出来，寻求教师的帮助，是值得肯定的。作为教师的我，必须以平等的身份去了解、去倾听、去和幼儿一起分析问题，而不是简单给出一个答案。基于对幼儿观点的了解，在户外分散活动时间，我带着孩子们一起走进幼儿园的生态园进行认真的观察。在观察的基础上，我和孩子们达成共识：植物是多样的，有的先开花，有的先长叶，不是绝对的。带着和孩子们一样的好奇，我们还留了一个小问题供大家周末回家一起去亲子探究："有没有一边开花一边长叶的植物呢？"

幼儿争执的一个问题，在教师平等的视角下变成了有趣的观察和科学探究。教师只是知道知识比幼儿早而已。在人工智能盛行的时代，信息获取的方式很多也很便捷。教师要教会幼儿的是思考问题的方法、角度、解决问题的策略，而不是单纯地传递知识，这才是教育的核心所在。只有教师平等看待幼儿

以及他们的提问，深入分析问题背后幼儿需要的经验、支持和幼儿尝试去寻找答案的途径，才能培养幼儿的问题意识及解决问题的能力。

（四）尝试解决问题，鼓励幼儿自信自主

在阅读图画书《爸爸，我要月亮》后，幼儿一边尝试用绘画的方式画出月亮一边讨论："为什么月亮一直在变呢？""不只是一会儿变大一会儿变小，月亮的形状为什么也在变？它是怎么变的呢？"还有的幼儿说："有时候我在我家阳台上能看到月亮，有时候它又跑到了洗手间窗户外面，甚至有时候白天我也能看到一边是太阳一边是月亮，这都是为什么呢？"

看似简单的一本图画书，引发幼儿提出了这么多的问题。这对于大班幼儿而言的确充满了教育契机。沿用传统的方法，我们让幼儿和家长一起用拍照、绘画等多种方式来完成对月相的持续观察和记录。然后以小组讨论的方式让幼儿进行梳理和汇总，尝试为自己提出的问题寻找答案。

明明问："老师，您就告诉我们吧，这样观察需要很久才能得到答案。或者我和家长在豆包上搜一下就有答案了。您看可以吗？"面对明明的问题，我说："我可以直接告诉你答案，你当然也可以去网络上搜索答案。这些都是可行的方法。你能在我给你提供的解决方案外想到其他更多的方法，这很好。这些方法没有好或者坏之分，只要能得到答案，解决你的问题都是可以的。不过，能够坚持任务意识，每天持续观察，做好详细的记录，并自己进行分析、总结，这是别人给不了你的能力。我也鼓励你去试着做一做。"听了我的话，明明眼珠子一转说："我懂了，就像小马过河，我也要亲自去试试！"

随着活动的深入开展，伴随着问题的提出、探索、再提问、再引导，班级幼儿在尝试解决问题的过程中越发自信、自主，学到的不只是知识，更是伴随终生的能力。

在智能时代的背景下，人类获取知识简单易行。未来需要会创新、能创造的人才。幼儿期是创造力的萌发时期，好奇心是创造力发展的起点，问题意识是保有好奇的关键。幼儿阶段，教师要培养幼儿的问题意识，支持幼儿的探究兴趣和欲望，引导幼儿以自己的方式在直接感知、动手操作和亲身体验中与周围的世界相互作用。作为幼儿教师，要在实践中与幼儿积极互动，鼓励幼儿提问，尊重幼儿的问题，引导幼儿掌握解决问题的方法。

（作者：刘茜）

案例八：基于问题意识培养，促进幼儿深度学习

著名教育家陶行知先生曾经说过："创造始于问题，有了问题才会思考，

有了思考，才有解决问题的方法，才有找到突破思路的可能。"强烈的问题意识是幼儿思维的动力，可以促使幼儿主动解决问题，获得新发现。迷宫搭建游戏融合了空间认知、逻辑思维、合作交流等多方面的学习元素，为幼儿提供了一个自由探索和发现问题的平台。在迷宫搭建过程中，幼儿会遇到各种实际问题，如材料选择、结构搭建、路径设计等，这些问题的出现为教师引导幼儿思考、培养问题意识创造了有利条件。

（一）直面真实情景，催生问题发现

1. 聚焦生活，生发问题探究

教师依托一日生活，认真观察和倾听幼儿，发现幼儿的兴趣和需要，将游戏融入日常生活中，关注、鼓励和支持幼儿的活动。游戏时间，班级新投放的迷宫书吸引了孩子们，他们用手指玩迷宫，比赛谁能更快通过，还热烈讨论迷宫的线路、玩法以及快速通关的技巧。随着大班幼儿对迷宫图观察理解能力的提高，他们不再满足于玩迷宫书，而是有了更多想法，开始互相挑战更难的迷宫，尝试设计、搭建迷宫，并在实践中发现和解决问题，由此开展了画迷宫、搭迷宫和迷宫闯关等活动。

2. 着眼游戏，挖掘问题价值

问题源于幼儿的一日活动，是幼儿活动的基础。教师要通过倾听幼儿、捕捉兴趣点、了解需求，从幼儿感兴趣的众多问题中筛选出真实、有价值、可探究的问题。教师需站在儿童视角，与环境进行有效互动，在问题的动态发展中给予适宜支持，探索幼儿深度学习的有效路径，让幼儿的学习过程清晰可见。在此过程中，教师要注重观察、倾听与发现，关注幼儿学习的主动性、问题解决能力和经验迁移等，引导幼儿积极投入、主动探究、乐于分享，培养幼儿良好的学习品质，推动幼儿深度学习，使幼儿真正成为学习的主人。

在迷宫游戏中，孩子们绘制完迷宫后展示给同伴，试玩的孩子提出"没有起点""路被堵住走不通"等问题。教师参与讨论，提问："设计迷宫时需要注意什么？怎样设计出既有趣又有挑战性的迷宫？"经过讨论，幼儿用箭头标记起终点，增加拐弯和岔路口解决问题。从发现问题到自主探究操作，整个游戏过程充满生活化和趣味化。

（二）支持自主探究，强化幼儿问题探究能力

1. 巧用表征记录，提升问题思考深度

教师基于高瞻课程"计划—工作—回顾"的循环模式，为幼儿提供符合其年龄特点的观察、操作、记录材料，这是幼儿开展游戏的前提。幼儿根据自身兴趣和需求选择材料进行个别化和自主学习，在过程中感知、发现、探究和记录。教师鼓励幼儿用图画、表格、数字等方式回顾和计划学习情况，通过表

征呈现建构游戏中的问题，锻炼幼儿思维。

例如，在迷宫分享会上，幼儿讨论如何让迷宫更复杂、更具挑战性，有幼儿提出多设计岔道、增加线路等建议。于是孩子们商议下次搭建更长、更多弯曲的迷宫，还增设了陷阱、障碍物等情景，让迷宫更有趣、更具挑战性。

2. 制作儿童海报，延续问题探索热情

教师以幼儿当下的共同问题或兴趣为依托，围绕迷宫活动展开探究，运用儿童海报引导幼儿梳理呈现遇到的问题、大胆的猜想、探索和发现、形成的策略等，让幼儿在发现问题的过程中寻找解决的办法，在解决问题的过程中不断优化方法，促进幼儿高阶思维的发展。

如在户外迷宫游戏中，幼儿发现用纸箱、轮胎围成的迷宫太矮了，小朋友一进去就被发现了，这怎么办呢？幼儿展开讨论，纷纷说出自己的建议并记录下来。明明说："把轮胎摞起来。"乐乐说："在木梯上围上布。"渐渐地，第一张儿童海报形成了。教师及时抛出问题："有什么办法能又快又轻便地搭建迷宫呢？"幼儿对此展开了讨论，还把自己想到的办法整理记录成第二张儿童海报。到底哪种办法能行呢？大家决定亲自动手试一试。幼儿认真尝试，将体操垫、翻翻垫变成或直或弯的路，最终找到了解决办法，成功建成迷宫。教师引导幼儿将问题、猜想、验证、发现的过程用儿童海报的形式呈现出来，在复盘中不断地梳理经验。幼儿发现问题、探索问题、解决问题的意识和能力在此过程中得到了提升。

（三）有效师幼互动，拓展幼儿问题意识

1. 注重倾听，鼓励交流碰撞

《幼儿园保育教育质量评估指南》在师幼互动中指出："重视幼儿通过绘画、讲述等方式对自己经历过的游戏、阅读图画书、观察等活动进行表达和表征，教师能一对一倾听并真实记录幼儿的想法和体验。"教师结合幼儿对迷宫搭建活动的多元表征，对幼儿展开一对一倾听，尊重并回应幼儿的想法与问题，构建适宜的支持策略，推动幼儿发展。如第一次搭建户外迷宫后，孩子们讨论并提出问题：设置的路线太简单了，一眼就能看出来路不通，如何设计得更隐蔽？我们还可以结合哪些材料让迷宫变得更有趣？通过倾听幼儿的声音，紧扣探究活动中幼儿的经验和发现的问题，围绕幼儿的兴趣，从感知理解到体验探索，再到表达表现的线索轨迹入手，给予幼儿充分的思考讨论空间，让问题展现出幼儿探究的轨迹，使游戏回归幼儿的兴趣、经验和需要。

2. 追问引导，促进深入分析

教师在倾听幼儿想法、引导幼儿讨论游戏问题时，要善于运用开放性问题进行提问、追问，并根据游戏进展提出有效问题，使问题呈现动态发展。通

过具有一定挑战性的问题引发幼儿深度思考，让幼儿在问题情境中获得深度学习。例如，在搭建迷宫的过程中，小组设计的"双入口迷宫"产生争议：两个入口会不会让游戏变混乱？教师及时追问"为什么会混乱？"并引发深度思考"怎么设计才能让双入口既有趣又不混乱？"幼儿最终提出"分难度等级入口"的创新方案。通过追问引导幼儿思考问题产生的原因和解决办法，推动幼儿深度思考和学习。

3. 有效分享，推动问题解决进程

幼儿是学习的主人，教师要以幼儿为主体，运用小组或集体讨论的方式进行游戏分享，结合照片、视频、记录表等直观形象的材料帮助幼儿回顾、梳理、积累丰富的游戏经验。创造条件和机会，鼓励幼儿在小组内交流想法、讨论问题、共同解决困难。在合作过程中，幼儿会接触到同伴的不同观点和方法，从而引发新的问题和思考。

例如，小组内有的幼儿想搭建一个圆形的迷宫，有的幼儿想搭建一个有多个出入口的迷宫，这时就需要幼儿之间进行协商和讨论，共同确定搭建方案。通过合作游戏，幼儿不仅能够提高合作能力，而且能够在交流与碰撞中培养问题意识和解决问题的能力。从了解迷宫 — 设计迷宫 — 搭建迷宫 — 创意迷宫，幼儿在不断"试误"中深入探究，学会发现问题、解决问题。当幼儿全身心地投入活动中，问题自然产生，他们寻求解决问题的方法也会更加主动和具体。

4. 有效评价，促进问题意识发展

对幼儿在迷宫搭建游戏中的表现进行及时、有效的评价与反馈，肯定幼儿的积极表现和提出的问题，鼓励幼儿继续探索和思考。针对幼儿提出的问题，教师引导其他幼儿一起讨论和解决，让幼儿感受到自己的问题得到重视，从而强化幼儿的问题意识。当幼儿提出一个关于如何让迷宫更具趣味性的问题时，教师可以组织全班幼儿进行讨论，共同寻找解决办法，并表扬鼓励提出问题的幼儿。

从幼儿的生活经验出发，发现他们关注的现象，提出开放式问题，引导幼儿积极讨论。在一系列问题链的引导下，幼儿主动思考、亲身体验、大胆交流。培养幼儿的问题意识，教师要成为智慧的"问题催化剂"，不直接给答案，而是通过精心设计材料、适时提供语言支持和引导深度反思，帮助幼儿实现从"疑惑"到"问题"，从"问题"到"方案"的思维跨越。当幼儿习惯问"如果……会怎样"时，真正的深度学习就开始了。

（作者：李晓芳）